国家检察官学院检察实务培训讲义
全国检察机关十大业务系列教材配套用书

检察官职业道德实务
培训讲义

JIANCHAGUAN ZHIYE DAODE SHIWU
PEIXUN JIANGYI

主　编◎杨迎泽　温　辉
副主编◎王艳敏　王韵洁

法律出版社
LAW PRESS·CHINA
北京

图书在版编目(CIP)数据

检察官职业道德实务培训讲义 / 杨迎泽，温辉主编
. -- 北京 : 法律出版社，2022(2023.6 重印)
ISBN 978 - 7 - 5197 - 6747 - 1

Ⅰ. ①检… Ⅱ. ①杨… ②温… Ⅲ. ①检察官 - 职业道德 - 研究 - 中国 Ⅳ. ①D926.3

中国版本图书馆 CIP 数据核字(2022)第 081920 号

检察官职业道德实务培训讲义
JIANCHAGUAN ZHIYE DAODE SHIWU PEIXUN JIANGYI

主　编 杨迎泽　温　辉
副主编 王艳敏　王韵洁

策划编辑 薛　晗　赵明霞
责任编辑 赵明霞
装帧设计 汪奇峰

出版发行 法律出版社
编辑统筹 法商出版分社
责任校对 王　丰
责任印制 胡晓雅
经　　销 新华书店

开本 710 毫米×1000 毫米　1/16
印张 14.25　**字数** 248 千
版本 2022 年 9 月第 1 版
印次 2023 年 6 月第 2 次印刷
印刷 永清县金鑫印刷有限公司

地址:北京市丰台区莲花池西里 7 号(100073)
网址:www.lawpress.com.cn
投稿邮箱:info@lawpress.com.cn
举报盗版邮箱:jbwq@lawpress.com.cn
销售电话:010 - 83938349
客服电话:010 - 83938350
咨询电话:010 - 63939796

书号:ISBN 978 - 7 - 5197 - 6747 - 1　**定价**:60.00 元

凡购买本社图书,如有印装错误,我社负责退换。电话:010 - 83938349

出版说明

为适应新时代对检察教育培训工作的新要求，通过教育培训推动检察队伍建设迈上新台阶，学院在充分发掘近一年优质师资和课程的基础上，决定编写一套贴近检察实务、满足培训需求的高质量系列讲义和教材。本次出版的检察实务培训讲义即是该系列的重要组成部分，包括《刑事检察实务培训讲义》《民事检察实务培训讲义》《行政检察实务培训讲义》《公益诉讼检察实务培训讲义》《检察官职业道德实务培训讲义》。所收录的专题文章，主要是在学院课堂上备受学员好评的教学成果，还有个别立足办案能极大助力检察人员业务素能提升的特约稿件。现整理结集出版，作为学院教育培训的辅助用书。

本套讲义具有以下突出特点：

第一，理念引领，知识方法并重。方向决定道路，理念事关全局。本套讲义深入贯彻社会主义法治理念教育，强化政治意识、大局意识，把新时代检察工作新理念传导给广大检察人员。不仅强调传授知识、技能，更重要的是传授方法，切实帮助检察人员全面提高业务素质和工作能力。

第二，内容合理，重点难点突出。本套讲义在兼顾体系完整性的前提下，着力突出对办案中重点、难点和疑点问题的研究。同时还关注司法实践和司法改革前沿热点问题，让检察人员了解立法司法的最新情况。力求在内容上直面热点、回应关切、重点突出，不必面面俱到，但要皆为“干货”和“精华”。

第三，面向实战，讲究实用实效。本套讲义的目的重在加强理念引领和提升职业素能，书中的问题均来自实践第一线，解决问题的办法也来自实践第一线，是实实在在理念思维、技能方法的传授。讲义内容主要根据讲课录音整理，尽量保留口语授课通俗易懂、生动活泼的表达特点，力求再现课堂教学的良好效果。

近年来，学院以争创“中国一流的干部学院、世界一流的司法官学院”为目标，下大力气推动教学改革，以培训项目化管理为抓手，全面推行集体备课、教学会商、课程体系完善、教学质量评估等一系列创新举措，积极推动检察教育培训创新，现已初显成效。

我们真诚期盼这套讲义和教材能够在培育检察专业精神和素养方面切实发挥作用，做到既授人以鱼更授人以渔。随着司法改革和检察改革的不断深入，学院将会编写出版更多更好的系列教学科研成果，提供更加优质的教育培训，全面促进检察工作更大发展。

本系列讲义于2019年初版，在编写和修订过程中，恰逢最高人民检察院组织编写了全国检察机关十大业务系列教材，为与之成龙配套，我们特别在体例和内容上做了系统调整。尽管我们力求编写出上品佳作，但由于水平有限，加之时间仓促，难免存在疏漏与不足，诚请读者批评指正。

编委会

目录 contents

第一章

概　述

沈海平 * 　国家检察官学院

目　次

* 沈海平,国家检察官学院教授。

从一般意义上说，检察职业也是社会上存在的若干林林总总的职业中的一种，但它又绝不仅仅是一种普通的职业。它以公平和正义为终极追求，攸关着社会公益、民众福祉。由固有的职责和使命所决定，检察职业具有高度的政治性、法律性、专业性、程序性，更重要的是，它还具有高度的伦理性。检察官只有建构起内心的道德自律和外在的伦理约束，才能确保检察权始终在正确的轨道上运行，并由此达成自己的神圣使命。

事例：道德楷模王盛的故事①

老母患癌，幼儿脑瘫，没有压垮他尽忠职守的神经；工作繁重，积劳成疾，没有削减他攻坚克难的决心。常年战斗在公诉办案一线，他一刻未曾懈怠。面对重特大案件，他抽丝剥茧，妥善处置，无一差错。这是一位普通检察官以他对于职业的担当、奉献以及对于命运加诸他的种种磨难所展现出的顽强、坚韧，为检察官职业道德所做的完美诠释。

他叫王盛，男，汉族，1977年2月出生，中共党员，原为浙江省台州市人民检察院研究室主任兼公诉一处副处长，现任浙江省温州市人民检察院常务副检察长。

公诉工作是检察机关的主责主业，表征着检察机关的社会形象。它不仅要求检察官正确履行自身控诉犯罪的职能，而且能够察微析疑、监督纠正其他机关执法过程中的疏漏，维护公民的合法权益，保障法律的正确实施。为胜任这一神圣而艰巨的职责，除法律专业知识外，证据学、法医学、刑侦技术、会计学……但凡与检察工作相关的专业知识，王盛不光摆放于案头，更是融会于心头。凭借着扎实的专业功底、良好的职业素养，王盛先后成功办理了横跨20多省的电信诈骗系列案、温岭特大纵火案、温岭杀医案等一大批涉案地域广、社会影响大的案件，成为台州检察系统最年轻的办案能手。

就在他埋头工作时，病魔却将双手伸向了他和家人。2009年7月，王盛3个月的儿子被查出脑瘫；下半年，王盛又被查出肾脏囊肿，因工作忙一拖再拖，导致病灶感染，危及生命；2010年，王盛的母亲罹患癌症。即便如此，王盛始终未曾放弃对公平正义的坚守。在孩子远赴广东治疗的几年里，王盛把牵挂和泪水融进一摞又一摞的案卷中；肾脏囊肿切除后不到半个月，他立刻重返岗位；为母亲治病的一年里，他每天凌晨4时走进医院挂号大厅，既为了让母亲能早点看病，也避免耽

① 《全国敬业奉献模范候选人》，载中外好人网2022年5月12日，http://www.chinahaoren.cn/Articlebody-detail-id-41147.html。

误工作……这一切,他从未向同事倾诉。

执法者的形象是多面的,既有铁血,也有柔情。作为检察官的王盛完美地体现了这一点。当他手持法律“利剑”时,无论是大奸还是小恶,都难逃正义的法网——他累计追捕、追诉被告人12名,提出抗诉6件全部改判;当他化剑为犁时,则尽显法律的温情——他为一封来自新疆某监狱的信辗转反侧,开启长达8个月的心理辅导,最终让一名充满戾气的杀人案犯通过改造走上回归之路。

近年来,王盛荣获了各种荣誉:全国模范检察官、浙江省杰出青年、浙江省优秀共产党员等,并被最高人民检察院记个人一等功。2017年,王盛获得第六届全国道德模范提名奖。

思考题:

1. 何为道德?何为职业道德?
2. 检察官职业道德建设有何必要性?
3. 作为检察官,王盛体现了何种优秀职业道德品质?

引 言

道德,人类社会永恒的话题,除独居荒岛的鲁滨逊不管如何行事一般不会产生道德问题外,只要“当人们结为社会团体、开始彼此冲突的时候,在大多数伦理学家看来,最重要的人类道德问题就随之产生了。”①尽管道德是什么,道德如何起源,衡量是非、善恶、对错的道德标准如何确定,在哲学、伦理学中仍然是聚讼纷纭的难题,然而有一点确定无疑:道德在维系人类社会的秩序和发展方面的作用举足轻重,不可或缺。康德有一句名言,足可说明道德之于人类社会而言地位之崇高:“世界上唯有两样东西能让我们的心灵受到深深的震撼,一个是我们头顶上的星空,另一个是我们内心的道德律令。”

道德既是抽象的,又是非常具体的;它无影无形,又无处不在,几乎遍及社会生活各个领域,诸如政治活动、市场交易、婚姻家庭等,无不受着道德法则的支配,并发展出相应的道德分支。随着社会分工的发展,各种不同的职业与道德的结合而形成的职业道德成为一种重要的分支类型。

---

① [美]雅克·蒂洛、基思·克拉斯曼:《伦理学与生活》(第9版),程立显、刘建等译,世界图书出版公司2008年版,第13页。

一、职业与道德

(一)何为“职业”

职业,是一个人立足社会、维系生存,并获得社会地位和价值认同的重要依托。职业的种类极其繁多,五行八作,门类甚广。我国现有的职业结构划分为8个大类、66个中类、413个小类和1838个细类。① 但是,当我们在职业道德的语境下讨论“职业”时,所指并非一般性的“工作”(occupation),而是指一种“专业”(profession)。“职业的标志是这样一种信念,即这是一个有相当公共意义的工作岗位,从事这一工作要求有非常高的专业的甚至是深奥的知识,这种知识只有通过专门的正式教育或某种精细监管的学徒制才能获得。”“必须强调,一种工作之所以被分类为职业,其关键并不在于其实际拥有社会珍视的专门知识,关键是要有一种确信,即某些群体拥有这样的知识。因为正是这种确信才使这个群体可以声称其职业性地位,有机会获得因这种地位赋予的独占性特权以及由此带来的个人利益。”②

一般而言,(专业性)职业具有以下三个特征:一是技能性。这种技能只有通过接受专门的教育、训练才能掌握,使得一种职业对于某个群体而言具有专属性、垄断性,从而保证“职业”的完整性,并使“职业利益”不至于被过分稀释。二是公共性。这是指职业的从业者是面向社会公众提供服务的,而不是只向少数人、个别群体提供服务。职业的公共性决定了职业的社会价值及其发展空间。三是非营利性。当然,这并不意味着从业者不能通过其职业活动获得收益,而且个别从业者可能恰恰是为了获取职业的(可观)利益而选择从事该职业,但在整体的意义上,职业的目标和宗旨并不在于满足从业者的个人利益,而是为了实现更高的社会公共利益,职业的存在价值就在于其攸关社会的福祉。我们之所以有必要讨论职业道德问题,强调职业者必须有道德,实际上就是要求职业者不能将个人利益凌驾于社会公共利益(公众福祉)之上。依据“职业”的以上三个特征(标准),一般认为,一个社会最典型的“职业”是教师、医生、法律从业者(法官、检察官、律师等)。

---

① 参见李本森主编:《法律职业伦理》(第2版),北京大学出版社2008年版,第4页。

② [美]理查德·A.波斯纳:《道德和法律理论的疑问》,苏力译,中国政法大学出版社2001年版,第216~217页。

(二)“职业”从业者为何必须有道德

职业的意义不只是获得薪酬,借以维持个人的生计,它还是一个人社会化的重要(甚至是唯一的)途径。美国社会学家理查德·谢弗(Richard T. Schaefer)说,我们的工作会影响我们的社会认同或社会身份,我们通常会以我们的工作来自我定义,工作决定了我们在分层化制度中的大部分地位。[①] 从社会学意义上来说,职业(工作)具有如下三重意义或者说塑造了三重关系:一是与自我的关系。职业决定了从业者的自我定义、自我身份,使之获得对于自身社会地位的自我认同。二是与职业群体(同僚)的关系。职业定义了从业者对于阶层、行业、群体的归属,同一个群体内的职业者彼此给予相互的心理认同和支持。三是与社会(公众)的关系。从业者正是通过自己的职业活动与社会公众发生交互关系,进行价值交换。

在职业所塑造的以上三重关系中,职业从业者与其所属的职业群体之间的关系处于核心地位:一方面,若干相同职业从业者组成某一职业群体(从单位到行业);另一方面,职业群体又赋予个别职业者以社会性的地位、角色、身份以及从事职业活动的能力和资源,也即职业者个体与群体(整体)之间是彼此共生、互相塑造的,二者“荣辱与共”。就个别职业者而言,其行为不只是“个人”的行为,而且因其职业身份而使该行为与整个职业群体相关联。个别职业者的行为对整个职业群体而言都具有“符号”意义,即社会公众在评价某个别职业者的行为是否符合职业道德准则时,并不太关心具体的行为者是谁(他的姓名、性别、年龄、长相等),而更关心他的职业身份(他是一名教师、医生、法官或检察官等),即将他的行为抽象为一个职业化符号,并归属于整个职业群体[②]。某个别职业者如果实施了符合职业道德准则的行为,必然在某种程度上强化其所属职业群体的正面形象。如一位医生不论患者贫富贵贱,均倾其一切力量救助患者(哪怕患者因贫穷而无钱支付医药费),那么整个医生群体在一定程度上都会获得一种积极评价(哪怕其他很多医生并不认识这位医生或不了解这家医院)。如果个别职业者实施了违背职业道德准则的行为,必然在某种程度上损害其所属职业群体的形象。例如,一位医生因患者无钱而拒绝接受一个危重患者的治疗请求,或者为多赚钱

---

① 参见[美]理查德·谢弗:《社会学与生活》(插图修订第9版),刘鹤群、房智慧译,世界图书出版公司2008年版,第361页。

② 类似现象在社会生活中经常可以观察到,如一个中国人去国外旅游时,如果有不文明行为(如在文物古迹上刻字、在长椅上躺卧、在景观水池中泡脚等),招来的不只是对行为者本人的指摘,更有对整体中国人形象的负面评价。

而对患者过度施药、过度治疗，则整个医生群体都会受到一定的负面评价（即使其他医生或医院与涉事医生或医院毫无瓜葛）。[①] 由此看来，个别职业者的行为与整个职业群体的形象紧密关联，可谓“一荣俱荣，一损俱损”。因此，一个行业（职业群体）有很大的动机和激励来构建、维护并监督实行本行业的职业道德规范。而行业内的每一位从业者也有义务、有责任认真践行本行业的职业道德，这不仅在整体上有利于职业的长远发展，最终也有利于自身的职业利益。

一种（专业性）职业为何必须有道德，还存在职业自身的内在逻辑。美国社会学家理查德·谢弗区分了“专业”相对于普通职业的明显特征，即专业一般用来形容一种需要广泛知识并由一套操守规范约束的工作。专业人士通常比较有自主权，他们并非每件事都要对上级负责，也不需要讨好顾客；一般说来，在决定什么对他们的顾客最有利的时候，专业人士本身就是权威。[②] 也就是说，专业人士在决定如何行为时，具有职业性的“权力”——职业范围内的裁量权。为保障这种“权力”的正确行使，避免职业者恣意行事（为扩张自己的利益而损害相对人的利益），有必要对其施加职业道德的约束——一种融合自律与他律的约束机制。[③]

（三）职业道德的功用

人类历史上，自道德产生以来，人类的进化始终伴随道德的进步。一个突出的例证是，由于当今时代网络和传媒业的高度发达，我们感觉到世界各地无处不在的暴力、谋杀、骚乱、战争，但是，依实验心理学家、认知科学家斯蒂芬·平克的

---

① 在中国历史上，医者向来奉行救死扶伤、悬壶济世，因此整个医界向来享有崇高的社会评价（如“医者仁心”“再生父母”“白衣天使”等）。但是近年来，少数医生（医院）背离行业宗旨、职业道德，将盈利赚钱置于救死扶伤的职责使命之上，导致整个医界的社会评价降低，医患关系紧张，杀医伤医现象频现。被杀被伤者往往并未实施有违职业道德、职业良知的行为，他们只是代替整个行业承担社会评价降低的负面后果和代价。

② 参见［美］理查德·谢弗：《社会学与生活》（插图修订第9版），刘鹤群、房智慧译，世界图书出版公司2008年版，第361页。

③ 仍以医疗行业为例，医生自古以来就被视为一种专业性职业，很多国家医学院要求学生根据“希波克拉底誓词”（The Oath of Hippocrates）公开宣誓。该誓词是由被尊称为医学之父、医圣的希波克拉底（约公元前460～公元前370年）所撰写，并在医神阿斯克勒庇俄斯等神祇面前宣读立誓。誓词内容共9条：(1)今被许为医界之一员，吾誓献身为人道而服务；(2)吾必予吾师以应得之感激与尊严；(3)吾必本良心与尊严而行医；(4)吾最关心者，为病者之健康与生命；(5)受托之秘密，吾必保守之；(6)吾必尽力保持医界之光荣及高贵之传统；(7)吾以同道为兄弟。吾对病人之责任，必不容宗教、种族、国籍、政党或社会地位等之顾虑干扰之；(8)吾必对人生保持极度之尊严，自成胎时始；(9)即使面临威胁，吾亦必不用吾之医学知识与人道相违。转引自东吴大学法学院主编：《法律伦理学》，台北，新学林出版股份有限公司2009年版，第7页。

研究，相对于黑暗、混乱的过去（部落战争、种族屠杀、奴隶制、酷刑等），现今的暴力现象大大减少了，人类表现得更文明、更理性、更富有同情心。[①] 显然，其中一定也有人类道德水准提升的作用，道德规范的确有某种影响和塑造人类行为的力量。

但是，道德究竟在何种程度上影响和塑造人类行为，这一问题在现今的伦理学、社会学上好像还缺乏实证研究。道德主要依靠主体内心的道德认知、向善的觉性和力量来自我约束，是一种软性的约束机制（区别于法律这种外在的强制约束机制），因此其力量和作用是不确定的、难以度量的。但是，道德对人类行为的影响作用又是客观存在的。[②]

道德发挥作用的机理大致是：主体基于社会环境的影响及自己的行为实践产生一种道德认知（认识到道德规范的内涵、价值和意义）；在道德认知的推动下，主体在其心理结构中演化出一种道德情感（依道德规范行事的愿望和意志）；这种道德情感在实践中进一步转化为道德行为。由此可知，就道德实践而言，道德认知居于重要的前提地位，这也是道德教化施行的必要性和理由。如果说社会缺乏一个中心化的机制来对一般民众施行系统的道德教化（学校可以算是一个中心化机制，但它只针对学生这一特定群体），由此不利于一般性、大众性道德的推行，那么职业道德则独具优势。职业道德依托于职业群体（行业、单位），职业群体就是一种中心化机制，它可以（通过行业规则、单位制度）明文宣示一些职业性道德

---

① 参见斯蒂芬·平克：《人性中的善良天使：暴力为什么会减少》，安雯译，中信出版社 2019 年版。该书用大量的事实、数据资料揭示出，相对于过去人类历史上暴力的广泛盛行，现今的世界暴力现象显著减少。平克的解释是，人性并没有改变，但诸多有利的外生力量（如政府组织、商业和都市文明等）的出现，让天使压制了心魔，使我们越来越有能力控制冲动，对他人怀有同情，宁愿做交易而不是抢劫；对那些毒害人心的意识形态的揭露，发挥理性的力量，克制暴力的诱惑，导致暴力减少。

② 道德对人的行为的影响作用并不只是一种经验观察或者只是一种主观想象，而是可以从经济学（尤其是信息经济学）上进行论证。信息经济学认为，人的行为都具有发信号的作用，一个人之所以选择遵守道德规范，是为了向他人传达一种自己具有合作精神的信号，以表明自己是一个值得信赖的“好人”。在一个社会中，人们都愿意与“好人”搭档，而不愿意与“坏人”搭档，因此“好人”有着更多的交易机会，而“坏人”则会受到排斥，所以大多数人都有积极性向他人传递自己是“好人”的信号（参见[美]埃里克·A. 波斯纳：《法律与社会规范》，沈明译，中国政法大学出版社 2004 年版，第 25 ~ 40 页）。“好人”实质上是更具理性的人，他们富有“耐心”，相对于眼前利益，他们更重视未来的长远利益，因此他们会按社会的道德要求行事，与人交往时秉持合作精神，尊重他人的权利和利益，信守诺言和契约，这样做最终也会最大化自己的利益。“坏人”则相反，他们缺乏理性，缺乏耐心，为贪图眼前利益而不顾未来的长远利益，轻视道德与法律，虽然可能得逞于一时，获得一些眼前的利益，却会招致社会制裁和法律惩罚，结果因小失大。所以一个人只要具备足够的理性，都会选择遵守道德。就一个社会的正态分布而言，绝对理性的人和绝对非理性的人都是很少的，绝对的“好人”（圣人）和绝对的“坏人”也是很少的，大多数人都具有一定的理性，因此大多数人在大多数情况下都会遵守道德。

规范,并通过某种机制监督其成员遵守执行。职业道德规范的功能(作用)在于:启发主体内心的道德认知;建立主体的道德情感、自律意识;规范、约束主体的外在行为;激励主体为实现职业群体的共同目标而努力。

(四)职业道德还是职业伦理

在中文里,除了"道德"一词外,还有一个相近的词"伦理"。这两个词在词义上究竟有何差异,目前好像没有一个权威的说法。恰好在英文中也有意义相近的两个词"moral"和"ethical"(以及其反义词"immoral"和"unethical"),也经常互换使用。[①] 可能二者的差异仅仅在于使用场合和习惯的不同,比如,我们说某人是"有道德的"(是个好人),而不说他是"有伦理的";在社会科学的学科分类中,我们有"伦理学",却无"道德学"。

但是仔细辨析,二者还是存在细微差别:道德在更大意义上是指一种个人的内心信条,而伦理主要是指一种群体性行为规范(有一定的强制性);"道德"的应用更为广泛,人人皆须有道德(不分行业、领域),而"伦理"一般与特定的专业、职业领域有关,道德更多是指高线行为标准,而伦理则更多是指底线行为规范。另外,"伦理"更富有学理性、学术性,伦理学是哲学的一个重要分支。不过总体而言,两者的含义存在交叉,经常混用,如"职业道德"和"职业伦理"两者的含义几无差别。在社会约定俗成的意义上,我们尊重社会的用语习惯。2016 年 12 月,最高人民检察院修订发布的《检察官职业道德基本准则》是现行有效的检察官职业道德基本规范。为与官方规范性文件保持一致,本书更多使用"职业道德"称谓,但是在有些场合、语境下,我们也会用到"职业伦理"一词,其意义等无差别。

二、检察官职业道德的理论基础

从一般意义上说,法律职业(包括检察职业在内)也是社会上存在的若干林林总总的职业中的一种,但它又绝不仅仅是一种普通的职业。法律职业并不只是从业者一种据以谋生的工具,而且攸关社会公益。法律职业者(法官、检察官等)代表国家执行和适用法律,追诉犯罪,制裁各种违法行为,调处、化解矛盾和纠纷,维护国家、公民的利益和权利,维护法律秩序。其职责非常特殊,具有高度的政治

---

① 在英文中,人们既可以用"ethical"也可以用"moral"来形容人或行为。但人们讲 ethics 准则,却很少说 morality 准则。有些人只是在生活领域才使用术语"moral"(immoral),而当讨论企业或职业团体应该如何对待其成员或公众时,则使用术语"ethical"(unethical)。参见[美]雅克·蒂洛、基思·克拉斯曼:《伦理学与生活》(第 9 版),程立显、刘建等译,世界图书出版公司 2008 年版,第 5 页。

性、法律性、专业性、程序性。更重要的是,它还具有高度的伦理性,因为它是以公平和正义为终极追求的。司法职业相较于社会上其他各种职业,更加强调职业道德(伦理)的重要性。世界上众多法治发达国家,无不高度重视对法律职业行为在伦理上的引导、规范、制约,并为此而作出了长期的努力。

(一)司法职业为何必须受到严格的道德(伦理)约束

司法伦理究竟有何重要性,为何司法职业必须接受司法伦理的规范和制约?我们认为,这除了伦理之于职业的一般意义外,司法伦理对于司法职业的必要性更具有以下一些实证的理由:

1. 司法权对公民权利、社会福利之极端重要性

在任何国家,司法权都是一项重要的国家权力,其本质和功能在于依照法律的原则和规则对争议的事实问题进行判断和裁决,以解决争讼当事人之间的权利纠纷和冲突,并借此将纸面的法律转化、落实为现实的生活秩序,维护和实现法律的价值。在国家权力体系中,从权能的视角来看,司法权具有如下几个明显特征:一是主体的独占性,即只有法定的司法机构及其司法工作人员才拥有此权力,其他任何机构、人员都无此权力;二是效力的终局性,即司法机关及其司法工作人员依据法律对事实纠纷的判断和处置在发生法律效力后即具有既判力、执行力,除非经特定的法律程序,不得被撤销或推翻;三是内容的重大性,即司法权的运作结果涉及公民或社会组织的重大利益、权利的制度性配置,既可能关乎当事人的自由权、财产权、名誉权的予与夺,还可能关乎公民的生与死,人们习惯将其概括为“生杀予夺”。由此不难看出,司法权是一把“双刃剑”,用之得当,则恶行得到惩罚,权利得到保护,正义得以伸张;用之不当,则效果适得其反:为恶者可能得不到应有的惩罚,无辜者却可能被惩罚,被侵害的权益得不到有效保护,正义得不到伸张。因此,司法者在行使这项权力时必须慎之又慎,必须认知和确立司法伦理意识,并自觉接受伦理的约束,否则,司法权就会变成一种危险的权力。

2. 法治目标的实现有赖于拥有共同伦理规则的职业法律人

在现代社会,越来越多的人认同一个观点:法治是人类社会迄今为止最理想的社会治理模式,它最大限度地凝聚了人类的理性、智慧、经验、良知,规避了统治者个人的理性、智慧、经验的局限以及情绪化、主意多变等种种不确定因素,使社会最大可能地臻于善治。但是法治的实现是有条件的,长期的法治实践使人们日益认识到,要建设一个成熟的法治国家,除需要有一整套科学完备的、浸透着民主、自由、公正等价值理念的法律体系外,还需要一群精研法律并忠实于法律、具

有较高的专业和伦理素质的职业法律人。也就是说,“良法”与“职业”犹如车之两轮、鸟之两翼,是法治赖以建立的两个最重要的基础。从某种意义上来说,后者比前者更重要,因为法律可以是不完美的(实际上也不可能完美),只要有一群高度“职业化”的法律人,法律的运行同样可以达到“善”的结果。相反地,如果司法者是“非职业化”的,那么即使有一套完美的法律,其实际运行完全可能得到一个“恶”的结果。那么,何为司法者的“职业化”?我们认为,除了体现为精通法律,具有娴熟的司法操作技术外,更体现为信仰法律、忠实于法律,具有崇高的正义感和奉献精神。他们既能够做到严格自律,自我约束,又能够为实现正义而一往无前,丝毫不计个人得失。也就是说,职业伦理是“职业化”的一项极其重要的不可或缺的内容。

从历史与现实的视角来观察,一国的司法伦理发育和完善的水平与其法治发达程度具有相关性,法治与司法伦理存在一定的内在关联。问题是,法治的建立和推行为何离不开司法伦理?其中的逻辑不难理解。人们常说,法治是规则之治,但是人所共知的是,规则是无法自动实施的,规则的实施须仰赖于“人”,这也是中国人的传统思维中对“法治”充满怀疑、认为人治优于法治的一个重要理据。法治仍须仰赖于人,但这里的“人”并非当权者或行政官僚,而是职业化的法律人。德国著名社会学家韦伯在法律秩序的形成方面,十分重视人——法律职业者的主导性作用。他指出:倘若没有有学识的法律专家决定性的参与,不管在什么地方,从来未曾有过某种程度在形式上有所发展的法。①

法治如此倚重法律人这种“人的因素”,这究竟和人治有何区别呢?它会不会走向另一种形式的“人治”呢?回答是:法律人是经过专门训练的职业化的专门人士,是具备了专业资质的人。他们的知识结构、思维方式与普通人不同,规范化、标准化、程序化是其思维方式的最大特征。他们在既有的法律规则下进行推理判断、裁决案件,可以最大限度地避免恣意。除此之外,更为重要的是,法律人还是具有高度职业伦理意识的人,国家和社会在赋予一个法律人以独立的地位、权威和尊荣的同时,也对其施加了严格的职业伦理约束。这套特殊的伦理,既包括外在的制度规范,也包括法律人自我的内心信念——对法律的忠诚和信仰。两者共同作用,才能保证同样具有普通人“七情六欲”的法律人不致逾越法治的樊篱,偏离法治的目标。正是借助于法律职业伦理对法律人的有效约束,才不致使法治堕入法律人恣意擅断的“人治”泥潭。由此可知,法治必须奠基于法律职业

① 参见[德]马克斯·韦伯:《经济与社会》(下卷),林荣远译,商务印书馆1997年版,第117页。

伦理之上。

3. 建立司法的权威和公信力之需要

司法以裁断是非、调处纠纷、制裁违法、维护秩序为职业责任和使命。问题是，司法机关及司法人员凭什么享有此权能、达成其使命？或者说，当事人乃至社会公众凭什么接受和服从司法的裁决？这涉及司法的权威性问题。“司法权威”本身并不是一个法律概念，而是一个政治学、社会学概念，是指司法活动在社会生活中所具有的使人信服的力量和威望。

在人类社会，解决人际矛盾、冲突、纠纷主要靠两种方式，一是强力（或曰暴力），力强者胜，力弱者败；二是理性、伦理，有理者胜，无理者败。显然，第一种方式是典型的动物法则（或称丛林法则），是传统社会法治不彰时代的矛盾解决方式；在法治昌明的文明时代，理性法则取代恃强凌弱的动物法则，成为主要的矛盾解决方式。在现代社会，解决人际矛盾冲突基本上都靠一种制度化机制——司法。过去，人们一般认为，司法以国家强制力为后盾，“国家”则更多体现为一种强权和强力。应当说，司法不是谈判和调解，它的有效运作离不开国家强制力，但是，司法如果只依靠强权和强力，则是没有权威的，也是不能令人信服的。对于没有权威的司法，人们要么不服从，即拒绝接受、不予执行司法的裁决；要么对之进行规避，即当产生矛盾纠纷时，不诉诸司法，而选择其他途径（如信访、私人暴力、私了等）加以解决。

在法治国家，司法必须是有权威的，如此司法权力的运作才是有效的。我们知道，法律是纸面的，就像“无腿的菩萨”，其本身是无法行走的，只能有赖于司法，才能获得其生命和力量。但是，如果有司法而无权威，则法律如同跛脚之人一样，同样行之不远。因此，司法如果没有权威，则法律的实施、法治的推行、正义的实现只会是徒托空言。

什么是司法权威，我们认为，其内涵包括两个方面：一是司法具有崇高的地位和尊严，司法机关对绝大多数事实和法律争议享有终局裁决的权力。一切国家机关、社会组织、公民都有义务接受司法机关对其行为的合法性审查，并尊重和服从司法机关作出的裁决；一切公民、社会组织的权利受到侵害时都有权诉诸司法获得救济。二是司法除了有权威之品质外，还应当具有公信力。所谓公信力，是指社会公众（尤其是当事人）在心理上对司法的认同程度与信服程度。“公信力不仅意味着社会公众相信司法的过程及最后结论的公正性，并且接受这种裁判，进而自觉执行或协助执行裁判。当然，要求当事人输赢皆服的难度较大，但是如果当事人不服裁判的比例过高，必然影响社会公众对司法裁决的认可程度，影响司法权威的建立。因此,只有具备公信力的司法权力才能构成完整的司法权威。"①

问题在于,司法权威从何而来?何以建立?我们认为,司法权威的建立靠"理"而非靠"力",其中"理"应包括两个方面:一是理性,二是伦理。在法治社会,司法代表的是一种理性。何为"理性"?这是一个高度抽象、见仁见智的问题。哲学家罗素指出:"所谓理性,实际上可以用三个特征作为它的定义。首先,它依靠说服而不是依靠武力;其次,它谋求使用(者)所相信是完全正确的观点,进行说教;最后,在提出意见的过程中,它尽可能使用观察和归纳,尽可能地少用直觉。"②简言之,所谓理性,应包括目的合理性和手段合理性,而司法理性则是"在司法目的的认识和在实现这一目的之手段的选择上符合理性的要求"。③

司法者除了有理性以外,在司法活动中还应遵循司法伦理的指引。司法理性如果缺乏司法伦理的指引,沦为纯粹的手段理性或技术理性,则会迷失方向,导致异化的结果。在一个理性的国家,权力必须与正义相结合,成为实现正义的手段,同时防止权力的行使反过来损害正义的实现。④ 司法伦理的功能主要包括两种:一是指引司法者运用司法权力实现正义(积极功能);二是约束司法者不得运用司法权力去实现非正当目的(消极功能)。

4. 为防止司法权的滥用和腐败,必须建立共同的司法伦理规则

司法是守护正义的事业,司法者(法官、检察官)本身一定程度上就是正义的化身。正义与司法者的个人利益是绝缘的,如果司法者在审理和裁判案件时夹带个人的私利,不仅无法维护和实现个案正义,而且会对社会整体的正义感造成极大的伤害。因此,在各种司法伦理规则中,清廉是最重要、最基本的伦理,有人称为底线伦理。如果这一底线被突破,则不仅司法的权威、尊严、公信力会面临瓦解的危险,而且会导致"社会正义的最后一道防线"失守。一个缺乏正义、公理的社会必然是强权主宰一切的丛林社会,社会秩序和结构终究会崩解,就像中国历史上频繁发生的王朝更替、治乱循环一样。

在中国过去的司法制度史上,司法官员贪赃枉法现象是难以根除的痼疾,民间流传所谓"衙门八字开,有理无钱莫进来"。当然,历史上也不乏刚正不阿的"清官",甚至有人说道:"一丝一粒,我之名节;一厘一毫,民脂民膏。宽一分,民

① 陈光中、肖沛权:《关于司法权威问题之探讨》,载《政法论坛》2011 年第 1 期。
② [英]罗素:《罗素文集》(第 3 卷),内蒙古人民出版社 1997 年版,第 340 页。
③ 张建伟:《刑事司法体制原理》,中国人民公安大学出版社 2002 年版,第 43 ~ 44 页。
④ 参见张建伟:《刑事司法体制原理》,中国人民公安大学出版社 2002 年版,第 38 ~ 39 页。

受赐不止一分；取一文，我为人不值一文”①，但是在贪渎成风的官场，“清官”极其稀有。即使到今天，司法腐败问题仍未根本解决，严重影响了司法权威和公信力的建立和提升。为保障司法清廉，除须建立制度“防火墙”、加强对贪腐司法官员的惩戒外，还须强化司法清廉伦理建设，使每位法官、检察官从内心认识到廉洁是司法不可逾越的底线和“高压线”。司法职业是一个具有独立性的、个性化的职业，法官、检察官具有很大的自由裁量权，如果他们利欲熏心、贪婪成性，意图通过司法权力为自己牟利，是具有很大的可操作空间的，仅靠外力的监督很难防范司法者挟私自利，只有依靠司法者本身具有高度的职业伦理意识，才能够抗住外部的各种诱惑，“出污泥而不染”，保持自性高洁，司法才能真正走向清廉和高贵。当然，司法清廉不仅仅是一个伦理问题，它还关系司法权运作的内外制度环境（如司法责任制）以及司法官的物质保障问题。只有强化司法者内在的道德自律和外部的制度约束，并辅以优厚的物质保障，才能真正解决司法清廉问题。

5. 加强司法伦理建设是强化政治伦理建设的必然要求

司法关乎政治，在任何国家、任何时候都是如此。虽然我们说司法具有很强的独立性、专业性，这在微观层面，就个案观察，可能确实如此，但在宏观上、总体上，司法都是为政治服务的，是贯彻一国政治意图（目的）的工具，具有很强的政治性。从这一意义上来说，司法伦理是政治伦理的自然延伸。要强化政治伦理建设，自然必须加强司法伦理建设。

最高人民检察院张军检察长指出：“检察机关首先是政治机关，党的绝对领导是检察工作的最高原则，也是最大优势。”“要深刻认识到，我们检察机关的各个部门首先是政治组织。怎么理解这个政治组织？就是我们的工作，我们办理的每一个案件，我们处理的每一件事情，都是在落实以人民为中心，都是在努力做到全心全意为人民服务，都是在厚植党执政的政治基础。”②如何理解这段话的内在含义，我们认为，首先要厘清政治与业务的关系。政治与业务并不是互相排斥的，也不是在司法办案中用政治标准取代法律专业标准；在本质意义上，二者是融为一体的：一方面，司法者应该从政治高度来认识自己的业务工作，认识到所办理的每一起案件并不只是一起案件，而且关联着政治。在办案中，不能只满足于准确适

---

① 语出清乾隆年间江苏巡抚张伯行，他上任时便公布了一份特别的官箴《禁止馈送檄》：“一丝一粒，我之名节；一厘一毫，民脂民膏。宽一分，民受赐不止一分；取一文，我为人不值一文。谁云交际之常，廉耻实伤。倘非不义之财，此物何来？”在贪腐成风的古代官场，官员能有如此高度的认识，实属难得。

② 邱春艳：《检察机关要强化“第一责任”走好“第一方阵”》，载最高人民检察院官网，https://www.spp.gov.cn/spp/tt/202006/t20200629_469697.shtml。

用法律，作出裁判，定分止争，守住“形式上不违法”的底线，而应该以极大的政治责任感、司法能动性以及人文情怀处理好每一起案件，达到“天理、国法、人情”“政治、法律、社会三个效果”的高度统一。另一方面，司法者也要认识到，在司法办案中讲政治，并不是对当事人双方“各打五十大板”，无原则地搞平衡、和稀泥，而是严格坚持法律的规则、程序、标准，严格区分“法”与“不法”，贯彻“法不能向不法让步”原则，最大限度地实现司法公正。同时，尽力做好释法说理工作，“让人民群众在每个司法案件中都感受到公正正义”（让公平正义“看得见”），从而实现“案结、事了、人和”。如此必能促进社会和谐，厚植党的执政根基。总而言之，政治与业务是有机融合的，政治伦理与司法伦理是贯通的。

（二）检察官职业的特殊伦理要求

现代检察官制度（号称“革命之子”“启蒙的遗产”），诞生于法国大革命时期，正式奠立于1808年之《拿破仑治罪法典》。随着拿破仑东征西讨，检察制度也迅速传播至欧陆及世界各地。自诞生至今，检察制度虽已被世界各国普遍接受，但是关于这一制度的价值、功能、定位以及检察官的职权（职责）等，至今尚未形成像警察制度、法官制度那样明确一致的看法，加之各国政治体制、文化传统、意识形态等的不同，不同国家的检察制度形态各具千秋，差异殊甚。而在一国之内，每因政治、经济、社会形势的发展变化，需要改革法律和司法体制时，检察制度也往往最先成为被改革的对象。尽管如此，对于检察制度的创设目的、制度价值以及检察官的职责定位等一些基本问题，国际法律界渐趋共识：

第一，创设检察官制度的主要目的，乃是革除当时盛行的纠问制度，确立诉讼上的权力制衡原则。近代以前，纠问制是比较普遍的诉讼制度模式，中外皆然。纠问制下，法官独揽追诉和审判大权，入罪出罪，全凭法官独断，权力不受制衡。这样的诉讼，几无客观公正可言。近代以后，为杜绝流弊，人们对刑事诉讼程序进行改革，原来单一的审判（纠问）程序被拆解为起诉和审判两个程序，相应地从法官的审判权分解出起诉权，并将之赋予新创设的检察官。自此之后，检察官专任控诉，全权决定对案件是否提起公诉，并实行“无控方之起诉，即无法官之裁判”原则，即所谓“不告不理”。由此，法官转为消极、被动的审判官角色，不再有惩罚犯罪的原始冲动，而是基于客观、中立的立场专司对案件的裁判。可见，创设检察官制度的最重要目的之一，就是通过诉讼分权模式，建立法官与检察官的彼此制衡，保障刑事司法权行使的客观性和公正性。

第二，创设检察官制度的一项重要功能，在于以立基于法律规范之上、以守护法律为职志的检察权来控制、制约警察权,确保警察活动的合法性。德国检察制度创始者、法学大家萨维尼(Carl Friedrich v. Savigny)说过:“警察官署……的行动自始蕴藏侵害民权的危险。经验告诉我们,警察人员经常不利于关系人,犯下此类侵害民权的错误。检察官的根本任务,应为杜绝此等流弊并在警察一行动时就赋予其法的基础。如此一来,此新创制(指检察官)才能在人民眼中获得最好的支持。”德国著名联邦检察官华格纳(Wagner)亦指出,检察官制之创设,乃催生法治国并克服警察国之明显指针。①

检察制度创生后,检察官专任控诉,但控诉职能中必然包含侦查职能,而侦查带有很强的技术性。尽管很多国家的法律规定,检察官属于重要的侦查主体(之一),但以法律专业知识见长的检察官并不擅长于此,所以只能将具体侦查工作委之于警察,因此侦查权(职能)与起诉权(职能)相分离乃势所必然。但是由于警察的任务驱动(破案)以及法律授权其在某些情况下可以使用暴力,可能导致警察逾越法律边界,危及公民权利,故须设置检察权对警察权进行法律规范和制约,这是检察官制度存在的另一个重要价值。

第三,一般认为(尤其在欧陆),检察官制度的创制还有另一项重要的法治国功能:守护法律,使客观的法意旨贯通整个刑事诉讼程序。所谓的客观法意旨,除了追诉犯罪之外,更重要的是保障民权(包括保护被告人尤其是无辜者的权利)。检察官被定位为“一剑两刃”的客观官署,不单单要追诉犯罪,更要搜集有利于被告人的证据,并注意被告人诉讼上应有的程序权利。简言之,检察官并非刑事诉讼中的一方当事人,并不以追诉犯罪为唯一目标,而是依法言法、客观公正的守护人。据此可知,检察官并非单纯的行政官,而在更大意义上是司法官。

综上所言,检察官之职责不单单在于对刑事被告人之追诉,并且也在于“国家权力之双重控制”:作为法律之守护人,检察官既要保护被告人免于法官之擅断,亦要保护其免于警察之恣意。换言之,检察官制度自创设以来,自始具有处于警察、法官两种国家权力的中介性质。此一命题,同时暗寓检察官在国家权力上定位问题之解决方向。②

在明晰了检察制度的价值、功能、定位及检察官的权力、职责之后,我们可以明确检察官应该坚守的职业伦理:一是依法追诉和制裁犯罪人,保护善良公民的权利不受犯罪的侵害,维护社会秩序,实现社会正义。二是保护被告人(即使有证据证明其确有犯罪行为)不受错误的追诉和惩罚,保护被告人的正当权益(包括

---

① 参见林钰雄:《检察官论》,法律出版社 2008 年版,第 7~8 页。

② 参见林钰雄:《检察官论》,法律出版社 2008 年版,第 9 页。

实体权利和程序权利)不因刑事追诉而受到不当损害。三是检察官不应自视为(刑事、非刑事)诉讼中的一方当事人,不应以对被告人实行追诉及胜诉为唯一目标,而应秉持客观公正的立场,对有利、不利于被告人的事证一律加以注意,维护法律公正。四是既要监督、纠正其他公权机关(警察、法官)的违法行为,同时也要克己奉法、自我监督,确保执法、司法行为始终严格依循法律的规范、标准、要求,使法律得到全面、统一、正确的实施。五是与审判权的被动、消极、中立不同,检察权更具主动性、能动性,一旦被滥用,不仅不能实现守护法律、维护公正的初衷,且会导致侵犯人权、损害国家和公共利益的现象发生。因此检察权的行使必须保持必要的谨慎和克制,不得逾越法律的边界。六是随着社会的发展,检察权能日益扩大(如中国检察机关确立的"四大检察""十大业务"),因此检察官应在法律规范、司法政策容许的范围内,勤勉履职,善尽职责,充分发挥检察权的政治、经济、社会效能,服务保障社会的公正、秩序和发展,如此方不负国家、民众对检察机关的殷殷期望。

三、检察官职业道德(伦理)比较分析

(一)国(境)外法律职业伦理的理论与实践

世界范围内,法律职业伦理的形成源于法律事务的职业化、专业化,而专业化的官吏集团则源起于欧洲。韦伯曾说,在16世纪时欧洲较先进的国家,由于君主理财、战争技术和司法程序三方面发展的原因,才出现了财政专家、军事专家和法律专家。就在君主专制主义凌驾于身份等级制度之上的同时,君主大权独揽的统治也逐步让位于专业官吏体制。韦伯特别提到,司法程序的细密化要求有训练有素的法律专家。① 正是法律专家的出现才推动了一种技术化的、制度化的法治模式的发展,并在此基础上促成了法律职业伦理的形成。

在欧洲,早期的法律伦理主要局限于律师伦理(lawyer's ethics),并未涉及司法行为之法官伦理、检察官伦理等司法伦理。② 因为律师主要奉行自治原则,与法官、检察官等司法体制内的法律职业者相比,更少受到法律、行政、纪律等规则的约束,而且律师还容易受到(法律服务)市场行为的驱动,有动机为追求自身利益的最大化而背离职业宗旨和道德要求。随着法治的发展,法律伦理的内涵也逐

---

① 参见[德]马克斯·韦伯:《学术与政治》,冯克利译,生活·读书·新知三联书店1998年版,第68页。

② See Charles W. Wolfram, *Modern Legal Ethics*, West Publishing Co., 1986, p. 17 – 19.

步扩充。现在,法律界普遍认为,法律伦理既涵盖律师伦理,也涵盖司法伦理。

需要注意的是,虽然总体而言,欧洲各国(以及与之具有高度的文化亲缘性的其他国家如美国、加拿大、澳大利亚等)在近代以来共同引领了世界法治发展的潮流,但是在这些国家内部,由于历史、文化、制度等的演进路径并不相同,它们之间的差异性更大于共同性,所以当我们观察欧美各国的法律职业伦理的样态与特征时,会看到一个差异纷呈的现象,即使是同属一个法系的国家之间也是如此。

1. 英国法律职业伦理的理论与实践

英国作为近现代法治的滥觞之地,向来奉行经验主义法则,规则和制度遵循的是一种演化的逻辑,而非依理性进行建构的逻辑,也就是说,英国并不重视建构一套成文化、法典化的规则体系,这在司法道德(伦理)的建设方面亦是如此。"在英国,司法道德作为一个专题,往往是与有关司法作用的更广泛讨论一起来综合考虑的。这并不是说不存在管理司法行为的规则。例如,对全职法官来说,就有一些要求是他们要遵守的。这些要求包括:法官在获得任命后,需要放弃其他有报酬的工作、切断与政治团体的联系,抽象地说,不做任何可能置司法声誉于争议之中的事情。"此外,"还有一些针对与法官在法庭内外行为相关的一系列问题所颁布的指导原则"。[①] 不过这些司法的指导原则并未加以成文化、体系化。但是,由于英国社会20世纪末及21世纪初发生的一些新的变化和因素[②],引起对司法道德的更大关注,从而产生了制定一个成文化的司法道德规则体系的压力和尝试。在这方面,英联邦成员国司法道德建构的实践对英国也施加了直接或间接的影响,如加拿大司法理事会1998年的研究成果《法官的道德原则》和澳大利亚首席法官理事会2002年拟定的《司法行为指南》。在上述内外因素的影响下,英格兰法官以一种更加积极的态度来认识和对待司法道德问题,他们认同并接受了联

① [英]Diana Woodhouse:《英国的司法道德》,载怀效锋主编:《法官行为与职业伦理》,法律出版社2006年版,第501页。

② 这些变化和因素包括:有必要解决公众对司法任命制度的关注,皮诺切特案及其后的发展,将《欧洲人权公约》纳入英国法律,在英国公共生活领域以及具体地说,在与其他国家司法行为的关系中增加行为准则的应用。详见[英]Diana Woodhouse:《英国的司法道德》,载怀效锋主编:《法官行为与职业伦理》,法律出版社2006年版,第501~507页。

合国下属机构起草的《司法行为的班加罗尔原则》。① 2003 年,英国法官理事会以《班加罗尔原则》为基础,拟定了《法官行为指南》,作为一种既有倡导性又有一定约束力的司法行为道德规范。②

2. 美国法律职业伦理的理论与实践

美国和英国同属普通法系国家,但是在对待司法道德问题上,美国似乎比英国持有更积极的态度。在美国,人们普遍认为,一个独立、公正、有能力的司法体系对于社会自由和法治是不可或缺的。美国法官的就职誓言中,要求法官在审理案件时做到"无私无畏"。③ 然而,法官也是有七情六欲的人,"无私无畏"并不那么容易做到,所以人们很早就认识到,制定一套明确、系统的法官及其他法律从业人员的职业道德规范,用以对他们的行为进行倡导和约束是必要的。

美国大概是现今拥有全球最多律师及相关法律从业人员的国家。美国又有着非常复杂的法律体制,既有成文法,又有判例法;既有联邦法律体系及其法律机构,又有各州自成一体的法律体系及其法律机构,因此美国的法律职业伦理也呈现为一种多方面、多层次的复杂体系。在美国的司法伦理建构实践中,美国法曹协会(American Bar Association,ABA,由法官、检察官、律师、学者及实务工作者组成)发挥着主导性作用。美国法曹协会于 1878 年在纽约成立,其工作任务除了致力于美国法的统一[如推动制定美国《统一商法典》(Uniform Commercial Code)]、借由办理律师考试(Bar Examination)建立美国法律教育之各项标准等外,另一项重要任务就是主导和推动美国法律职业伦理的建立和发展。④ 历年来,在美国法曹协会的主导下制定的主要法律职业伦理规则包括:1924 年《司法伦理准则》(Canons of Judicial Ethics)、《美国法曹协会司法行为示范准则》(ABA Model Code of Judicial Conduct)(包括 1972 年版及 1990 年、2007 年修订版)、《法

---

① 为促进各国司法人员遵守有关职业道德规范,维护和强化司法尊严,2001 年,联合国下属机构召集了一批法学家,集中研究一些国家的相关法律,从中确定出法官职业道德规范的最基本原则。经过一段时间的研究和酝酿,最终在维也纳草拟形成了《司法行为的班加罗尔原则》(The Bangalore Principles of Judicial Conduct)。2002 年 11 月 25 日至 26 日在海牙召开的另一次相关会议上,对《司法行为的班加罗尔原则》进行了修订,主要包含六项价值理念:独立、公平、正直、行为端正、平等待遇及能力和勤奋,其目的是为法官的道德行为建立标准。这些原则意在为法官提供指导,并为司法制度提供一个规范司法行为的框架。此外,也意在帮助行政和立法成员、律师和大众更好地理解和支持司法制度。

② 参见怀效锋主编:《法官行为与职业伦理》,法律出版社 2006 年版,第 507 页。

③ 参见怀效锋主编:《法官行为与职业伦理》,法律出版社 2006 年版,第 465 页。

④ ABA 业务还包括法官选举、任期及补偿、法律援助、执业惩戒、继续性法学教育及大量的临时性法律议案等。参见台北律师公会主编:《法律伦理》台北律师公会丛书(十二),台北,五南图书出版股份有限公司 2012 年版,第 28 页。

律专业人员行为规则》(Model Rules of Professional Conduct 1983)、《美国法官行为准则》(Code of Conduct for US Judges)及其 2009 年修订版(Revised Code of Conduct for US Judges)。① 需要说明的是,美国法曹协会本身并没有制定法官行为标准的权力,这项权力通常由法院(有时也由立法机关)来行使,法曹协会只是为司法行为提供一种示范准则(Model Code)。比如,1972 年通过的《司法行为示范准则》(Model Code of Judicial Conduct)基本上被每一个州采用,作为制定法官行为规范的基础,它也是联邦法官职业道德准则的基础之一。②

下面以《美国法官行为准则》为例,来管窥一下美国司法职业道德的具体内涵。《美国法官行为准则》是美国司法会议(Judicial Conference of the United States,又译作司法委员会)制定的,整个准则看起来仅有简单的五条,但蕴含极其丰富的内容。具体而言,准则一:法官必须维护司法机构的公正和独立;准则二:法官在一切行动中必须避免不当行为及给人行为不当的印象;准则三:法官必须公正、勤勉地履行其职责;准则四:法官可以从事职务以外的活动,但应尽量避免与司法职责发生冲突;准则五:法官应避免参与(不当的)政治活动。以上仅为该准则各条目的主干内容,在每个条目之下,还分列若干具体细则;条目之后,还有对本条目所作的详尽的注释或评注。另外,该准则序言部分还专门提出,当准则的适用存在疑义,司法会议授权其所属法官准则审议委员会应法官之请求,对准则的解释、适用提出意见;法官对准则的内涵存在疑义、请求解释时,应当向法官准则审议委员会主席提出。③

尽管美国法律界很重视司法伦理建设,但这并不意味着美国真正解决了司法伦理问题。美国前大法官沃伦·伯格(Warren Burger)就曾严词批评美国法律界:"我们的专业生了病,充斥无能、训练不足、不当的行为,以及低俗的举止。每天在全国各地的法庭中,我们都可以目睹不适应、拙劣的工作表现、不当执业行为和缺乏伦理。……这些不能胜任工作的律师,似乎对这项专业的基本伦理毫无知觉。"④身为"局中人",沃伦法官对美国法律界存在的问题一定有着深切的感知和体会,出于"爱之深,责之切"而给予不留情面的批评。有道是"见贤思齐,见不贤而内自省",我们也应深刻反思、检讨中国的司法实践中存在的法律职业伦理问

---

① 参见台北律师公会主编:《法律伦理》台北律师公会丛书(十二),台北,五南图书出版股份有限公司 2012 年版,第 28~29 页。

② 参见怀效锋主编:《法官行为与职业伦理》,法律出版社 2006 年版,第 466 页。

③ 参见怀效锋主编:《法官行为与职业伦理》,法律出版社 2006 年版,第 572~583 页。

④ [美]布莱恩·甘迺迪:《美国法律伦理》(American Legal Ethics),郭乃嘉译,台北,商周出版社 2005 年版,第 19 页。

题，并探寻有效的解决之道。

3. 法国法律职业伦理的理论与实践

相对于英美较为偏向保守的文化传统，法国是一个更为崇尚革新（乃至革命）的国家，且不说法国大革命对近代世界的走向产生的巨大影响，在法制领域我们也不难找到其对世界法制的演进带来的革命性影响，如现代检察制度即诞生于法国，《拿破仑民法典》则影响了世界其他国家民法法典化的进程。法国是大陆法系中的代表性国家，其在法律职业道德领域的探索和建树同样值得我们关注。

法国最高法院首席大法官吉·加尼维指出，法国并非一开始即重视法官职业道德，而是更重视律师职业道德。在司法培训学校，律师专业的学生需要接受专门的职业道德教育，而法官专业的学生则不需要。有关法官职业道德的理论研究和实践也长期没有得到重视，只是对预审法官的职业道德问题有所关注。然而，随着法律和法官在社会、经济、公众生活中的作用不断上升，法官职业道德受到了日益突出的强调。为何法官（当然也包括检察官和其他法律专业人员）的职业道德如此重要，加尼维给出了非常精到的解释："归根结底，法治国家的存在取决于由独立的、有能力的和公正的法官所组成的司法系统。最终，法治的真正实现与司法领域的有效管理密不可分，也就是说，司法系统如果运转不利，特别是受到腐败问题的影响——法官职业道德缺失的最高表现形式，是与民主背道而驰的。""不管是来自神授，还是来自王权或是由民主原则所决定，司法权力都要求其从业者的行为操守无懈可击。更简单地说人们可以这样评价：只有在法官表现得崇高神圣的时候，受法院管辖者与法官之间才能产生信任关系，也才能感受到司法公正。"①

近年来，法国的法律职业道德建设呈现两个明显的特征：一是原本建立在道德基础上的、含义界定不清的职业道德准则向界定越来越明确的职业道德准则过渡，具体表现为从传统上偏重于强调伦理的抽象概念，向一种更加具体和客观的实用概念转变（职业道德更加客观化、明确化、规则化）；二是在程序上，对于法官的监督和控制由秘密方式向公开方式转变。②

在传统的观念和实践中，法国法官的职业道德建立在法官对遵守道义原则的庄严承诺之上，这种承诺的形式就是"宣誓"。1958 年通过的《有关法官身份的条例》第 6 条规定，法官在首次承担审判职责之前必须进行职业宣誓：我发誓认真忠诚地履行职责，严守司法的秘密，做一名高尚正直的合格法官。尽管不能说宣誓

① 参见怀效锋主编：《法官行为与职业伦理》，法律出版社 2006 年版，第 304 页。
② 参见怀效锋主编：《法官行为与职业伦理》，法律出版社 2006 年版，第 304 页。

是没有用的①,但是显然也不能期望它能对法官的行为产生完全有效的约束效果,因此法官职业道德的客观化、规则化是不可或缺的。法国的法官最高委员会发挥了特别重要的作用。从20世纪80年代以来,法官最高委员会开始逐步致力于通过其作出的各种决定,来勾画法官职业道德准则的轮廓,具体途径之一就是在违纪法官案情处理报告中增加对案情的分析评鉴和对惩戒措施的解释说明。这种处理报告每年一次结集出版,采用不点名的方式,详尽解释和评析法官违纪案情以及规则上的处理原因,从而赋予报告以规范的意义。在法官最高委员会发布报告的基础上,司法部整理、编纂了一整套内容完备、涵盖法官违纪的各种情况的条例汇编,从而使得法官的职责与义务日益明晰化、体系化。除了法官最高委员会的相关决定及报告发布,行政法院的判例也发挥着越来越大的作用。行政法院也拥有对违纪法官的部分惩戒权,通过这种惩戒权而获得对法官纪律条例的解释权。②

4. 欧洲委员会法律职业伦理的理论与实践

当我们观察分析欧洲国家的法制建设(包括法律职业道德建设)进程时,除了关注个别国家的相关情况外,不可忽视的是在这些个别国家之上存在的超国家实体(如欧盟委员会、欧洲理事会、欧洲议会、欧洲委员会等)的角色和作用,它们对欧洲各国的法制建设(如人权、议会民主等)往往发挥着较大甚至决定性影响。就我们所讨论的法律职业道德建设而言,欧洲委员会③即发挥了关键性作用。

1998年,在有关专家的建议下,欧洲委员会部长会议决定加强各成员国司法机构之间的直接合作,以改善司法管理,加强法官能力,确保司法权力的独立性和公正性。为此,欧洲委员会第22届司法部长会议决定成立一个由各国法官组成的咨询机构——欧洲法官咨询委员会,负责为成员间的司法合作框架协议提供建议。欧洲法官咨询委员会自成立之初,即特别关注司法人员的独立性、公正性和

---

① 宣誓的效果在于,宣誓者对内等于建立了一种内心的道德法庭,一旦有违背誓言的行为,要面对内心的道德法庭的审判;在对外方面,公开的宣誓等于与民众达成一种民主契约,宣誓者要接受契约的约束。

② 参见怀效锋主编:《法官行为与职业伦理》,法律出版社2006年版,第306~307页。

③ 欧洲委员会为欧洲国家间为追求"欧洲合作与联合"这一目标的区域性国际组织。1949年5月5日,比利时、丹麦、法国、爱尔兰、意大利、卢森堡、荷兰、挪威、瑞典和英国在伦敦签署《欧洲委员会规章》,正式成立该组织,目前有47个成员。其宗旨是:努力实现更紧密的欧洲联合;促进成员的经济和社会进步;维护议会民主和人权原则。主要活动有:审议各成员共同关心的有关政治、人权、经济、社会、文化和科技等问题,并通过各成员政府签订协议和公约、向成员政府提出建议等方式,谋求在这些领域里采取统一行动。参见360百科网,https://baike.so.com/doc/5883015-6095893.html,最后访问日期:2021年7月22日。

执法能力问题。2002 年 11 月 13 日至 15 日,该委员会专门召开会议并提交了一份报告,该报告重点探讨了司法人员应秉持的伦理和责任,并提出了相关概念、原则和政策建议。

来自法国的巴黎上诉法院庭长、同时也是欧洲法官咨询委员会副主席的阿兰·拉卡巴拉,介绍了欧洲法官咨询委员会对于司法职业道德持有的基本观点和立场:在今天的社会里,法官拥有至关重要的权力,因此手握大权的法官遵守一整套严格的伦理道德原则就是当然和必要的。如果要确保法官的职责得到尊重而且值得尊重,法官就必须拥有在履行职责时的完全的独立性,这也相应地要求法官在执行法律过程中贯彻完全的中立性和公正性。欧洲法官咨询委员会认为,法官解决纠纷所使用的方式必须得到各方的信任,法官的权力必须与真理和自由等基本价值观紧密联系。司法人员行为准则应当是上述基本价值观的必然推理结果,同时也是公众对司法信任的前提。此外,在一个法治国家里,接受司法管辖者有权对司法制度和司法人员作出正当的期待,期待其保障司法审判的公正性,保障接受司法管辖者的基本权利。①

如何对司法人员行为准则给予完整、准确的界定,是个非常复杂的问题。阿兰·拉卡巴拉认为,鉴于法官负有在社会生活中解读法律、调解纠纷的重要使命,确保法官执法的公正性就成为不可或缺的事情。这就要求司法人员在执法过程中必须遵循严格的行为准则,这种行为准则的影响力甚至可以涉及司法人员职责以外的生活。首先,在司法人员的执法过程中,他必须首先确保认真执法,绝不有意违法,也不因为麻痹懈怠而出现执法错误。其次,法官如何和在多大程度上参与社会活动,也是个很重要的问题。显然,我们不可能指望把法官从他所生活的社会环境中完全孤立出来,因为司法体系的良好运转离不开法官对于社会实践和社会演变的了解和体会。此外,法官仍然是一名公民,享有《欧洲人权公约》所认可的各项权利和自由。然而,在司法人员的社会参与度和他执行公务所必需的独立性和公正性之间需要找到一个平衡点。由于涉及一系列关系文化和政治多样性的大原则,这样的平衡点极其微妙。②

以上我们以英美、法国以及作为地区性国际组织欧洲委员会为窗口,管窥和略览了欧美国家的司法职业道德建设的理论和实践,从中我们可以得到以下几点启示:一是在欧美国家,对司法职业道德(伦理)的认识也存在一个逐步深化的过程。一开始,人们可能更多地关注律师的职业伦理问题,相对忽略法官、检察官的

---

① 参见怀效锋主编:《法官行为与职业伦理》,法律出版社 2006 年版,第 536 ~ 537 页。

② 参见怀效锋主编:《法官行为与职业伦理》,法律出版社 2006 年版,第 538 ~ 539 页。

职业伦理要求。今天，随着经济、社会的快速发展以及全球化时代的到来，法律以前所未有的广度和深度介入人们的生活，法律和司法的作用在急剧上升，人们比过去更加深切地认识到，手握重权的法官、检察官同样（甚至比律师更加）应该受到职业道德（伦理）的严格约束。二是从个别国家到地区性国际组织（欧洲委员会），再到国际社会（联合国《司法行为的班加罗尔原则》），一种共识性的观点是，司法的核心价值是独立和公正，司法的尊严来自接受司法管辖者以及社会公众对司法的信任。司法要获得信任，实现公正，就必须遵从一套严格的职业伦理规则。三是司法职业道德的客观化、规则化的趋势日益明显。在传统的司法实践中，司法职业道德更多表现为司法者主观上的道德信念和自律，故而抽象而模糊，执行效果难以评价和衡量。今天，越来越多的人认识到，建立一种客观化、明确化、可操作的司法职业道德规则体系是必要的，也是很多欧美国家正在付诸实践的。四是虽然过去也存在很多司法行为准则来约束法官的行为，但是其主要表现为一种内部的纪律规则，其运作是不透明、不公开的，其用意在于避免伤及司法的尊严。今天，司法职业道德（伦理）超越司法机关内部的行政和纪律规则，呈现更加丰富的价值和内涵，其运作也更加公开化、民主化（为公众提供了一种监督司法的契机）。五是在欧美国家，司法职业道德仍然存在一些悬疑的问题，如对司法职业道德（伦理）应否予以成文化、法典化，还是非法典化（留下一块弹性、模糊的空间）；司法者（主要是法官）如何在坚守职业的独立性和社会活动参与度之间找到一个平衡（既能屏蔽外界干扰，同时又不脱离社会、自外于社会），是个难题。

（二）国（境）外检察官职业伦理的理论与实践

前文在讨论国（境）外法律职业伦理问题时，主要聚焦于法官职业伦理，未过多涉及检察官职业伦理，这一方面是因为资料的易获得性（available）：在欧美法律界，法官是司法的中枢——当谈到“司法”，主要指审判，“司法官”主要是指法官，而“司法伦理”主要是指法官伦理。因此在欧美法律界，研究司法伦理者主要聚焦于法官伦理，有关这方面的资料极其丰富。另一方面，“司法官”的概念所及并不排除检察官，司法伦理也理所当然包含检察官伦理。这是因为法官和检察官虽然在职权上是分立的，但两者又有某种同质性：（1）从权力的发生和起源看，历史上检察权就是从审判权中分离出来的。（2）从权力的宗旨和终极价值看，无论是审判权还是检察权，所追求者毫无二致：都是为了实现公正。（3）从二者的权能看，审判权和检察权都是一种法律判断权（均属于司法权范畴），即运用法律规范来裁判案件事实，并得出相应的结果。差别仅在于，审判权具有终局性、既判力;而检察权作为一种审前的法律判断权,一般只具有程序性效力:决定是否提起公诉,在有些国家(如中国)还有权决定是否对犯罪嫌疑人予以逮捕。(4)从权力定位来看,无论是审判权还是检察权,都具有独立性、中立性、客观性——检察官尽管作为诉讼程序中的一造,持有明显的立场(支持或反对某种诉讼主张),但他并非一方当事人,而是秉持一种客观主义立场:既制裁违法,又保护权利;既关注对被告方不利的事实、证据、理由,又关注对其有利的事实、证据、理由,以力求实现最大限度的公平和公正。(5)从司法管理角度看,在世界上多数国家或地区(尤其是大陆法系),法官和检察官都共同适用同一种管理制度(遴选、考核、晋升等)和培训机制(接受基本相同的培训)。正是因为法官和检察官拥有多方面的同质性,所以二者基本上具有共同的职业伦理要求,制度上凡针对法官的伦理准则,一般也适用于检察官。

然而,法官和检察官毕竟是两种不同的职业角色,两者的职权和责任还是存在差异的,因此检察官职业伦理也不会完全等同于法官伦理。正因如此,在很多国家,专门出台有针对检察官的职业伦理规则。只是因法律传统、司法制度(尤其是检察制度)的不同,不同国家或地区的检察官职业伦理差异殊甚。

1. 美国检察官职业伦理

美国的检察官是律师的一种,是政府律师。只有具备律师资格且有若干年诉讼经验的人才能担任检察官。但美国检察官并非终身制,无论是选举产生还是任命产生,都有一定的任期,小部分检察官还是兼职检察官。美国检察官具有一定的政治性(由有党派背景的议会选举或行政首长任命),而任期制又使检察官具有流动性,这在一定程度上妨碍了美国检察官的职业化,并可能导致履职过程中不端行为的发生。① 而事实上,美国检察官的职务不端行为屡见不鲜,以至于有美国学者将有关其检察官不端行为的著述用“汗牛充栋”来形容。②

美国检察官既是律师,又是检察官,所以他首先要受到律师伦理规范(如ABA Model Rules of Professional Conduct 1983)的约束,同时又因检察官享有律师所没有的特殊权力和裁量权,所以检察官还必须受到自身特有的伦理规范的约束,其中最主要的规范就是《美国检察官守则》(National Prosecution Standards)。该守则共八大部分,第一部分为一般守则(General Standards),具体包括检察官之

---

① 参见蓝向东主编:《卓越与底限:美国检察官奖惩机制研究》,中国检察出版社2015年版,第3页。

② 参见蓝向东主编:《卓越与底限:美国检察官奖惩机制研究》,中国检察出版社2015年版,第3页。

责任,专业化行为准则,利益冲突(之避免),遴选、报酬及离职,人员进用与培训,以及检察豁免权。第二部分为关系(Relations),包括与地方团体、相邻刑事司法机构、执法机关、法院、犯罪嫌疑人及被告人、辩护人、被害人、证人等的关系处理。其他各部分依次为侦查(Investigations)、审判前之注意事项(Pre – Trial Considerations)、认罪协商及认罪协议之适当性(Propriety of Plea Negotiation and Plea Agreements)、审判(Trial)、量刑(Sentencing)、宣判后(Post – Sentencing)。可以说,整个守则贯穿刑事诉讼全过程,对刑事诉讼各阶段、各环节检察官的职责目标、义务、应予遵守的行为准则皆有充分的阐述。尚不清楚的是,谁来监督守则的执行、监督执行的程序如何,还是说守则仅具有指导性意义?

2. 英国检察官职业伦理

英国检察制度诞生较晚,但是英国检察机关(皇家检察署,Crown Prosecution Service)也专门制定有《皇家检察官准则》(Code for Crown Prosecutors),就检察官职责及如何行使职权作了颇为详尽的规定。《皇家检察官准则》除就检察官行使职权的各个阶段(起诉、审判、庭外处理等)提供具体之工作指引外,并于准则中强调检察官行使职权并非仅为了给被告人定罪,而必须植根于司法利益;检察官必须公平、独立、客观行使职权;检察官对案件作出公正、公平和完整的决定有助于维护被害人、被告人、证人及公众之利益。①

3. 国际组织对检察官职业伦理的关注

晚近以来,随着全球化和法治的发展、检察官地位和职能作用的提升,检察官职业伦理的构建不仅是很多国家国内的议题,也受到一些国际组织的关注。欧盟作为地区性国际组织,其宗旨不仅在于促进欧洲成员国在政治、经济上的一体化,也包括寻求法律上的一体化,并协调统一各国的执法行为。其中,推动构建欧洲国家统一的检察官职业伦理也是其关注的内容。在 2000 年 10 月 6 日召开的欧盟部长理事会议中,检察官被确认为代表社会及公众之官署。为确保检察官追诉犯罪时能兼顾人权和刑事司法体系之效率,会议讨论通过了《刑事司法体系检察官角色之[2000]第 19 号建议》,就检察官履行职责时应遵守的行为准则提出了一些框架性建议。为推动和深化该建议所确立原则的贯彻落实,欧盟复于 2005 年 5 月 31 日举办的欧洲检察官会议中再次通过《欧盟检察官伦理及行为准则——布达佩斯准则》(European Guidelines on Ethics and Conduct for Public Prosecutors—The Budapest Guideline)。该准则强调检察官身为法律的捍卫者,于刑事

---

① 参见蔡碧玉等:《检察官伦理规范释论》,中国检察出版社 2016 年版,第 12 ~ 13 页。

司法系统中扮演关键性角色,并以在欧盟内获得广泛接受之检察伦理规范为基础,将检察官应遵守之伦理准则分为四个部分:(1)检察官之基本职责;(2)检察官之专业行为通则;(3)检察官于刑事程序中之专业行为;(4)检察官之私人行为。①

在国际层面,关于检察官伦理或行为准则,不得不提的还有《联合国关于检察官作用的准则》(Guidelines on the Role of Prosecutors)。该准则是 1990 年 8 月 27 日至 9 月 7 日于古巴哈瓦那召开的“第八届联合国预防犯罪和罪犯待遇大会”所通过的有关检察官应履行或发挥的职责、义务、作用的行为准则,共 24 条。概括而言,其主旨是:检察官应在任何时候都保持其职业荣誉和尊严;应始终一贯迅速而公平地依法行事,尊重和保护人的尊严以及维护人权;不偏不倚地履行其职能,避免任何形式的歧视;保证公众利益,按照客观标准行事,适当考虑犯罪嫌疑人和被害人立场,并注意到一切有关的情况,无论是否对犯罪嫌疑人有利或不利;对掌握的情况保守秘密;在受害者的个人利益受到影响时应考虑到其观点和所关心的问题,使受害者知悉其权利;拒绝使用通过非法手段获得的证据;即便是在行使公民权利时,也应始终根据法律以及公认的职业标准和道德行事。依联合国的要求,该准则作为国际社会关于检察官的职责、义务及行为准则的最低共识,以及检察官职业伦理的基本准则,应纳入各国检察官伦理规则体系,并确保其得到严格遵行。

1995 年,为因应全球化时代跨国犯罪的急速增加,推动各国检察官的司法协作,协调统一各国检察官的行为准则,联合国于维也纳又发起成立国际检察官协会。国际检察官协会基于前述《联合国关于检察官作用的准则》,于 1999 年 4 月 23 日订立《检察官的专业责任与权利义务准则》。该准则揭明了检察官应遵循的数个职业伦理标准,包括专业、独立、公正、履行刑事程序中的角色、合作及身份职务保障等;鼓励各国将其作为订立检察官行为规则之参考,并期望各国以此为基础继续发展、强化其自身之检察伦理规范。②

综上所述,由各国及联合国等国际性组织对检察官职业伦理的高度关注,可以看出在现代法治及司法体系中,检察官的职能作用日益凸显和重要。同时说明,基于检察权的权能特征(积极性、能动性,与审判权的消极、被动、中立相对),有必要强化对检察官行为的伦理约束,这样才能有利于促进国际社会共同追求的法治目标、公正秩序和民众福祉。

---

① 参见蔡碧玉等:《检察官伦理规范释论》,中国检察出版社 2016 年版,第 10 ~ 11 页。

② 参见蔡碧玉等:《检察官伦理规范释论》,中国检察出版社 2016 年版,第 10 ~ 11 页。

四、中国检察官职业道德建设的理论与实践

近年来，在中国法律界乃至整个社会，司法职业道德问题受到越来越广泛的关注，人们对于建立适合中国司法制度特征和国情的、科学完备的司法职业道德规范的呼声日益迫切。其原因或许不难理解——在当下中国，随着依法治国被执政党确立为治国理政的基本方略，以及在中央的主导下对法治进程的强力推进，法律在社会生活中的作用日益凸显。在此过程中，司法机关肩负的职责与任务日益艰巨而繁重，社会对司法机关的期望和要求也日益提高。这不仅对司法机关及司法人员的专业能力提出了挑战，也对他们的职业道德构成了重大考验。虽说近年来经过一系列的司法改革（如建立审判中心，制定员额制、司法责任制等）以及对司法队伍常抓不懈的教育、培训、整顿，司法队伍的专业化水平和职业道德素质得到较大幅度的改善和提升，但从近期政法队伍集中教育整顿揭示的问题看，司法不公、不严、不廉、司法的质量和效率不高、执法不规范等问题依然不同程度地存在，其中最受诟病的还是司法腐败。这些问题极大地损害了司法官群体的形象和声誉，对司法的权威和公信力造成了伤害。反思问题的根源，既有现阶段法治水平有待进一步发展、司法体制改革不到位、制度不健全等原因，更与司法行为缺乏职业道德和伦理的规范和制约有重大关系。人们日益认识到，如果不建构一套健全、成熟、可操作的司法职业伦理并切实地加以践行，司法将难以肩负起法治的使命。正因如此，习近平总书记于 2020 年 11 月 16 日在中央全面依法治国工作会议上的讲话中明确提出："要坚持建设德才兼备的高素质法治工作队伍。要加强理想信念教育，深入开展社会主义核心价值观和社会主义法治理念教育，推进法治专门队伍革命化、正规化、专业化、职业化，确保做到忠于党、忠于国家、忠于人民、忠于法律。要教育引导法律服务工作者坚持正确政治方向，依法依规诚信执业，认真履行社会责任。"①这被概括为"习近平法治思想"核心内容的"十一个坚持"之一——坚持建设德才兼备的高素质法治工作队伍。其中"德才兼备"之"德"显然就是法律（司法）职业道德。

由于历史原因，中国（仅指中国大陆）法律界对于司法职业伦理问题的关注和重视还是 21 世纪以来 20 余年的事，因此在司法伦理建设的理论与实践方面具有一定的滞后性。当然，这并不是说，中国立法界、司法界此前在司法伦理建设方

① 《习近平在中央全面依法治国工作会议上发表重要讲话》，载中华人民共和国中央人民政府，http://www.gov.cn/xinwen/2020-11/17/content_5562085.htm。

面没有任何作为。实际上，党中央及最高司法机关在管理和规范法官、检察官、律师的职业行为以及约束他们的业外活动方面一直做着不懈的努力，只不过我们在传统上主要是从政治思想、纪律作风、队伍建设等方面对司法人员的行为进行管理和规范，而没有侧重于从法治高度、从现代司法的原则、目标、规律和司法职业特征等方面来推动司法职业伦理建设。

应当说，我们并不缺少对司法行为的制度性规范。以下我们通过梳理改革开放后、检察制度恢复重建以来检察队伍管理、队伍建设、行为规范等方面的重大、标志性事件，管窥国家及最高检在检察官职业道德建设方面所做的努力——

1978 年，我国检察机关正式恢复重建。1982 年 12 月，第五届全国人民代表大会第五次会议通过的《宪法》将人民检察院的性质定义为“国家的法律监督机关”，这既是对检察机关的法律定位，也是检察组织架构、检察权能职责、检察行为规范的逻辑起点。

1988 年，最高人民检察院确定“从严治检”的方针，提出建设一支立场坚定、依法办案、秉公执法、掌握政策、实事求是、联系群众、精通业务的检察队伍的奋斗目标。此后“从严治检”一直是我们进行检察队伍管理的主基调。

1989 年，最高人民检察院制定了《检察人员纪律（试行）》，规定了检察人员“八要八不准”①。虽然略嫌粗疏和简单，但应属较早的针对检察职业行为的约束规范，具有重要意义。1995 年，最高人民检察院通过《检察官纪律处分暂行规定》，非常详尽地规定了对检察官的纪律要求。2004 年，为适应现实情况的发展变化，最高检又出台了《检察人员纪律处分条例（试行）》，取代了前述暂行规定。此后，2007 年 3 月、2016 年 10 月，《检察人员纪律处分条例（试行）》经两次修订、颁行，内容更加充实、明确。

1995 年 2 月，第八届全国人大常委会第十二次会议审议通过《检察官法》，同年 7 月 1 日实施。这部法律的出台具有里程碑意义，标志着检察官队伍建设步入法制化、职业化的轨道。2001 年 6 月，第九届全国人大常委会第二十二次会议通过了修正后的《检察官法》，明确规定初任检察官从通过国家统一司法考试人员中进行选拔。同年，国家统一司法考试制度确立，修正后的《检察官法》严格规范了检察官准入制度，进一步推动了检察官的专业化、职业化。2019 年 4 月，第十三届全国人大常委会第十次会议对《检察官法》进行修订，其中第 47 条对 1995 年

---

① 具体内容为：(1)要热爱人民，不准骄横霸道；(2)要服从指挥，不准各行其是；(3)要忠于职守，不准滥用职权；(4)要秉公执法，不准徇私舞弊；(5)要调查取证，不准刑讯逼供；(6)要廉洁奉公，不准贪赃枉法；(7)要提高警惕，不准泄露机密；(8)要接受监督，不准文过饰非。

《检察官法》第33条作了调整,规定了检察官不得实施的10种行为,违反者将受到相应的惩处。①

1997年12月,中共中央组织部、人事部、最高人民检察院联合下发了《检察官等级暂行规定》,正式实施检察官等级制度,极大地调动了检察官履职的责任心和荣誉感。这说明当局意识到,职业道德建设并非只有规范和约束,通过正面激励(荣誉、待遇等)也是一种有效的方法。

2002年,最高检制定实施《检察官职业道德规范》,这是新中国第一部有关检察官的专门性职业道德规范,标志着我国的检察职业道德建设正式步入制度化轨道。该规范列举了"忠诚、公正、清廉、严明"四个目标,每个目标下有若干行为准则提示,为检察官在职业行为中应遵循的伦理准则指明了方向。虽然稍嫌简略,但仍具有特别重要的标志性意义。2009年,最高人民检察院依据《检察官法》制定新版《检察官职业道德基本准则(试行)》。该准则标举"忠诚、公正、清廉、文明"四大原则,与2002年《检察官职业道德规范》基本雷同,唯一的不同是将"严明"改为"文明"。相对于2002年的《检察官职业道德规范》,《检察官职业道德基本准则(试行)》在内容上已大为扩充,不仅覆盖检察官职务内外各方面的行为规范,而且具体入微,备极详尽。然而,2016年12月,为适应国家政治、经济、社会形势的发展以及检察机关面临的新的形势、任务、要求,最高人民检察院对《检察官职业道德基本准则(试行)》再度作出修订,颁布了正式的《检察官职业道德基本准则》。该准则仅有简短的5条:坚持忠诚品格,永葆政治本色;坚持为民宗旨,保障人民权益;坚持担当精神,强化法律监督;坚持公正理念,维护法制统一;坚持廉洁操守,自觉接受监督。简言之,就是"忠诚、为民、担当、公正、廉洁"。该准则言简而意丰,主要着眼于道德方面的倡导和提升。

另外,在整治司法环境、规范司法行为方面,不得不提的就是中央及最高司法机关发布的"三个规定"。为贯彻落实十八届四中全会《中共中央关于全面推进依法治国若干重大问题的决定》有关要求,防止领导干部干预司法活动、插手具体案件处理,确保司法机关依法独立公正行使职权,2015年3月,中共中央办公厅、国务院办公厅发布了《领导干部干预司法活动、插手具体案件处理的记录、通报和

---

① 具体内容为:(1)贪污受贿、徇私枉法、刑讯逼供的;(2)隐瞒、伪造、变造、故意损毁证据、案件材料的;(3)泄露国家秘密、检察工作秘密、商业秘密或者个人隐私的;(4)故意违反法律法规办理案件的;(5)因重大过失导致案件错误并造成严重后果的;(6)拖延办案,贻误工作的;(7)利用职权为自己或者他人谋取私利的;(8)接受当事人及其代理人利益输送,或者违反有关规定会见当事人及其代理人的;(9)违反有关规定从事或者参与营利性活动,在企业或者其他营利性组织中兼任职务的;(10)有其他违纪违法行为的。

责任追究规定》,随后中央政法委发布了《司法机关内部人员过问案件的记录和责任追究规定》,最高人民法院、最高人民检察院、公安部、国家安全部、司法部联合发布了《关于进一步规范司法人员与当事人、律师、特殊关系人、中介组织接触交往行为的若干规定》(以上三个规范性文件统称为“三个规定”)。“三个规定”犹如三个利器,对利用职权、地位、关系插手、干预执法、司法活动的顽障痼疾形成了有力的震慑和遏制,在很大程度上纯洁了执法、司法环境,不仅为执法、司法人员独立、公正执法、司法提供了制度性保障,对执法、司法人员本身的行为也构成了强有力的规范和约束。

从前述国家立法到行业规章来看,司法职业行为规范在体系上比较完备,各方面基本上均有规可循。不仅仅是“立规”,在实务中,多年来,在执法、司法队伍管理和队伍建设上一直常抓不懈,具体到检察系统,“从严治检”一直是我们的主基调,表现为严格执法执纪,每年因违纪违法而受到惩处的检察人员不在少数。然而,这并不意味着我们已经(或在相当程度上)解决了司法职业伦理问题。司法职业伦理建设是个长期、系统的工程,既包括系统、完备的伦理规范体系的建立,也包括已有的伦理规范在实践中得到严格、有效的执行;更重要的是,在最终意义上,司法职业伦理能够从外在规范内化为司法者的观念结构、意识形态。从这一意义上来说,我国的司法职业伦理建设仍然任重而道远。

中国司法职业群体执行司法伦理的现状如何?目前似乎还没有系统的实证研究和评估。从媒体报道和民众的观感看,在法院系统和检察系统,虽然不乏像宋鱼水、张飚、方工等这些严格执法、公正司法、尽职敬业、献身正义、表现出高度的伦理(道德)素养的典范人物,但是,有为数不少的司法官员因违纪违法而受到党纪、政纪、法纪的惩处,个别人甚至受到了刑罚制裁。以检察机关为例,据最高人民检察院年度“两会”工作报告,2018 年,774 名检察人员因违纪违法被查处,同比上升 44.4%;2019 年,1290 名检察人员因违纪违法被立案查处(其中包括最高人民检察院机关和事业单位 6 人),同比上升 66.7%;2020 年,1318 名检察人员因违纪违法被立案查处(其中包括最高人民检察院机关 4 人),同比上升 2.2%,2021 年,2800 名检察人员被依纪依法查处,是 2020 年的 2 倍。当然,从比例的视角看,相对于绝大多数虽无突出的、感人至深的道德事迹,但基本能依循司法伦理规则行事的司法官员而言,那些因违规而受到惩处的司法官员毕竟只是极少数。[1] 但即使是“极少数”,他们的行为对司法职业群体的整体形象、声誉的破坏

---

① 仅就检察机关而言,据权威统计,我国目前有政法编制内检察人员 18.5 万人,以受处分检察人员 1300 余人计,比例约为 0.7%。

性仍然是不可忽视的。因为根据心理学上的“纯洁性”原理，要守护某个事物的纯洁性极难（一场经年累月、没有止境的任务），而破坏该事物的纯洁性极容易（一次事件就足够了）。①

为维护司法队伍的声誉和公信力的“纯洁性”，近年来，政法机关一刻也没有放松对司法队伍的管理、整治，除常规性的纪律监督措施外，还有一些集中性的检查监督行动，如由上级司法机关党组对下开展的周期性巡视活动。自2021年年初开始，中央更是在全国政法系统开展大规模的集中教育整顿活动，一批政法机关工作人员（其中多数为政法单位领导）因违纪违法被揭露、被查处，形成了强有力的震慑。就检察机关而言，最高检张军检察长多次强调，“严管就是厚爱”，“打铁还须自身硬，要以刀刃向内、刮骨疗毒的勇气正视和解决自身的问题”。作为全国检察机关的领导机关，最高检通过严格自律、严肃法纪，加强对行业内职务行为的监督和约束，对于保障检察职业伦理基本规范的践行当然是非常必要的、有效的，但是仍然有其局限性：一是纪律规则并非伦理规范的全部，而只是其中最基本、范围很小的一部分；二是真正的伦理（道德）都是依靠主体的自我认知、自愿践行来实施的，无须借助外力强制（这是伦理与纪律的最大区别）。而通过行政管理、纪律约束的手段对检察官的行为实行“硬约束”，并不能在检察官的心理结构中建立对检察伦理的认知和崇信，因而对检察伦理的真正建立和践行帮助作用也不大。

总之，近年来，鉴于司法职业伦理之于法治事业发展的极端重要性，全国公、检、法、司各机关在加强行业纪律监督的同时，致力于加强司法职业道德建设，包括从规则、制度的建立到观念的教育和引导等各方面。应当说，司法人员的职业伦理意识显著增强，司法工作的规范性和质量也得到很大程度的提高。但是，必须看到，在制度层面，我们还没有建构出一套成熟完备的司法职业伦理规范体系；在实践层面，我们还没有摸索出一套有效的司法职业伦理实践机制；在观念层面，司法人员职业伦理意识的培养和确立更是一项长期、艰巨的任务，短期内难见成效。

---

① 类似的现象是，食物必须是“纯洁的”（干净的），如果受到了污染（哪怕只是轻微的污染），人们一般也不愿再食用（所谓“一粒老鼠屎坏了一锅汤”）；在传统观念上，女性必须坚守“贞操”（性的纯洁性），一旦失去贞操，她的社会评价必然大大降低，对她的恋爱、婚姻将会产生重大影响。类似地，司法职业群体的良好声誉和公信力是一种纯洁性，即使在绝大多数情况下，司法者都能依司法伦理行事，如果个别司法者的个别行为违背了司法伦理，对整个司法职业群体的声誉也会造成不良影响（“纯洁性”被破坏）。

五、检察官的职业角色、目标与责任

在一国的政治及法治体系架构中,国家为什么要设置检察官?应赋予其何种角色职能?国家期望通过检察官的履职追求和达成什么目标?检察官承担的职责和使命究竟是什么?这些问题,不仅是我们在进行检察制度设计时应当回答的基础性问题,也是我们在确定检察职业道德(伦理)的内涵时应当明确的问题,因为归根结底,检察职业道德(伦理)就是为了保障检察官角色功能的正常发挥、法定职责的正确履行,以及检察职业目标、使命的达成。

检察官制度于近代欧陆诞生以来,虽历经各种坎坷曲折、起起落落,但是在现代国家法制及司法体系中,检察官的地位、职权、使命、作用日益凸显和重要,其承担的职责既呈现多元化趋势,又非常重大。具体而言,检察官的职业角色、目标与责任主要有以下几个方面:

第一,作为刑事案件追诉方的检察官,其职业目标是制裁犯罪、实现正义。世界各国的检察制度因历史文化、政治体制的差异而有不同,但对各国检察官而言,对实施了犯罪行为的人提起公诉、将其提交法庭进行审判和制裁,都是检察官的核心职责,无一例外。通过行使公诉权,让犯罪人受到应有的惩罚,让被犯罪侵害的人得到法律的保护,让正义得到实现,是检察官的首要职责和使命。为有效行使对犯罪的检控职能,世界上很多国家将公诉权向前延伸,赋予检察官指挥、控制警察侦查行为的权力,甚至将检察官确定为法律上的侦查主体,警察只是辅助性侦查机关。

第二,作为权利守护人的检察官,其使命是保护公民不受他人恶意侵犯,保护被告人免受公权机关不当(甚至错误的)追诉和制裁。检察官虽然承担公诉职能,以追诉犯罪为职业目标,但是追诉和制裁犯罪并非检察官的根本目的,保护权利才是。一方面,通过起诉和制裁犯罪,保护被害人乃至社会一切善良公民的权利(这一点显而易见);另一方面,通过严守和贯彻法律的原则、标准、程序(如罪刑法定、无罪推定、正当程序等),使犯罪嫌疑人(被告人)受到恰当的追诉和制裁(或者说不受法外的追诉和制裁),更重要的是,保护无辜者免受错误的追诉和制裁。后一方面恰恰凸显了检察官职业的存在价值,这一点使其与警察相区别。警察以打击犯罪为职志,检察官则以法律为标尺,对警察移送的案件进行预先的把关和过滤(法官则对案件进行终局性的把关和过滤),以保障刑罚权的正确适用。

第三,作为法律监督者的检察官,监督其他公权机关在诉讼中的违法行为,保障法律的正确实施。在很多国家(尤其是大陆法系国家以及中国等),检察官不只是刑事诉讼中的检控方,还是其他公权机关执法、司法行为的监督者,旨在保障刑事法律得到正确的实施。在整个刑事诉讼过程中,检察官一般处在"承上启下"的中枢位置,即上承侦查、下启审判。一方面,检察官作为侦查结果的承接者,侦查质量如何,直接影响到检控的质量和效率,所以法律赋予检察官对侦查行为某种程度的控制权,检察官可以对警察的侦查行为及结果实行必要的监督,警察则有义务接受检察官的监督并改进其侦查行为;另一方面,检察官不仅通过对刑事案件几近垄断性的起诉权(仅有少量自诉案件例外),掌控着刑事审判的入口,而且,如果认为审判中存在程序方面的不当行为,或实体裁判结果有误,检察官可以通过某种形式进行监督(包括提起抗诉)。在实行辩诉交易或认罪认罚的国家,检察官可以通过行使与被告人的认罪协商权,为案件的程序选择及实体结果提供解决预案,在得到法官的确认后即发生法律效力。总而言之,检察官对刑事审判拥有某种影响力或支配力。此外,在一些国家,检察官还具有对刑罚执行的合法性进行监督的权力。在一国的法制体系中,拥有如此广泛和重大的权力,检察官是独一无二的。

第四,作为公益代表人的检察官,致力维护和实现社会公共利益。在一些国家,检察官在某些情况下还充任公益代表人的角色。这主要是指在民事及其他案件中,检察官作为"公益代表人"拥有各种请求权和参与各种程序的权限(如日本《检察厅法》第4条①)。不过,在私法领域,由于主要实行市民自治,所以只有在权利的确定、行使有困难的情况下,为了法的权威性的实现,检察官才能作为公益代表人而参与其中,因此检察官参与公益诉讼一般须有法律的明确授权。

当今社会,经济、科技快速发展,人际关系日益复杂,资讯日益发达,利益日益多元,由此带来的社会矛盾、冲突、问题也日益增多,传统法律、司法体系应对乏力、捉襟见肘。在公、检、法三大执法、司法机构中,公安机关和法院的权能、职责向来是比较清晰的,而检察机关的权能边界则较为模糊,所以每有新类型的法律业务,往往赋予检察机关来承担。国家对检察机关有着越来越多的期待,由此使检察机关的权能、职责也不断拓展。就中国检察机关而言,随着反腐败职能的转隶,检察机关进一步回归法律专业机关的定位,法律监督职能和责任日显突出。近年来,随着司法、检察体制改革的推进,检察机关大幅调整了内设机构和检察职权的配置,设立了四大检察、十大业务,业务类型大大扩展,检察工作的触角深入社会生活的各个方面,如民事公益诉讼的提起、行政争议的化解、未成年人权益保护、企业合规监管等。这些新增职能都是法律监督职能的延伸,由此使检察机关

---

① 参见[日]森际康友编:《司法伦理》,丁晓棋、沈军译,商务印书馆2010年版,第170页。

的法律监督职能日渐丰富和强化。2021 年 6 月 15 日，中共中央历史性地专门发布《关于加强新时代检察机关法律监督工作的意见》，对检察机关在国家政治、法治体系中的地位、作用进行了权威性的再次定位："人民检察院是国家的法律监督机关，是保障国家法律统一正确实施的司法机关，是保护国家利益和社会公共利益的重要力量，是国家监督体系的重要组成部分，在推进全面依法治国、建设社会主义法治国家中发挥着重要作用。"指出："进入新发展阶段，与人民群众在民主、法治、公平、正义、安全、环境等方面的新需求相比，法律执行和实施仍是亟须补齐的短板，检察机关法律监督职能作用发挥还不够充分。"为此，需要全面加强检察机关的法律监督工作。该意见实质上是从政治的高度，对检察机关的法律监督工作进行赋能，它既意味着对检察机关法律监督权的强化，也意味着检察机关法律义务、责任的增强。随之，对检察官的职业伦理要求也相应增强。

检察权虽然也属司法权，但与审判权不同的是，检察权更具能动性。法官一般被认为是中立、消极、被动的，实行"不告不理"原则，但是检察官往往掌控着诉讼程序的发动权，他可以决定是否提出起诉、是否抗诉、是否对某个诉讼（以及行政）行为或结果进行监督，这种能动性有助于检察机关主动去追求和实现职业的或社会的目标。在检察职能作用日益重要的当下，"能动性"也受到主管当局的鼓励和强调。最高人民检察院张军检察长曾指出：从历史看，能动司法是红色检察的重要特征，在革命、建设、改革年代都有鲜明体现；从现实看，能动司法是人民群众对新时代司法检察的更高要求；从发展看，能动司法是世界司法制度发展的重要历史趋势；从传统文化来看，在中华法系里，司法一直被赋予能动积极的作用。①

能动检察（司法）的一个重要特征是，检察机关已然对某个案件（或事件）形成了某种立场、观点和结论，然后启动和参与法定程序以使自己的立场、观点、结论被有关机关（审判机关或行政机关）接受，从而达成自己的职业目标——成功实现法律监督。但是在这个目标之外还有一个更重要的目标——社会公正。法律监督的最终目标就是实现社会公正，然而法律监督显然并不天然就是公正的，而是有条件的，它除了与监督者的能力、素质有关外，还与监督伦理有重大关系：监督者如果只是单纯追求监督的绩效——实行更多的监督，而置公正目标于不顾，则偏离了监督伦理，这种监督就是一种无效的甚至有害的监督。②

---

① 参见邱春艳：《大检察官讲堂第二十九讲——张军：传承红色基因，坚持党的绝对领导，以能动检察积极履职助力中华民族伟大复兴》，载国家检察官学院官网，http://www.jcgxy.org/zfyw/202103/t20210328_3174922.shtml。

② 如现实中，一些检察官为了彰显自己的"业绩"，就同一事件制发多条检察建议（一变多）。

其实，检察权天然就是能动的，所以对检察权而言，一个重要的伦理要求是必须秉持客观主义（义务）。无论在刑事或公益诉讼等程序中作为诉讼中的一方提出起诉或抗诉、与对方当事人进行抗辩，检察官均非一方当事人，他的诉讼目的并非追求胜诉，而是为了实现公正。他应该不偏不倚地对待当事人（包括被告人和被害人），平等保护其权利，而不管其地位、身份及其他个人情况如何。龙宗智教授指出，检察官客观义务是检察伦理的核心内容。……检察机关应当秉持客观义务，从客观义务伦理的内在要求和现实状况来建设检察机关伦理道德，并重点关注正义精神、公平意识、公益之心、法治信仰和诚信伦理。[①] 关于检察官的客观义务（或称客观公正原则），1990 年联合国第八届预防犯罪和罪犯待遇大会通过的《关于检察官作用的准则》（Guidelines on the Role of Prosecutors）有最为清晰的阐述。该准则第 13 条规定，检察官在执行职务时应当：（1）公正执行职务，避免一切政治、社会、宗教、种族、文化、性别或其他形式之歧视；（2）以保障公益为念，客观行事，对嫌疑人、被害人之立场均给予恰当的考虑，对案件中所有相关情形都给予充分注意，无论它们对嫌疑人有利或不利；（3）除为执行职务或为维护公正所必需者外，检察官对其所知悉之事务均应保守秘密；（4）考量被害人之观点及其对自身所受利益损害之关切，依据联合国《犯罪及公权滥用之被害人司法保护基本原则宣言》，告知被害人所享有的一切权利。第 14 条规定，检察官发觉侦查有所偏颇，犯罪缺乏证据支持时，不应轻率启动或继续追诉，而应尽力使审判程序停止。第 16 条规定，检察官明知或有合理理由相信，其所获得的不利于被告人之证据系以不法方法取得，此种不法方法，特别是用严刑逼供、不合人道或有辱人格之处遇，或其他践踏人权等手段，已构成对被告人人权之重大侵犯者，除非用以追诉采用此不法方法取得证据之责任者外，检察官应拒绝使用这些不法证据起诉被告人，或告知法院这些证据的不法性；且应采取一切必要步骤，将采用此不法方法取得证据之责任者绳之以法。应当说，上述规定对检察官客观义务给出了最为精准的定义，也是指导检察官在履行职责时应遵循的最基本的伦理要求。

六、如何构建检察官职业道德规范体系

构建检察官职业道德规范体系，是检察官职业道德建设的首要和关键环节。如何构建这一体系，有两个问题需要讨论：一是要不要制定一个法典化的检察官职业道德规范体系；二是如何确定规范的内容，是更原则、更抽象、更宏观，着重于

---

① 参见龙宗智：《检察官客观义务与司法伦理建设》，载《国家检察官学院学报》2015 年第 3 期。

道德引领，还是更具体、更细致、更具可操作性，既用以道德引领，又作为行为规范，乃至惩戒依据。关于第一个问题，欧洲法官咨询委员会曾有过讨论，有人认为，建立这样一部法典有助于为法官提供一个关于职业道德问题的精确向导，另外也可使公众清楚地了解到存在这样一套司法人员行为准则，从而增加对司法的信任。但是多数意见认为，建立一部职业道德法典可能会使职业道德问题简化为一部纪律规范文件，同时可能使该问题静止化，妨害司法职业道德发展演变、与时俱进。另外，即使法典制定得再完善，也可能会给人造成错觉：法不明言即可行，而这显然是不对的。[①] 至于第二个问题，与第一个问题存在关联。在认可应该制定一部法典化的司法职业道德规范文件的前提下，如果要保持职业道德规范的开放性、包容性，着重于对司法行为的道德引领和提升，则应该使规范具有宏观性、抽象性，以理念倡导为主；如果注重职业道德的规范性、可操作性、实效性，则应该使规范尽可能明确具体，使司法人员知所遵循。

在我国，检察机关一直非常关注职业道德建设，至今已发布三个版本的检察官职业道德规范文件。早在 2002 年 3 月，最高检即颁布了《检察官职业道德规范》，提出了“忠诚、公正、清廉、严明”四个基本原则，每个原则下有若干行为准则提示，但总体较为抽象、宏观；2009 年 9 月，最高检依据《检察官法》颁布了《检察官职业道德基本准则（试行）》，对总体原则稍作微调，即改为“忠诚、公正、清廉、文明”，但内容大为扩充，增加了很多细节性规定，规范性、可操作性大为增强；2016 年 12 月，最高人民检察院对上述职业道德规范再次进行了大幅修改调整，修订后的《检察官职业道德基本准则》仅有五条：

第 1 条：坚持忠诚品格，永葆政治本色。

第 2 条：坚持为民宗旨，保障人民权益。

第 3 条：坚持担当精神，强化法律监督。

第 4 条：坚持公正理念，维护法制统一。

第 5 条：坚持廉洁操守，自觉接受监督。

显然，现行准则选择了一条抽象、宏观、极简之路，着重于理念倡导、道德引领，为检察官职业道德内涵的发展留下了巨大的弹性空间。

现行准则的制定思路是什么，为何对原有的《检察官职业道德基本准则（试行）》进行大幅修订调整？最高检政治部参与制定的有关负责人通过媒体给出了如下解释和解读。关于修订的背景和意义主要有三点：一是为了深入贯彻党的十

① 参见怀效锋主编：《法官行为与职业伦理》，法律出版社 2006 年版，第 537 页。

八大以来以习近平同志为核心的党中央关于政法队伍建设和检察队伍建设的重要指示精神；二是适应司法体制改革新形势的现实需要；三是推进检察队伍正规化、专业化、职业化的必然选择。关于修订的原则和思路，有以下五点：一是以习近平总书记关于"建设一支信念坚定、执法为民、敢于担当、清正廉洁的政法队伍"等重要论述为根本遵循。二是紧扣"道德"，坚持道德与纪律分开，坚持正面倡导，树立高线，开列"正面清单"。三是突出"职业"，将个人品德、家庭美德、社会公德与职业道德区别开来，与职业无直接关系的其他方面道德不再列入。四是紧贴司法体制改革，回应司法体制改革特别是司法责任制改革对检察官职业道德提出的更高要求，从权力、责任与道德相统一出发，明确相关职业道德规范。五是坚持删繁就简，努力做到精准、简洁、凝练、易记。

应当说，《检察官职业道德基本准则》紧贴检察制度改革发展的现状及趋势，符合时代发展要求，并且具有很大的包容性，能够容纳检察官职业道德的时代内涵，对于推动检察官的理念更新，引领检察官的职业道德不断提升，具有积极意义。但因职业道德太过抽象宏观，以及倾向于个人感受的主观性，因此，需要伦理规范予以明晰和增加可执行性，需要职业纪律予以保障。

一种理想的职业道德规范体系应该是理念与规范兼具，即既具有理念和价值的引领作用，又具有规范性、可执行性；既树立高线，又守住底线，这样才能最大化职业道德的效力和效果。从这一思路出发，我们可以采用以下路径来改进、完善我国的检察官职业道德规范体系：一是继续坚持"忠诚、为民、担当、公正、廉洁"五大核心价值理念，将其作为检察官职业道德的最高原则、目标、方向。二是在上述五大核心价值（或关键词）之下，采用"注释＋事例"的方式充实、完备其内涵。"注释"，即详尽、精准阐释每一关键词的核心含义及其在实践层面的贯彻方法、路径，如什么是"忠诚"，如何做到"忠诚"；"事例"，即用具体的事实、情境进一步阐释每一关键词的含义及本质，如在何种情况下如何做才是"忠诚"。"注释＋事例"在性质及效力上不属于正式的职业道德规范体系，只是其附录；不具有正式规范的效力，只具有解释、说明、指导、参考的意义（当然，在一定意义上具有准规范的意义）。因此，"注释＋事例"可以应时而变，随时进行增、删、修改，使之符合时代的发展趋势和要求。

另外，就检察官职业道德而言，还有两个问题值得讨论，一是职业道德与纪律的关系如何界定，应否将两者区别开来。应当说，道德和纪律是两个不同的范畴，二者并不等同，但是二者也不是毫无关系，纪律是底线道德，违反纪律的行为必然违反职业道德，如检察官在程序之外私自会见当事人或其律师，接受当事人或其律师的利益输送，在职务行为中为其牟取私利；办案时粗心大意，造成冤假错案；违反正当程序，侵害当事人或其他诉讼参与人的合法权益（如刑讯逼供、暴力取证等），这些行为不仅违反纪律，也严重违反职业道德。当然职业道德是一个内涵比纪律更为广泛的概念，除了包含底线的纪律要求，更包含高线的行为标准。但是我们还是不应把二者完全分开，这既是因为我们很难找到二者明确的分界限，也是因为将二者分开不利于构建一个完整的职业道德规范体系。

二是职业道德是否包含业外道德，检察官职业道德应否仅针对检察官的业内行为，不规制业外行为？职业道德具有强烈的“职业”特征，因为在目标、宗旨上，职业道德乃是为保障职业者（检察官）正当、合法、高效地履行其职能，完成其职责，因此它所规范的对象主要是检察官的职业行为。但是，这是否意味着对检察官的业外行为可以放任不管、交由一般性社会道德（个人品德、家庭美德、社会公德等）来规制呢？显然不是。一方面，有时我们很难分清检察官的行为究竟是业内还是业外。比如，检察官在业余生活中经常性接受某亲友提供的吃请、娱乐、旅游等消费，其时亲友对其并无职务上的任何请托事项，这种所谓的“感情投资”会否对检察官的职务行为产生影响？依社会经验，显然这种影响不能排除。那么，检察官的这种行为属业内还是业外，是否违背职业道德？如果将其视为业内行为而纳入职业道德的规制范围，依据不足（制度上，我们不能限制检察官的社会交往）；如果将其视为业外行为而置于职业道德规制范围之外，显然不利于检察官正当、合法地履行职能。即使对一些表面看来纯粹属于检察官的业外行为，如在社交媒体上发表不当言论，或者生活作风不检点等，如果将其视为业外行为而排除在职业道德规制范围之外，显然不妥。一般而言，在国（境）外，上述行为都属于违背检察（司法）职业道德的行为。其实，一种行为，无论是业内还是业外，只要可能影响到检察（司法）职能、职责的正当、合法地履行和完成，都应受到职业道德的规制。首先，业外行为与业内行为存在不同程度的关联，前者会对后者产生某种影响；其次，无论是业内行为还是业外行为，都关乎检察机关的执法公信力和公共形象，如果将检察官业外的“不道德”行为置于检察官职业道德规范之外，显然不利于建立检察机关良好的公信力和公共形象。

那么，剩下的问题是，究竟应如何创设既体现检察行为应有的伦理价值，又具有现实针对性的检察官职业道德规范。我们认为，结合中国的政治、司法体制、中国特色社会主义检察制度及现实国情，借鉴世界各国检察官职业道德建设的共性规律和经验，我国的检察官职业道德（伦理）规范体系应包含以下几类具体规范：

第一，政治伦理。即忠于党，忠于国家，忠于人民，志于献身国家法治事业、献身正义。

第二,职务执行伦理。具体包括:(1)信仰法律;(2)崇尚公正(客观、中立、利益回避);(3)恪守正当程序(尊重和保障人权,尤其是嫌疑人、被告人的权利;尊重律师辩护权;非法证据排除;少捕慎诉等);(4)清正廉洁(不以案谋私;不受财枉法;不私下为当事人介绍律师或诉讼代理人;不干预他人办案;不受托打听案情或者提供说情便利);(5)理性、平和、文明、规范;(6)保守职业秘密;(7)加强学习,不断提升自己的专业能力;(8)勤勉敬业,提高效率。

第三,生活伦理。具体包括:慎言;慎交友;谨慎出入特定场所;不轻易接受他人馈赠或各种形式的宴请消费;不从事有偿法律服务(教学、科研、发表专业作品除外);不在营利性社团兼职;不利用职务和身份便利从事经营活动、投资理财;不从事其他可能使公众对其职务行为的公正性产生合理怀疑的行为;遵纪守法;注重仪表。①

对以上各种检察官职业道德(伦理)规范,可依规范性强弱划分为高级伦理、中级伦理、底线伦理。具体而言,(1)高级伦理:即政治伦理(忠诚、为民),具有价值引领性。其执行方式为倡导,而非制裁;(2)中级伦理:包括部分职务执行伦理和生活伦理(担当、公正、廉洁)。执行方式既有倡导,也有制裁;(3)底线伦理:即检察官应遵守的纪律规则,违反者会受到制裁。

另外,需要特别指出的是,检察官职业道德规范原则上仅针对"检察官"而设,因为检察官是检察系统真正拥有法律职业资格、具有执法权的人。问题是,检察机关中的检察辅助人员、司法行政人员是否也应受到检察官职业道德规范的节制?检察辅助人员,是指协助检察官履行检察职责的工作人员,包括检察官助理、书记员、司法警察、检察技术人员等。这类人员虽然不具有完整的法律职业资格,没有独立的执法权限,但毕竟也是法律从业人员,具有参与执法的资格,所以也应受到检察官职业道德规范的节制。故此,检察辅助人员应参照执行《检察官职业道德基本准则》。至于司法行政人员,由于这类人员在检察机关仅从事行政管理事务,没有法律从业资格和执法权限,故对他们不适用检察官职业道德规范。但是,他们属于国家公务人员,要受到国家《公务员法》所规定的公务伦理的节制。②

---

① 必须指出,这里对检察职业伦理的分类及其列举是粗略的、示例性的,未必精确,也未必完备。实践中,在创设检察职业伦理规范时,应基于调查研究,把握实践中究竟存在何种被认为违背检察职业伦理的行为,并加以类型化,在此基础上制定相应的伦理规范。这样才能保证检察职业伦理规范的针对性、实效性。

② 当然,在法律上,检察官、检察辅助人员既是执法者、法律专业人员,也是国家公务人员,同样应该受到《公务员法》所规定的公务伦理的节制。但公务伦理和检察官"职业"已无关系,是另一个范畴的伦理问题,不在笔者讨论范围之内。

七、检察官职业道德规范的践行

检察官职业道德不是口号，不是花瓶，不是检察人员口头的华丽辞藻，其全部的价值在于实践，即在检察官的日常行为中得到切实的贯彻执行。实践不仅是检察官职业道德的终极目的，而且可以反过来进一步充实和完善检察官职业道德制度、规范，进一步强化检察人员对于检察官职业道德的认知和信念，从而进一步推动检察官职业道德建设不断迈向更高水平。

规范是多种多样的，不同的规范有着不同的内在机理，因此其实施也有着不同的机制。法律作为一种正式的规范，是以国家强制力为后盾的，其实施的机制是制裁，以强令法律所规制之对象遵守法律规范；公民、社会组织之间的契约以及乡规民约等是一种自治性规范，以缔约者的自愿承诺、自我约束为基础，因此契约一般是自动实施的，必要时辅以法律的强制力；检察官职业道德规范则与以上两种规范有所不同，一方面，它并不完全以强制力为基础，并非如同法律那样的“硬约束”，而是以规制对象对职业道德的自我认知、自觉践行为主要实施机制（一种“软约束”）。另一方面，它又并非（如同契约那样）来自规制对象对规范内容的同意和承诺，所以一定的强制性约束也是必要的。鉴于职业道德规范的以上特征，我们认为，应从以下几方面来推动检察官职业道德规范的践行。

（一）推进检察（法律）职业共同体建设

依照世界多数国家（尤其欧美国家）的经验，法律职业道德（伦理）形成和发展的动力机制是法律职业共同体的成熟和发达。因为职业伦理并非一种国家法律，不是以普通公民为对象的，而是一种职业自治规则，是以特定职业的从业者为对象的。没有一个成熟的职业共同体，就不会形成充分完备的共同体内部职业规范。

中国历史上虽然很早就有职司纠纷裁判和执法的官吏，而且出现过很多专用于司法官吏的称谓，如廷尉、大理、判官、司理、推事等，但他们并不是专门的司法官员，更大程度上是行政官员。因为他们在体制上要服从于最高当政者——君主，其所从事的司法工作只不过是行政管治的手段之一。另外，要成为司法官员并不需要经过专门培训，署理司法者基本都是自幼熟读四书五经并通过科举考试的文人、儒生，其所作裁判除了依据正式的法律外，更多依照儒家经典和宗法义理。因此学界一般认为，在我国传统上缺乏推动法律前进的职业法律家阶层，没有“主体性的”法律家。① 由此导致我国法律职业共同体不发达，法律职业伦理发

---

① 参见孙笑侠：《法律家的技能与伦理》，载《法学研究》2001 年第 4 期。

展滞后。

问题是,职业伦理的产生和发展为何必须依托职业共同体?理由在于:只有职业共同体的存在,才会产生对职业伦理的需求。一定职业的若干从业者之所以愿意结成职业共同体,根本目的在于保障和促进职业的长远发展,实现职业的最大利益。职业共同体的功能是,除了为从业者提供沟通交流职业经验和技能的平台,以共同体的力量和资源保护每位从业者的利益外,更重要的功能在于促进职业伦理的形成、发展和传承,监督每位从业者遵守共同的伦理规则。因为,共同的伦理是职业共同体得以建立和维系的基础和纽带,关系到职业的社会形象、声誉及发展。在经济学上有所谓"劣币驱逐良币"定律,即在货币流通市场上如果有假币存在,则真币的信用和价值也会受到怀疑。类似地,如果在一个职业共同体内部有人不遵守职业伦理规则,则社会民众对共同体中那些遵守规则的从业者也会产生某种不信任,如此则必然损害整个职业共同体的形象和利益。

近年来,特别是自党的十八届四中全会以来,随着司法体制改革进程的加快推进,司法(包括检察)职业化取得了长足的进展,具体表现为:一是实行统一的法律职业资格考试制度,为包括检察官在内的法律从业人员设置了统一的准入门槛,保障了法律从业人员基本的法律专业素养。二是改革法院、检察院人事管理制度,对法院工作人员、检察工作人员实行分类管理,即分为法官/检察官、法官助理及其他辅助人员/检察官助理及其他辅助人员、司法行政人员三类。以人员分类为基础,实行分岗分工分业,不同类别的人员拥有不同的权力、职能、义务、责任,享有不同的待遇。人员分类管理避免了过去岗位职责不分以及非专业化的问题,促进了法院、检察院工作人员的专业化、职业化。三是推行法官、检察官员额制,赋予法官、检察官在一般情况下的独立办案权,并对办案结果独立承担责任。这项改革在整个司法体制改革中具有核心意义,对于推进法官、检察官的专业化、职业化具有直接而重要的意义。四是推行司法责任制,法官、检察官在拥有独立办案权、裁量权的同时,需要对办案结果终身负责,这在对审判权、检察权行使的合法性施加强有力的约束机制的同时,也进一步加强了审判权、检察权的独立性,有利于克服司法权的行政化。五是对法官、检察官开展常态化的教育培训工作,从法治理念、司法政策、专业技能等方面进行强化培训,有力促进了法官、检察官职业素养、职业技能、职业精神的提高。

虽然中国的司法职业化取得了巨大的进步,司法者的职业共同体意识有了显著提高,但毋庸讳言,司法的职业化发展仍然存在一些问题:一是虽然普通法官、检察官的入职、入额有严格的职业资格要求(通过司法考试或法律职业资格考试),但是制度上对担任法院、检察院领导职务者(尤其正职领导)反而没有严格的职业资格要求。[①] 特别是就检察院检察长而言,由于检察机关在体制上实行行政一体、上命下从,检察长对本院乃至下级检察院的法律事务拥有举足轻重的决策权,如果检察长不具备过硬的法律专业素养,就难以作出正确的决策,从而可能影响当事人权益的保护和司法公正的实现。

二是员额制推行存在不到位甚至错位的现象。首先,员额选拔标准不尽合理,一些不具备应有资质者进入员额(如领导、资历较老者),而具备相应资质者却未能进入;其次,员额动态调整机制运转不灵,已入额者即使不能胜任办案任务,也很难退出,加之员额指标固定配比,从而阻塞了年轻、资质较优的检察官助理晋升员额之路;最后已入额者办案任务分配不均,有的人入额不办案或者只办理少量且简易的案件,而普通员额法官、检察官却承担过重的办案任务,身心承受很大的压力,致使有的人想退出员额。由于员额制的错位,不但不能推动检察专业化、职业化,反而会产生反向激励,妨碍了专业化、职业化的进程。

三是司法责任制有待完善。司法责任制改革是整个司法体制改革的核心和枢纽,对于加强司法权行使的独立性,提高法官、检察官的专业化、职业化水平,提升司法的质量和效率,具有重要意义。但是这一制度在实践中的运行仍然存在一些问题:其一,在法院、检察院内部,司法的权限、职能界定并不清晰,法官、检察官权力行使的独立性保障不到位,因此最终对办案责任可能很难厘清和追究;其二,在制度设计上,过严的责任约束(对案件质量终身负责)、缺少容错机制,可能恰恰导致适得其反的效果,法官、检察官不敢独立办案、不敢自由行使裁量权,遇到疑难复杂案件即向上请示汇报,或者尽量推诿、绕道而行。

四是职业共同体组织机构功能发挥不够。目前,法律职业共同体的组织形式就是以不同职业为界别的各种协会,如法官协会、检察官协会、律师协会等。[②] 协会的宗旨本来应该是团结本行业的所有法律从业人员,搭建一个行业内的共享交流平台,就推动行业(职业)的发展分享信息,交流经验,探讨问题,凝聚共识。其目标、任务有两个:其一,就本行业(职业)发展中的经验和问题进行交流和探讨,

① 如2019年修订通过的《检察官法》第14条第2款规定,人民检察院的检察长应当具有法学专业知识和法律职业经历。副检察长、检察委员会委员应当从检察官、法官或者其他具备检察官条件的人员中产生。依此规定,副检察长、检察委员会委员是当然具备法律职业资格的,但是检察长却只要求"具有法学专业知识和法律职业经历",这种标准非常模糊、弹性,无法保证检察长真正具有法律专业素养。

② 由于某种原因,我国的法律职业共同体还是以具体职业的不同而分界的,即法官协会、检察官协会、律师协会等平行设置,还没有统一的法律职业共同体(法律职业者协会)。

以促进共同体成员服务社会的知识和技能的提升；其二，推动构建并实践本行业的职业伦理规范，借以提升职业共同体的社会信任度、声誉及公共形象。然而目前，包括检察官协会在内，各协会除了举行一些年度例行性的业务问题研讨和交流外，未在职业伦理建构、监督成员遵守职业伦理等方面发挥主导性功能，和普通的社团组织无异。

综上所述，要推动检察官职业伦理的发展，首先必须针对以上检察职业化发展及职业共同体建设存在的各种问题入手，寻求解决之道。只有先行构建一个成熟的检察职业共同体，才能为职业伦理建设及践行提供一种组织化的动力和机制。

（二）提高检察官的职业保障水平及职业尊荣

任何一种伦理（包括检察官职业伦理）发挥作用的机理，均在于对相关行为主体不当追求自身利益行为的限制，本质上就是一种利益约束。但是人的本性都是自利的，只要有增加自身利益的机会，多数人都抑制不住谋利的冲动，这就是伦理规范在实际执行时经常面临的一个挑战。那么，如何克服这一问题，保证检察官职业伦理得到有效实施？显然，仅靠他律机制、外在强制不仅效果不佳，而且成本太高（监督、发现违规行为并进行调查、处理是需要支付很高的费用的）；而对检察人员进行道德教化，意图使检察职业伦理转化为检察人员的内心信念，以此保证检察官职业伦理得到自动实施，虽非不可能，但是难度较大，且旷日持久。虽说总体而言，检察官个人素质、道德水准较常人为高，但也远非“圣人”，所以我们不应总是期望每位检察官都抱有牺牲、奉献精神，为实现正义而不考虑任何自身利益。既如此，要保证检察官职业伦理得到有效实施，一种比较有效的方法就是采用利益诱导机制，具体说来，就是建立充分完备的检察职业保障制度，使每位检察官享有充分的职业成就感、尊严感、荣誉感，从而使他们自觉自愿接受检察职业伦理的约束。这也是世界大多数国家（包括法治发达国家）的通行做法。

一般认为，检察官职业保障是指为了保障检察官依法公正地履行职责而设定的关于检察官的职权、身份、工资福利、人身财产、退休等方面的保障制度。主要包括三大保障：一是职权保障，即检察官在履行职责的过程中，依法享有充分、独立、不受非法干预的权力，以及为保障权力正常行使而应具备的设备、设施等基础性物质条件。检察官享有充分的职权保障，不仅是其履行法律职责的必要条件，而且体现了国家、社会对检察官个体品格、能力的信赖，从而有利于培养检察官的职业成就感，激励其为维护和实现正义而不懈努力。二是身份保障，即检察官依照严格的法定程序任命，非因法定事由、非经法定程序不被免职、降职、辞退或者处分，其意义在于为检察官依法履行职责免除后顾之忧。三是经济保障，即保证检察官在物质生活方面享有与其职责、地位相适应的制度化利益，使其能够在社会上过上一种较为体面的生活，从而使其能够不为物欲所动，不会以权谋私，产生司法腐败。当然，充分的检察职业保障并不意味着可以保证检察官一定会遵循职业伦理规范行事。但是，如果一位检察官在履职过程中没有独立的职权，自认"人微言轻"，无法决定案件的走向；身份没有保障，随时可能因工作中得罪权贵而受到追究；收入微薄，经常为生计所累，则检察职业就会像社会上若干普通职业一样毫无吸引力，无法吸引精英人才加入检察行列；对于在职检察官来说，他们对于自己的职业也不会有任何成就感、尊严感、荣誉感，也不会真心诚意遵守检察职业伦理，各种违规行为就会如家常便饭。

应当说，近年来，随着司法体制改革的深入推进，法官、检察官的职业保障水平大大提高，物质待遇远高于普通公务员，体现了法律专业和职业的价值与尊荣。但是，也要看到，由于各地经济发展水平差异较大，一些地方（尤其是中西部、边远地区）法官、检察官的待遇仍然不尽如人意，导致招人难、留人难（一些优秀年轻法官检察官出走发达地区、大城市，或者转行从事律师职业）。由于检察官的物质待遇保障不够，导致他们对检察职业缺乏归属感、尊荣感，间接影响到检察官对于职业伦理的践行意愿。

（三）加强对检察官常态化的职业伦理教育培训

在本源意义上，伦理作为一种判断（以及指导、规范）人类行为善恶、好坏、对错的标准和规则，主要是一种心理存在、一种观念形态，与同样规范人类行为的法律规则有很大的不同。法律是由立法机关依照一定的程序制定的、以国家强制力为后盾的、由专门的司法机关代表国家执行的正式规则，或者说它是一种人为建构的、由一定的中心化机制保障其实施的成文规则。而伦理在一般意义上是人们在长期的生产生活实践中、在人际交往互动中逐步演化出来的规则，它在渊源上是不成文的，其实施机制也是非中心化的。伦理规范的实施，一是靠主体内心的自律；二是靠人际的相互监督、舆论非议，必要时也可能给予某种强制性制裁。在更经常的情况下，伦理是靠第一种方式即主体的自律和自觉实施的，无须外力的强制，但其前提是主体对伦理规范及规范背后所蕴含价值的高度认知和认同，并由此形成主体内心的确信和信念。

就检察官伦理规范而言，虽然它一般也是成文的，而且有某种正式的机制保障其实施，因此它在某种形式上很像法律，但它仍然属于伦理范畴而不是法律。首先，它是由检察职业共同体成员基于对检察行为应有价值的共识而达成的自治规则。其次，为保障检察伦理规范的实施，一定的外部监督和强制是必要的，但是它仍然主要（且必须）依靠检察官的自觉、自律来实施。这不仅因为对检察人员大量的业内业外行为进行监督既困难又成本很高，而且能够施以监督并强制实施的只是少数纪律规则（如不得受财枉法、不得受托为他人打听案情、不得关说、不得干预其他司法同行正在办理的案件等），而大量的检察官职业伦理规范是高线的价值规范（如忠于党、忠于国家、忠于人民、忠于宪法和法律、志于献身国家法治事业、献身正义、勤勉敬业等），对于这类规范是无法通过监督和强制的手段来实施的，而只能通过理念和价值的引领来渐进实现。

既然检察官职业伦理规范的实施主要靠检察官的自觉践行，而不假于外力强制，那么首要的任务是使检察官在主观上建立对职业伦理规范及规范背后所蕴含价值的高度认知和认同，而要做到这一点，关键在于对检察官进行常态化的职业伦理教育培训。通过培训，将检察官职业伦理规范及其价值“植入”检察官的头脑、内化于其心理结构中，直至检察官达到“从心所欲，不逾矩”的状态。当然，这是一个长期的潜移默化的过程，不可能一蹴而就。

目前，我国检察系统已基本建立了一个完整、健全的教育培训体系，并且以空前的力度推行检察官教育培训，但目前的培训重点主要是专业技能的培训，而对职业道德（伦理）的培训相对不足。因此，应按照德才兼备的标准和要求，补足职业道德培训不足的短板。

（四）挖掘和利用中国传统文化资源，提升检察官的人文素养

检察官伦理是一种专业、职业伦理，与一般性的大众伦理有很大的不同，但这并不是说，它与大众伦理没有任何关系。既然都是“伦理”，两者自有其相通之处。检察官首先也是一个人，如果他不能成为一个社会意义上的“好人”，那么他也不可能成为一个好检察官。也就是说，作为一种职业伦理，检察官伦理必须立基于大众伦理之上，否则，就会成为无源之水、无根之木。

大众伦理源于中国传统儒家文化的世代传承，是规范、指导中国人日常人际关系的价值标准和行为范式，尤其对社会中的当政者、管理者（当然也包括裁处人际纠纷的司法者）有着特殊的伦理要求。在这方面，作为儒家经典的《论语》有很多经典表述:“子曰:为政以德,譬如北辰,居其所而众星共之。”[①]“政者,正也。子帅以正,孰敢不正?”[②]“其身正,不令而行;其身不正,虽令不从。”[③]这一切都说明,当政者、管理者必须具有比一般民众更高的伦理素质,足以为公众的表率。儒家的另一重要经典《大学》开篇即指出:“大学之道,在明明德,在亲民,在止于至善。”其意是指,治理国家的根本之道(“大学问”)在于,建立良好的道德规范,并以之教化、改造民众,以此达到“至善”的境界。要做到这一点,当政者自身必须从“格物、致知”开始,始终注重对自己进行“诚意、正心、修身”,这样才能创造“齐家、治国、平天下”的事功。其中的关键在于“修身”,这是中国儒家士大夫一生必做的功课。中国传统文化的特点在于,它不太关注外在世界的存在及本质,而是注重对内在精神世界的探求,意图建立一种合于天道的心灵秩序,达到人际之间、自我身心之间的和谐统一。因此,中国文化是一种伦理本位的文化。[④] 它的哲学基础是,人性是本善的,所以人人都是可以教化的,这也许就是我们在公共生活中注重思想政治教育、主张法治与“德治”并行的一个重要原因。中国传统文化是我们构建中国特色检察官职业伦理的一个历史和现实的良好起点,我们应该从传统伦理文化资源中汲取营养,以滋养当下检察官职业伦理建设的理论与实践。

(五)健全完善检察官职业道德实践机制

我们知道,任何规范,无论制定得多么完美,也仅仅只是纸面上的东西,从规范到实践,从理想到现实,中间还有一段遥远的距离,需要我们设计一套“路线图”,并且沿着这条“路线”坚定地朝前走,才能抵达目标(终点)。就检察官职业道德而言,显然并非我们设计好了一套规范后,公布出来,检察官凭良知和自觉,自动践行,无须督促;也不是说,规范制定、公布后,树立一个标杆、宣导一下即可,能做到几分是几分。这样不仅使规范的制定失去了意义,也损害了规范的权威。因此,我们不能只是关注规范的制定,应投入更大精力关注和推动规范的实施。关键是要设计一套科学的、可操作的、有效管用的检察官职业道德实践机制。至于具体应引入何种机制,本书后续部分会有专章论述,此处不赘。

---

① 《论语·为政》。
② 《论语·颜渊》。
③ 《论语·子路》。
④ 参见梁漱溟:《中国文化的命运》,中信出版社2010年版,第134~139页。

第二章

坚持忠诚品格，永葆政治本色

王艳敏* 国家检察官学院

目　次

* 王艳敏，国家检察官学院教授，政治与检察理论综合教研部主任，北京市政治学与行政学学会常务理事。

忠诚是我国社会主义制度下检察官必备的政治品格，体现了检察官的职业本色，是检察官职业品行和职业道德的“试金石”，是检察事业发展的精神动力。检察官只有恪守忠诚职业道德，自觉践行对党、国家和人民的忠诚、对法律的尊崇、对职业的坚守，才能正确履行法律监督职责，切实维护社会公平正义。

案例一：一把手顶风违纪不收敛　恶效应带坏班子酿塌方——“反贪虎将”钟某鸣违法违纪案

2016年8月，内江市人民检察院检察长钟某鸣因涉嫌严重违纪，被免去党组书记、检察长职务，并于2017年年底被依法提起公诉。据调查，他曾经利用职务之便，先后在企业经营、职务升迁等方面为他人牟取利益，非法收受财物折合人民币共计757余万元。

钟某鸣曾经有着辉煌的人生经历：曾被最高人民检察院记一等功、两次获得“中国杰出青年卫士”“中国十大杰出检察官”等荣誉，有人称他为“反贪虎将”。他曾经带领本院检察干警挖出了震惊四川、涉案61件64人的“3·15”窝串案。

钟某鸣信仰缺失问题早已暴露出来，他曾经多次违反原则帮刘某招揽工程，利用手中的权力为刘某牟取利益，早已怀有日后得到回报的想法。加之仕途失意导致心理失衡，转而寻求经济利益进行补偿。利用检察权对国家工作人员的震慑，他不但为一些商人贷款、开发项目提供帮助，而且为其他系统的人协调关系、跑官要官和争取资金，还心安理得地收受这些请托人的财物，享受滥用权力获得的“成就感”。①

案例二：以权谋私收受巨额贿赂　生活奢靡家风败坏——“政法不倒翁”陈某受贿案

2018年10月25日，某市人民检察院原党组书记、检察长陈某以受贿罪被判处无期徒刑。陈某曾经因为受到电影里某个“公正”形象的触动而报考了法院，并从一名普通的书记员逐步成长为上海市第一中级人民法院院长、党组书记，上海市委政法委副书记，上海市人民检察院检察长等，在上海政法界工作了几十年，被称为“政法不倒翁”。

法院判决显示，2003年至2014年，陈某先后利用担任市委政法委员会副书

---

① 《曾在泸州、内江任职　好赌好酒好收藏“反贪虎将”钟长鸣的蜕变》，载搜狐网2019年9月6日，https://www.sohu.com/a/339094187_686665。

记、市委副秘书长及市人民检察院检察长等职务上的便利以及职权地位形成的便利条件，为相关单位和个人在案件处理、工程承揽和公务员录用等事项上提供帮助。2000 年至 2015 年，陈某直接或通过其亲属，非法收受他人财物，共计折合人民币 7423 多万元。

陈某曾在忏悔书中披露自己过去的奢靡生活："我奉从一个信条，就是做人要会工作会生活，即所谓的潇洒。我说的会生活就是追求时尚，及时享乐。喝酒要喝茅台酒，还要喝得出年份；红酒要喝法国三大酒庄的，还要品得出什么牌子；还沾上了抽雪茄的嗜好；社会上时兴打高尔夫球，我 2005 年就开始学打高尔夫球，都是高消费的生活。有人说我'老克勒'，我还引以为荣。"①

思考题：

1. 钟某鸣、陈某人生蜕变的根源在哪里？
2. 如何理解忠诚职业道德的基本内涵？
3. 恪守忠诚的职业道德对于检察官正确履职有何重要意义？
4. 新时代检察官如何坚持忠诚品格、永葆政治本色？

一、忠诚品格的文化渊源、时代意义与基本内涵

钟某鸣与陈某的案例，触目惊心。他们都是"老政法"，曾经在政法系统工作三十多年；都曾经获得很多荣誉，头上笼罩着多项光环；都位高权重，在系统内颇具影响力。那为何从辉煌到毁灭，从光环到镣铐？他们蜕变的轨迹，经历了一个由小贪到大贪、由量变到质变的过程，绝非一朝一夕之间。蜕变的原因，归根结底，在于忠诚度滑坡，理想信念缺失，丧失精神动力，把权力视为牟取私利的工具，追名逐利，沦为欲望的奴隶，无视纪律甚至法律，无法无天，最终走向了堕落的深渊。所以，恪守忠诚的职业道德，养成忠诚的政治品格，是检察官立身之本，是检察官正确履行法律监督职责的重要保障。

（一）忠诚品格的文化渊源与发展

忠诚既是检察官职业道德的第一项基本要求，也是一种决定职业责任感、敬业精神和职业成就的人格素质和政治品格。② 作为检察官职业道德基本准则的忠诚，不仅要求政治上的坚定，矢志不渝，而且要求道德上的纯洁性，忠贞不贰。

---

① 知蓝：《从"老克勒"到"头号法枭"，陈旭一审被判无期》，载搜狐网 2018 年 10 月 26 日，https://www.sohu.com/a/271535582_318740。

② 参见谢鹏程：《忠诚是修炼职业道德的基本功》，载《检察日报》2010 年 2 月 26 日，第 3 版。

只有秉持职业忠诚,才能做一名合格的检察官,自觉践行和弘扬检察官职业道德,更好地履行法律监督职责。

1.“忠诚”职业道德的文化渊源

“忠诚”作为道德价值与伦理理念,自古即有。在中华传统文化中,忠诚是一种非常可贵的道德品质,有很深厚的文化底蕴。《论语》中将“文、行、忠、信”列为教育学生的四个方面,要求学生“言忠信”。“人无忠信,不可立于世”“不信不立,不诚不行”,古人把忠诚作为做人的底线。“言忠信,行笃敬”“诚于中,行于外”“为人谋而不忠乎”等经典名言几千年来一直被传颂。忠诚,通常理解为真挚诚实、忠贞不贰。就文字解读的角度而言,“忠诚”可以拆解为“忠”与“诚”两个字。一般认为,“忠”,表示“忠诚,尽心竭力”①。“诚”,表示“心意真诚,不诡诈”,意指表里如一。②

中国历史上有很多流传千古的关于忠诚的典故,如苏武牧羊。苏武奉命出使匈奴,被扣留19年,但他心存故国,坚如铁石,渴饮雪,饥吞毡,去时壮年,回到长安已须发皆白,但手中却仍紧握象征西汉王朝的信物“汉节”。

2.“忠诚”职业道德的发展及其特点

我国检察官职业道德规范的产生、发展与20世纪80年代以来法制恢复与检察官制度的重建息息相关。③ 根据侯玉研究员的观点,若以20世纪80年代恢复法制建设为考察起点,“忠诚”的职业道德最早在1984年便被检察机关颁布的《检察机关工作人员奖惩暂行办法》提倡。随后,《检察人员纪律》(1989年)、《检察官法》(1995年)、《检察机关奖励暂行规定》(2001年)、《检察官法》(2001年修正)、《检察官职业道德规范》(2002年)、《检察官职业道德基本准则(试行)》(2009年)、《检察官宣誓规定(试行)》(2010年)、《检察官职业行为规范》(2010年)以及《检察官法》(2019年修订)、《检察官职业道德基本准则》(2016年)等规范,都强调了“忠诚”的职业道德。④

在“忠诚”职业道德演变过程中,体现出如下特点:第一,在20世纪80年代“忠诚”职业道德的萌芽期,其主体指向检察机关工作人员而非检察官,主要规范目标在于对检察官进行干警军人式的纪律强调、奖惩激励;在20世纪末特别是进入21世纪,“忠诚”职业道德的主体指向已明确为检察官,其规范目标也明确为

① 参见《王力古汉语字典》,中华书局2000年版,第306页。

② 参见《王力古汉语字典》,中华书局2000年版,第1273页。

③ 参见张志铭、于浩:《共和国法治认识的逻辑展开》,载《法学研究》2013年第3期。

④ 参见侯玉:《论检察官职业伦理的忠诚义务》,载《云南大学学报(法学版)》2014年第6期。

强化职业道德。这种主体指向和规范目标上的变化体现出，“忠诚”职业道德随着检察官职业的发展和检察官职业共同体的形成而伦理化。第二，相较于 20 世纪 80 年代的两个规范性文件，《检察官法》及其之后 21 世纪的诸多规范性文件除了文件数量上的增多，对“忠诚”职业道德的规定条款也从单一的“两条一项”明显地增多为十余条，忠诚义务的内容也随着“忠诚”条款和单独章节的设立有了实质性进展。第三，“忠诚”职业道德客体对象的演变，反映了从中国特色社会主义初级阶段走向现代法治国家的特点，特别是进入 21 世纪，其客体对象基本固定为党、国家、人民、宪法和法律、人民检察事业。①

（二）检察官忠诚品格的时代意义

按照我国《宪法》规定，人民检察院是国家的法律监督机关，不受行政机关、社会团体和个人的干涉而依法独立行使检察权。② 这种政治角色和宪法定位要求检察官在其职业伦理中具备忠诚义务，忠诚地依法独立行使检察权。③ 所以，作为“法律守护者”，检察官的角色期待要求检察官职业道德中包含忠诚义务。

1. 恪守忠诚是检察权和职业道德特殊性的必然要求

检察权的特殊性表现在：一是权力大。检察机关是国家的法律监督机关，是确保宪法和法律的实施，构筑维护社会公平正义的一道重要防线。检察官代表国家履行职能、行使权力，不仅自身要严格依法办事，还要监督其他执法、司法机关正确实施法律，纠正执法、司法过程中的违法行为，这一特殊职责对检察官的职业忠诚度提出了更高的要求。二是社会性广。检察职业的司法活动涉及社会生活的广泛领域，它通过“监督”手段更深层次涉足其他机关不能涉足的领域，同时其活动直接关系到社会稳定和发展，引领着整个社会法律意识与法治观念的进步。三是易腐性强。实践中，检察官在法律层面上属于单向监督，权力极易走向腐败。随着员额制改革的深入，捕诉一体、认罪认罚从宽制度等制度的实施，检察官手中的权力更大，腐败风险更大。检察权这种较一般司法权的特殊性，决定了其职业道德的特殊性，主要表现为：一是责任性。权力与职责是成正比的。权力越大，职责或责任越大。法律赋予了检察官的特殊职权，必然承担更大的责任。二是示范性。检察机关既执行法律又监督法律实施，当执行法律时必须按照法定程序步骤进行工作；当监督法律实施时，又处于一种“超然”的位置。检察官职业道德的优

---

① 参见侯玉：《论检察官职业伦理的忠诚义务》，载《云南大学学报（法学版）》2014 年第 6 期。

② 参见《宪法》第 134 条、第 136 条。

③ 参见侯玉：《论检察官职业伦理的忠诚义务》，载《云南大学学报（法学版）》2014 年第 6 期。

劣，关系司法工作能否廉洁高效地运行，较一般职业道德有更特殊的示范性。三是强制性。准确的说是“准”强制性。说职业道德具有强制性，是与道德相比较，道德规范主要靠人们的自觉，靠舆论传统习惯和内心信念起作用；职业道德通过成文的形式，一定程度上减轻了道德的主观性和不确定性，又借助职业纪律的硬约束，有了实现的有力保障。“准”强制性，是与纪律、法律相比较，职业道德的效力为软约束，部分依靠为避免不遵守职业道德规范产生不利后果的被动接受，其强制力不及纪律和法律。正是这种职业与职业道德的特殊性，要求检察官首先要恪守忠诚义务。[①] 忠诚首先表现为强烈的发自内心的归属感，有心灵的寄托，对归属对象产生忠诚的情感态度；其次表现为对归属对象的执着追求的使命感和责任行为。

2. 忠诚是检察官的首要品格，是检察官职业道德的基石

《检察官职业道德基本准则》把忠诚的职业道德放在首位，因为它是检察官职业道德的本质要求，是恪守其他职业道德的重要条件。正如侯玉研究员所指出的，检察官职业道德内容中忠诚职业道德不仅居于优先位置，还辐射其他的职业道德基本准则，在整个检察官职业道德体系的内涵架构中发挥着骨架作用。[②] 忠诚职业道德，是整个检察官职业道德体系、整体构架的基础与前提。首先，忠诚是为民、担当、公正、廉洁职业道德的内在要求与思想基础。为民、担当是忠诚职业道德的题中应有之义。忠诚贯穿于检察官公正履职的全过程。廉洁是基于检察官忠诚的政治品格而在纪律方面对检察官“修身”提出的道德要求。不具有忠诚的信念与品行，清廉无从实现。[③] 其次，忠诚贯穿于检察官职业活动的全过程，是实现为民、担当、公正、廉洁的重要保证。在实践中，检察官发生违反职业道德的行为，往往源于他们缺乏对职业的忠诚。加强职业道德修养，必须从培养忠诚的品格开始。检察官在执法办案中，经常会面临权与法、钱与法、情与法的考验。只有具备忠诚的信念和品格，才能够做到严格执法、刚正不阿，才能够依法独立行使检察权，客观公正地履行职责，维护法律的权威与尊严，敢于监督、善于监督，做到公正、清廉、担当，自觉维护党、国家和人民的利益。

3. 忠诚职业道德，是促进检察事业健康发展的精神力量

忠诚是一种职业精神，一种坚定信念，一种社会责任，一种行为规范。忠诚的基本功能在于确保信念的坚定，提高行为的可预测性，激发敬业精神。培养和提

---

① 参见童章军、应敏骏：《论忠诚是检察官的立身之本》，载《湖南公安高等专科学校学报》2010年第1期。

② 参见侯玉：《论检察官职业伦理的忠诚义务》，载《云南大学学报(法学版)》2014年第6期。

③ 参见常艳：《论检察官职业道德基本准则：忠诚》，载《中国检察官》2010年第6期。

高检察官的职业忠诚度，对于增强检察官严格依法办案，排除各种干扰的自觉性和坚定性，激发检察官的职业热情和勤勉敬业的精神，促进检察管理的科学化，都具有重要的意义。践行忠诚职业道德，有利于保证检察工作正确的政治方向。只有践行职业忠诚，才能自觉立足检察职能，为党和国家的工作大局服务；才能够自觉践行司法为民的宗旨，有效维护人民群众的利益；才能够抵制各种诱惑、秉公执法。践行职业忠诚，有助于培养检察官的敬业精神，自觉坚持和完善中国特色社会主义检察制度。检察官对职业的忠诚，是一种政治态度、政治立场和政治品格，更是一种工作态度和工作作风，也是一种精益求精的职业品质和勤勉敬业的精神，因而成为检察事业发展的重要精神动力。

（三）检察官忠诚品格的基本内涵

忠诚的检察官职业道德，在内涵表述方面经历了发展变化，《检察官职业道德规范》（2002年）中忠诚内涵表述为“忠于党、忠于国家、忠于人民，忠于事实和法律，忠于人民检察事业，恪尽职守，乐于奉献”；《检察官职业道德基本准则（试行）》（2009年）中表述为“忠于党，忠于国家，忠于人民，忠于宪法和法律，忠于人民检察事业”；《检察官职业道德基本准则》（2016年）沿用《检察官职业道德基本准则（试行）》中“五个忠于”表述。

忠于党、忠于国家、忠于人民、忠于宪法和法律、忠于人民检察事业，这既是忠诚的内涵和要求，又是每个检察官的职业誓言。忠于党、国家和人民，回答了检察官忠于谁的问题，明确了忠诚的对象；忠于宪法和法律，回答了检察官忠于什么的问题，明确了忠诚的内容；忠于法律监督职责，回答了检察官怎样实现忠诚的问题，明确了实现忠诚的基本途径。①

1. 忠于党

忠于党是中国检察官的政治义务。② 中国共产党是全国各族人民利益的忠实代表，是中国特色社会主义事业的领导核心。中国共产党的领导是中国特色社会主义最本质的特征，也是最大的优势。党的这种地位在宪法和法律上已经得到确认。党的领导是推进全面依法治国的根本保证，是中国特色社会主义法治之魂。中国特色社会主义检察制度，最大的特色、最显著优势就是坚持党的领导；坚持党的绝对领导是做好各项检察工作的灵魂，忠于党是检察官的政治品格。

检察官作为履行国家法律监督职责的一员，是社会主义事业的建设者，也是

---

① 参见谢鹏程：《忠诚是修炼职业道德的基本功》，载《检察日报》2010年2月26日，第3版。

② 参见马长山主编：《法律职业伦理》，人民出版社2020年版，第174页。

社会主义事业的保卫者和捍卫者。忠于党,才能自觉认识并践行习近平新时代中国特色社会主义思想,坚持马列主义的世界观和人生观,自觉运用马克思主义认识论和方法论来分析、解决检察工作中的问题,才能做到在实践中自觉捍卫党的领导,才能树立高尚的道德情操,才能自觉维护人民的根本利益,保证检察事业沿着正确的方向健康发展。①

当前,面对百年未有之大变局、各类风险隐患叠加多变的新形势;面对人民群众对民主、法治、公平、正义、安全、环境等方面内涵更丰富、水平更高的新需求,检察官必须坚持党的领导,进一步强化政治意识,坚定政治方向,提高政治站位。习近平总书记指出,“带头做到‘两个维护’,从根本上讲就是要做到对党忠诚。忠诚必须体现到对党的信仰忠诚上,体现到对党的组织的忠诚上,体现到对党的理论和路线方针政策的忠诚上”。②

检察官“忠于党”的主要内涵包括:(1)坚定对马克思主义信仰、对中国特色社会主义、共产主义信念,坚定对党的事业的信心,视党的事业为生命。党的十八大报告指出:“对马克思主义的信仰,对社会主义和共产主义的信念,是共产党人的政治灵魂,是共产党人经受任何考验的精神支柱。”习近平总书记强调指出:“坚定的理想信念是政法队伍的政治灵魂。必须把理想信念教育摆在政法队伍建设第一位,不断打牢高举旗帜、听党指挥、忠诚使命的思想基础,坚持党的事业至上、人民利益至上、宪法法律至上,永葆忠于党、忠于国家、忠于人民、忠于法律的政治本色。”③习近平总书记还提出政法队伍“五个过硬”,首先是信念过硬。坚定信仰、信念是原则和底线,这是每个检察官应尽的义务,也是经受住各种风险考验的精神支柱。(2)不断加强党的理论学习,执行党的指示,维护党的声誉,服从党的领导。习近平总书记指出,“全党同志要强化党的意识,始终把党放在心中最高位置,牢记自己的第一身份是共产党员,第一职责是为党工作,做到忠诚于组织,任何时候都与党同心同德”。④

2. 忠于国家

国家是阶级社会的产物,是法律的制定者和权力的象征。国家的意志制定为

---

① 参见常艳:《论检察官职业道德基本准则:忠诚》,载《中国检察官》2010 年第 6 期。

② 《认真学习贯彻习近平总书记在中央和国家机关党的建设工作会议上重要讲话》,载《检察日报》2019 年 7 月 15 日,第 1 版。

③ 《习近平在中央政法工作会议上强调坚持严格执法公正司法深化改革 促进社会公平正义保障人民安居乐业》,载人民网,http://politics. people. com. cn/n/2014/0109/c1024 - 24064154. html。

④ 《习近平在十八届中纪委三次会议上发表重要讲话》,载环球网,https://china. huanqiu. com/article/9CaKmJDWR7。

法律，需要包括检察官在内的司法人员的执行。检察官不仅具有普通公民忠于国家的义务，而且负有忠于国家的职责，对于背叛国家的犯罪行为还负有追诉责任。习近平总书记强调指出："检察官作为公共利益的代表，肩负着重要责任；中国检察机关是国家的法律监督机关，承担惩治和预防犯罪、对诉讼活动进行监督等职责，是保护国家利益和社会公共利益的一支重要力量。"①这一论述将"检察机关作为国家法律监督机关"与"检察官作为公共利益代表"有机结合起来，使检察机关整体和检察官个体两个层面的职能定位更加明确，进一步体现了检察机关的司法担当。②

检察官"忠于国家"的主要内涵包括：(1)从作为公民意义上来说，忠诚于国家是由公民的道德良知所决定的，是公民最原始、最朴素、最低限度的道德情怀，同时也是公民责无旁贷的一种责任。习近平总书记指出，"爱国，是人世间最深层、最持久的情感，是一个人立德之源、立功之本"。③"对于每一个中国人来说，爱国是本分，也是职责，是心之所系，情之所归。"④忠于国家、热爱祖国是中国人民团结奋斗的一面旗帜，是鼓舞全国人民实现民族复兴的强大动力。"'我是中国人'，道出了亿万中国人的骄傲和自豪。每一个公民都应在学习中华文明史、中国近现代史、中共党史和基本国情的基础上了解中华民族优秀传统和革命传统，坚持民族团结和祖国统一，为祖国现代化建设的宏伟目标贡献全部力量。"⑤(2)从作为国家公务人员意义上来说，忠于国家是检察官的伦理道德义务与基本责任。"公务员是拿人民纳税钱为国家和人民服务，尤其是常任文官，都是终身任职，替国家服务，不能像一般公民能尽一己之力谋求经济上的利益，所以国家应该要求公务员有最高的忠诚观。"⑥同时，"这种忠诚义务是一种制度，一种法律所确认的制度"。⑦就此种意义而言的忠诚可以理解为消极忠诚，即要求公职人员不能做出违背国家利益的事情。此种意义上的忠诚理应包含检察官在内。"忠于国

---

① 《习近平致信祝贺第二十二届国际检察官联合会年会暨会员代表大会召开》，载《检察日报》2017年9月12日，第1版。

② 参见苗生明：《努力践行检察官公共利益代表职责使命》，载《检察日报》2017年12月5日，第3版。

③ 习近平：《青年要自觉践行社会主义核心价值观——在北京大学师生座谈会上的讲话》(2014年5月4日)，载《中国青年报》2014年5月5日，第1版。

④ 苗生明：《努力践行检察官公共利益代表职责使命》，载《检察日报》2017年11月5日。

⑤ 常艳：《论检察官职业道德基本准则：忠诚》，载《中国检察官》2010年第6期。

⑥ 姜裕富：《德国公务员忠诚义务理论及其对我国的启示》，载《中共杭州市委党校学报》2006年第2期。

⑦ 姜裕富：《德国公务员忠诚义务理论及其对我国的启示》，载《中共杭州市委党校学报》2006年第2期。

家”,要求检察官维护国家安全、荣誉和利益,维护国家统一和民族团结,严守国家秘密和检察工作秘密;保持高度的政治警觉,严守政治纪律,不参加危害国家安全、带有封建迷信、邪教性质等非法组织以及活动。(3)从作为一名检察官意义来说,忠于国家是消极忠诚之上的积极忠诚,即要求检察官基于职业要求,反对任何对国家不忠的行为。[①] 检察官忠于国家必须有现实的行动,作为当代的一名检察官是在代表国家履行职责,头顶庄严的国徽,举手宣誓之时,就是检察官忠诚于国家的庄严宣告。

3. 忠于人民

人民是国家的主人,忠于人民是社会主义国家的性质所决定的,是对检察工作人民性的要求。早在千百年前,中国人就提出了“民惟邦本,本固邦宁”“天地之间,莫贵于人”。从孔子的“爱民如子,视民如伤”到孟子的“民为贵,君为轻,社稷次之”,到荀子的“水能载舟亦能覆舟”,再到唐朝的“国以民为本”,这些观念即为中国特有的“民本”思想。[②] 执法者在古代被称为“父母官”,在现代则被称为“人民的公仆”。无论从古代的父与子,还是现代的主与仆,都充分地强调并体现了亲民、为民的思想内涵。

我们党的宗旨是全心全意为人民服务。进入新时代,我们党提出了“以人民为中心”的理念。习近平总书记强调指出,“中国共产党根基在人民、血脉在人民。党团结带领人民进行革命、建设、改革,根本目的就是为了让人民过上好日子,无论面临多大挑战和压力,无论付出多大牺牲和代价,这一点都始终不渝、毫不动摇”。[③] 正因如此,在防控疫情斗争中,我们党一开始就把人民生命安全和身体健康放在第一位。“人民至上”理念不是一句空洞的口号,也不仅体现在领导人的讲话和工作报告中,更扎根于伟大的社会主义建设的实践土壤中。

忠于人民,是由社会主义国家的性质所决定的,也是坚持检察工作政治性、人民性和法律性的统一的必然要求。检察工作的人民性是我国社会主义检察制度区别于资本主义国家检察制度的本质特征,检察机关的权力是人民赋予的,必须对人民负责、为人民掌权、为人民服务。因此,检察官应该恪守忠于人民的职业道德要求。张军检察长指出,“要深刻认识到,我们检察机关的各个部门首先是政治组织。怎么理解这个政治组织?就是我们的工作,我们办理的每一个案件,我们

---

① 参见常艳:《论检察官职业道德基本准则:忠诚》,载《中国检察官》2010 年第 6 期。

② 参见李好:《行政忠诚理论与实践》,湖南大学出版社 2008 年版,第 88 页。

③ 《人民至上,习近平再次强调这一执政理念》,载新华网,http://www.xinhuanet.com/politics/xxjxs/2020-05/23/c_1126023590.htm。

处理的每一件事情,都是在落实以人民为中心,都是在努力做到全心全意为人民服务,都是在厚植党执政的政治基础”。[①] 进入新时代,人民群众对民主、法治、公平、正义提出了更高要求,比起人民群众、社会发展的新要求,检察官的理念、办案、管理还有待提升,队伍整体能力素质还远远不适应人民的需要,检察机关法律监督供给与人民日益增长的美好生活需要不相适应的矛盾日益突出。检察官要努力想在前、做在前、引领在前,把为民实事做得更好、做到极致。

全面依法治国的核心,是为了人民、依靠人民。习近平总书记强调指出,“全面依法治国最广泛、最深厚的基础是人民;推进全面依法治国的根本目的是依法保障人民权益”。[②] 检察机关办理的案件绝大多数都发生在群众身边,常见多发无不关乎法律、政治,累积或者侵蚀公平正义,都是“天大的案件”。检察办案绝不能只守住“不违法”底线,必须将情理法融为一体,努力让人民群众在每一起司法案件中真正、切实感受到公平正义,让司法既有力度又有温度。

检察官“忠于人民”的主要内涵包括:(1)践行“以人民为中心”的理念,坚持“司法为民”的宗旨。忠于人民要求检察官在执法目的上以维护人民群众的利益为根本,在执法标准上以“人民满意不满意、高兴不高兴、赞成不赞成”作为根本标准,在执法方式上充分依靠人民群众。同时,要求检察官在工作中真正做到想人民所想、急人民所急、为人民所盼,真心实意地为人民群众办好事、办实事。(2)把人民群众的需求作为检察工作的出发点与落脚点,切实增强司法为民的能力,让人民群众在每一起案件中都能够感受到公平正义,不断增强人民群众的获得感、幸福感、安全感。案件经历的司法程序越多、“件”数越多,司法资源耗费越多,当事人反而不满意。这要求检察官力求把每个案件都办到极致,防止、减少程序空转,化解矛盾、减少戾气、促进社会和谐。(3)牢固树立服务意识,改进工作方式方法,保障人民依法享有的各项权益,加大对侵害人民切身利益犯罪的查处力度,努力实现执法办案的政治效果、社会效果和法律效果有机统一。张军检察长指出,“仅仅‘合法’就能办好、就是办好了案件吗?绝不是!还要充分体现、落实宪法法律精神,落实党和国家司法政策,运用法治思维,追求、实现我们反复强调的监督办案政治效果、社会效果和法律效果的有机统一。”[③]“法律都是有一定

---

① 《检察机关要强化“第一责任” 走好“第一方阵”》,载中国长安网,http://www.chinapeace.gov.cn/chinapeace/c100007/2020-06/29/content_12366272.shtml。

② 《习近平:坚定不移走中国特色社会主义法治道路 为全面建设社会主义现代化国家提供有力法治保障》,载《求是》2021 年 2 月 28 日。

③ 邱春艳:《张军:坚持系统观念法治思维强基导向 更加自觉回应人民关切》,载最高人民检察院官网,https://www.spp.gov.cn/spp/tt/202103/t20210315_512746.shtml。

弹性的,有自由裁量的空间。如果没有共同的理念,不同阶段、不同执法司法机关及其人员去执行,就会影响执法司法的政治效果、社会效果、法律效果。”“要围绕建设社会主义法治国家的共同目标,坚持以人民为中心的发展思想,从人民长远的、整体的、发展的利益来考虑,做到‘三个效果’有机统一,通过办案彰显社会主义核心价值观、引领社会风尚。”①

4. 忠于宪法和法律

忠于宪法和法律,是检察官最基本、最直接的职业道德,也是法定义务。忠于宪法和法律与忠于党、忠于国家、忠于人民在本质上是一致的,是体现忠于党、忠于国家、忠于人民的基本途径,也是忠于党、忠于国家和忠于人民的必然延伸和要求。

“忠于宪法和法律,是检察官的天职。宪法和法律是检察机关和检察官进行职业活动的依据……检察官作为法律的执行者和实施者,是法律的人格化或人格化的法律,其灵魂就是宪法、法律,思想就是宪法和法律条文。离开了宪法和法律,检察官就失去了灵魂,其职业活动就失去了意义,就寸步难行。因此,忠于宪法和法律对于检察官而言是毋庸置疑的。”②在我国,检察官是法律和法律监督的具体实施者。也就是说,一方面,检察官自己在实施着宪法和法律的基本要求;另一方面,还要监督其他司法、执法机关遵守和执行法律。如有违反,检察官将通过行使检察权纠正这种违规。检察官与宪法、法律的这种特殊关系更进一步要求检察官忠于宪法和法律。忠于宪法和法律是检察官职业品格的高度概括。宪法和法律是在党的领导下制定的,它体现了广大人民的共同意志,是人民当家作主、治理国家、建设中国特色社会主义的有力武器。检察官在行使检察权、履行法律监督职能时,必须忠于宪法和法律,这是检察官应当承担的职责与义务。

检察官“忠于宪法和法律”的主要内涵包括:(1)在思想上尊崇宪法和法律,在执法活动中严格执法,不徇私情。(2)尊崇宪法和法律,必须坚持执法必严、违法必究,坚持法律面前人人平等,严格执行宪法、法律的规定,自觉维护宪法、法律的统一、尊严和权威,忠实履行法律监督职责。(3)坚持党的领导与依法独立行使检察权相统一。我国《宪法》规定,人民法院、检察院依照法律规定独立行使审判权、检察权,不受行政机关、社会团体和个人的干涉。

---

① 《强化新时代法律监督　维护宪法法律权威》,载最高人民检察院官网,https://www.spp.gov.cn/spp/tt/201901/t20190102_404126.shtml。

② 李本森主编:《法律职业伦理》(第2版),北京大学出版社2008年版,第140页。

5. 忠于人民检察事业

忠于人民检察事业，主要表现为忠实履行法律监督职责。忠于检察事业是检察官职业品格的载体，是忠于党、忠于国家、忠于人民的出发点和落脚点，关键是要做到恪尽职守，乐于奉献。

检察官“忠于人民检察事业”的主要内涵包括：(1)热爱人民检察事业，珍惜检察官荣誉。检察官要热爱人民检察事业，认同检察职业的价值目标。忠诚不仅要求严格依法办事，而且要求爱岗敬业。爱岗敬业就是热爱本职工作，从工作中获得幸福感、荣誉感，珍惜检察官荣誉，维护检察机关的形象和检察权的公信力。检察官应正确认识检察工作对中国特色社会主义建设的重要作用和自身承担的重要使命，树立以维护检察职业为荣、以亵渎检察职业为耻的崇高情操。通过珍惜检察官荣誉，维护检察官的形象和检察机关的公信力，进一步激发对职业使命的神圣感、对检察事业的责任感和庄严感，强化检察官的职业忠诚意识。(2)忠实履行法律监督职责，自觉接受监督制约。检察官要牢固树立监督者必须接受监督的观念，始终以积极主动的姿态，切实把强化自身内部监督制约放到与强化法律监督同等重要的位置，用比监督别人更严的标准来要求自己。(3)勤勉敬业，尽心竭力。检察官既要敬重检察官职业，又要忠于职守，甘于奉献，对本职工作认真负责、一丝不苟、尽心竭力，还要以严肃态度对待本职工作，勤奋学习，精益求精，不因个人事务及其他非公事由而影响职责的正常履行。(4)宣誓并践行誓言。检察官宣誓词为：“我是中华人民共和国检察官，我宣誓：忠于国家、忠于人民、忠于宪法和法律，忠实履行法律监督职责，恪守检察官职业道德，维护公平正义，维护法制统一。宣誓人×××。”

忠诚是一种思想境界，更是实实在在的行动。许多优秀检察官在实际工作中成为践行忠于检察事业的典范。全国模范检察官施净岚，用专业和勤勉跨过了互联网的门槛，也在日复一日的积累中雕琢自己，学习医学、金融、计算机、知识产权等相关专业知识，在办案实践中以知促行、以行求知，被同事们誉为“行走的‘百科全书’”。“如果能尽到100%的努力，就绝不仅仅做到99%”，成为她忠于检察职业的誓言。[①]“新时代最美检察官”吴美满，除了将重大疑难的金融案件办成精品，还立足检察实践沃土，探研前沿课题，研发传播精品课程，让理论成果更好地反哺实践、推动工作；把脉金融犯罪动向，提出防风化险对策措施，当好党委政府的法治参谋，为人民群众向往的美好生活尽一份检察力量。这种情怀与担当，无

---

① 《检察官施净岚：对每个案件都要保证100%的正确率》，载中国长安网，http://www.chinapeace.gov.cn/chinapeace/c100045/2020-04/28/content_12344015.shtml。

不源于其忠诚的职业品格。① 模范检察官王盛，自参加公诉工作以来，他对自己办理的近百件命案都坚持去现场看一看、走一走，这也成为台州检察机关审核证据的一种方法。由于认真细致，王盛办理的700多件刑事案件准确率达100%。面对纷至沓来的荣誉，王盛检察官曾经说了这样一段话，“对公诉人来讲，坚守防止冤假错案底线，办好每一个案件，努力让人民群众在每一个司法案件中都感受到公平正义，最重要的是仔细核实证据，尤其是人命关天的命案，案发现场是最直观反映案件事实的一个场所，能告诉我们许多案卷里有的和没有的信息”。“我要把坚定法治信仰、坚决守护公正作为一生的追求，继续努力！”②王盛检察官，以自己的实际行动践行了忠于宪法、法律的职业道德。

二、违背检察官忠诚品格的主要表现

进入新时代，检察机关司法办案的实际和检察机关职能，赋予检察官“忠诚”更深刻的内涵，在强调忠于党、坚定维护以习近平同志为核心的党中央权威的基础上，突出忠于法律、信仰法治。这就要求检察官深刻认识“两个确立”的“决定性意义”，对党绝对忠诚、绝对纯洁、绝对可靠，始终同以习近平同志为核心的党中央保持高度一致，以实际行动践行“两个维护”。同时，不断提升政治判断力、政治领悟力、政治执行力，通过充分发挥法律监督职能作用，保障宪法法律正确实施，更好维护国家安全和社会稳定，服务经济社会高质量发展，促进社会公平正义，保障人民合法权益，从而保证党的主张和决策部署一体遵循、有效落实，在检察监督办案中落实和维护党的全面领导。③

忠于党、忠于国家、忠于人民、忠于宪法和法律、忠于人民检察事业，五位一体，相互联系，相互贯通，相辅相成。党的宗旨是全心全意为人民服务，党的利益与国家、人民利益是一致的。党的领导是国家、人民利益的根本保障。党领导人民制定法律、保证执法、支持司法、带头守法，党的领导是中国特色社会主义法治的根本保证。检察官通过司法为民、履行法律监督职责，体现忠于党、忠于国家、忠于人民与忠于宪法和法律。

检察官职业忠诚度滑坡，主要表现在以下方面：

---

① 闫实：《吴美满：逐梦金融检察，守护美满生活》，载中国妇女网，www.womenofchina.com/zt/2022/0302/5928.html。

② 施宇翔：《全国模范检察官王盛：坚定法治信仰守护公正是一生的追求》，载浙江即时报网，https://zjnews.zjol.com.cn/system/2016/05/04/021136002.shtml。

③ 张军：《坚持以习近平法治思想为指引，加强新时代检察机关法律监督》，载《求是》2022年2月16日。

(一)理想信念缺失,与党离心离德

信仰是人生的灯塔。对马克思主义的信仰,对社会主义和共产主义的信念,是共产党人的政治灵魂,是经受任何考验的精神支柱。现实生活中,一些党员、干部出现这样那样的问题,说到底是信仰迷茫、精神迷失。热衷于烧香拜佛,遇事“问计于神”,这样的党员干部,就是精神上“缺钙”、得了“软骨病”。因此,对党员干部来说,旗帜鲜明讲政治是第一位的要求,必须坚定马克思主义信仰,与党中央同心同德,坚决贯彻落实党中央的大政方针和决策部署。

检察官信仰缺失,就会迷失人生的方向,内心虚无,将个人私利凌驾于一切之上,为了谋求私利而忘记自己的使命和责任,那些为了满足私欲的“歪门邪道”就会出来占据空出来的领地。有的检察官将风水大师奉为座上宾,凡事都言听计从;有的被西方谬论蛊惑,失去自信,迷茫浑噩,从而坠入虚荣、攀比、享乐、贪婪的深渊,失去做人的底线,失去做事的原则。

上海市原检察长陈某,丧失理想信念,长期搞迷信活动,把自己的前途命运都寄托于所谓的“大师”身上,最终导致身陷囹圄的结局。钟某鸣走上违法违纪道路是各种因素综合作用的结果,但根源在于理想信念的动摇,背离了正确的世界观、人生观、价值观,放松了主观世界的自我改造。

有的检察官搞两面派、做两面人,说一套、做一套,台上一套、台下一套,当面一套、背后一套,有的公开场合讲要坚决贯彻党中央决策部署,背地里却搞抵制,阳奉阴违,口是心非,口言善而身行恶,人前大谈马列主义,表面拥护中央,背后却与党离心离德,甚至搞阴谋诡计。

某市原检察长陈某,落马前曾接受媒体采访,当时记者问他“平时您对自己家里孩子教育最多的是哪方面哪句话”时,陈某的回答是,“我就是教育他谦虚低调,要清清白白做人”。① 陈某落马后,据检方指控,陈某敛财是“直接或通过其家属”。陈某涉嫌“全家腐”,他的妻子、儿子、弟弟都是律师,陈某落马后,其多位家人也被调查。

(二)纪律规矩松弛 ,放松自我约束

在现实中,极个别检察官为个人利益置组织纪律于不顾,政治规矩、政治纪律意识淡漠,甚至严重违反政治纪律和政治规矩。

检察长钟某鸣作为一名研究生学历的领导干部,自以为学历高、阅历丰富、工

---

① 知蓝:《从“老克勒”到“头号法枭”,陈旭一审被判无期》,载搜狐网 2018 年 10 月 26 日,https://www.sohu.com/a/271535582318740。

作能力强，逐渐从自觉学习到应付学习，再到被动学习、放弃学习。他所在的人民检察院，在办公楼副楼修建了“道德大讲堂”，本意是给干警提供一个学习园地，钟某鸣却安排人在里面放置麻将机，下班后经常邀约一些老板和下属打麻将，不仅在单位内部影响恶劣，而且这一爱好也给了别有用心的人可乘之机。钟某鸣在工作上不讲规矩、不守纪律。某次市委召开常委会，纪委书记发现他未到，会后让人查看会议签到簿，发现他从不按要求列席相关会议。他还曾公然宣称自己公务繁忙，不会去开那些与他关系不大的会，甚至连市委常委会也经常不列席。党的十八大召开以后，党中央出台“八项规定”，全面从严治党。然而，钟某鸣仍不收敛不收手，在他收受的财物中，有270余万元是在党中央出台“八项规定”之后收受的。①

某市原检察长陈某，可谓政治规矩与政治纪律松弛的典型。作为党组织主要负责人，履行全面从严治党主体责任不力，违规干预和插手司法活动，大搞以案谋私，严重损害司法公信力，对抗组织审查，长期搞迷信活动。

某省原副检察长贾某刚落马后曾感慨道：“纪律界限完全模糊，违法违纪离每个人都不远。”一讲理想信念就躲，一到政治学习就散，政治理论听不进去，身在曹营心在汉，成为某些检察官政治学习松散，政治规矩、政治纪律松弛的突出表现。

（三）政治意识淡化，政治敏锐性不强

张军检察长曾经深入剖析道：“政治意识淡化、党的领导弱化、党建工作虚化、责任落实软化这些问题在最高检都不同程度地存在。比如，人民群众在民主、法治、公平、正义、安全、环境等方面对检察工作提出了新的更高要求，检察机关在办案中有时候还被人民群众‘推’着走，没有做到通过办好案件厚植党的执政基础，主动为人民群众提供更优质的检察产品，这就是政治意识淡化的表现。”②

实践中，有的检察官政治意识淡化，政治敏锐性不强的主要表现为：有的检察官对于重大敏感性案件以及办案中的重大问题，未及时主动向党委、政法委汇报，及时提请党委、政法委加大协调力度；有的检察官不能够做到情理法相融合，只注重法律效果而未兼顾政治效果与社会效果，就案办案、机械司法；还有的检察官办

---

① 《曾在泸州、内江任职　好赌好酒好藏“反贪虎将“钟长鸣的蜕变》，载搜狐网2019年9月6日，https://www.sohu.com/a/339094187_686665。

② 邱春艳：《如何落实新时代党的组织路线强化检察机关党的建设？张军提出炼“钢”铸魂　以更强检察能力落实“两个维护”》，载最高人民检察院官网，https://www.spp.gov.cn/spp/tt/202007/t202007/_4703013.shtml。

案只求过得去，不求过得硬，只求不违法、不求效果好，不敢监督、不愿监督、不善监督、监督不规范等问题常见多有。

（四）政治站位不高，缺乏大局意识

一些检察官服务保障国家、经济社会发展缺乏自觉，有的结合职能服务保障经济社会发展不主动、不精准、等安排、靠部署、要政策；有的对习近平法治思想领悟不深、践行不够，对于一些重大工作部署、重要体制机制改革缺乏深刻认识，被动执行、选择性落后；有的检察官监督供给能力与时代发展、人民群众需求不相适应，身体进入了新时代，观念还停留于过去。

还有一些检察官对党中央部署和法律修改确定的重大制度意义，没有充分认识到这些制度的价值和意义，也没有形成落实的自觉。比如，认罪认罚从宽制度，成立派驻检察室等，有的只是形式上做了，依着葫芦画了瓢；有的对改革的目的、改革的灵魂等深层次问题缺乏思考，没有深刻领悟，上面督着才去做，不督不推就不做，甚至督了推了也不知道做，工作主动性不强，责任心差；有的对人民疾苦漠不关心，对于侵害人民群众利益的案件不及时查处；有的不求有功，但求无过，敷衍了事。

三、检察官忠诚品格的新时代践行

践行忠诚职业道德，要求检察官必须具备坚定的理想信念，以及恪尽职守、乐于奉献的道德品质。同时，践行习近平法治思想，坚持党对检察工作的绝对领导，坚决执行上级检察机关的指示，恪守职业信誉、职业良心和职业责任，以高尚的职业素养取信于党、国家和人民，维护法律的尊严和法制的统一。

（一）坚定理想信念，坚持党的绝对领导

要坚定中国特色社会主义理想信念，坚持"三个至上"，即党的事业至上、人民利益至上、宪法和法律至上。政法姓党是政法机关永远不变的根和魂，要旗帜鲜明把党的政治建设摆在首位，确保绝对忠诚、绝对纯洁、绝对可靠。要落实习近平总书记关于政法工作的重要讲话和指示精神，进一步提高政治站位，认真落实《中国共产党关于加强政治建设的意见》和《中国共产党政法工作条例》，严格执行重大事项请示报告制度，切实把党的领导贯穿到检察工作全过程、各方面。牢记党的宗旨，强化党性修养，真正稳住理想信念这个"压舱石"，永葆忠于党、忠于国家、忠于人民、忠于宪法和法律的政治本色；不断提升道德境界，纯洁精神追求，

注重家风建设,常修为政之德,常思贪欲之害,常怀律己之心,切实筑牢拒腐防变的思想防线。

要坚持"三个自觉"相统一,主动担当作为,自觉把党中央的决策部署和宪法法律规定落实到各项检察工作中。政治自觉就是坚持党的绝对领导,承担管党治党政治责任,主动加强检察机关的政治建设,主动把党章党规的要求学懂弄通,作为日常的基本遵循,把"四个意识""四个自信""两个维护"落到实处。法治自觉就是依法办事,依法履职,每一个具体案件的办理都要严格按照法律的标准、党内法规以及人民群众满意的标准去推进,自觉、主动、积极履行各项法律规定、法定职责,运用法治思维、法治方式办好案解难题,不需要上级检察机关的督促检查就能够自觉做得很好。检察自觉就是不需要最高检、上级检察机关部署,也能够把分内的检察职能履行到位。政治自觉、法治自觉与检察自觉三者是有机统一的:政治自觉是政治上的要求,法治自觉是国家治理体系治理能力现代化的要求,检察自觉是二者的具体化。做到"三个自觉"有机统一,强调主动担当作为,补短板,强弱项。

要严守政治纪律与政治规矩。严格执行《中国共产党重大事项请示报告条例》和《中国共产党政法工作条例》,自觉向党委、政法委和上级检察院请示报告。严格落实"三个规定"以及《关于建立过问或干预、插手检察办案等重大事项记录报告制度的实施办法》,进一步严格办案纪律,规范司法行为,提高案件质量,保证司法公正。严格落实意识形态责任制,提升媒介素养,提高突发舆情事件的舆论引导和防控能力。把习近平法治思想融汇在自己的血脉之中,真正做到信念过硬、政治过硬、责任过硬、能力过硬、作风过硬。

(二)培养家国情怀,心怀"国之大者"

家与国是一体的,家是最小国,国是千万家。要有为国家奉献、担当的精神。"从某种角度看,格物致知、诚意正心、修身是个人层面的要求,齐家是社会层面的要求,治国平天下是国家层面的要求。"①忠于国家,跟上、适应新时代人民群众新的更高要求,对检察官来说,最根本的就是按照党中央的明确要求、党章党规、法律法规和检察职责自觉主动担当作为,不用扬鞭自奋蹄。

要树立大局观,始终服从服务顺应党和国家中心工作、服从服务顺应发展大局。要聚焦大局、服务大局、保障大局,找准司法工作与社会经济发展的结合点、

① 习近平:《青年要自觉践行社会主义核心价值观——在北京大学师生座谈会上的讲话》(2014年5月4日),载《中国青年报》2014年5月5日,第1版。

着力点,为经济社会持续健康发展提供法治保障。要在“五位一体”总体布局和“四个全面”战略布局中发挥应有作用,在国家治理体系和治理能力现代化进程中思考谋划检察工作,要有强烈的危机意识和责任感、使命感。

要立足司法办案参与社会治理,维护社会和谐稳定,推动更高水平的平安中国建设,确保人民安居乐业、社会和谐有序。检察官不仅要依法办案,还要将办案职能向社会治理领域延伸,做好标本兼治工作。要主动、充分履行监督职能,在办好具体个案的同时,还要强化社会面治理,对于案件反映的倾向性、趋势性问题,以及案发地区、部门、单位管理上的漏洞等,敏锐地抓住、深入地分析,实事求是提出建议,努力做到“办理一案、治理一片”。参与社会治理,还有一项重要任务,就是认真贯彻新时代“枫桥经验”,积极妥善化解检察环节的矛盾纠纷。办理任何一起案件,都不能按部就班、流程不错了事,重要的是看本案问题是不是真正解决了,还要看类似问题有没有、怎么依职责促进解决,这就是讲政治、顾大局,以人民为中心。

浙江省湖州市南浔区人民检察院章春燕检察官,相信人性本善,她理解的办案成效不仅在于准确司法,更在于温暖每一个尚有良知的灵魂。每个案件除了司法理性,还倾注了她的人文情怀,每次提审,她总是不遗余力地向犯罪嫌疑人了解成长经历、家庭背景、犯罪原因;每次庭审,她总是特别珍惜法庭教育机会,用精准动人的分析,努力使被告人真正认罪服法,努力减少再犯可能性。她勇于承担社会责任,为区未成年人保护工作作了大量贡献;她善于创新,用实力打造了未检工作的“南浔样本”。她认为,仅仅办案是不够的,未检检察官还要有更加高远的目标,要更大范围地播撒下一颗颗法治种子,让法治的温情照亮少年的成长之路。她让检察官普法走到青少年法治通识教育的高度。浙江省人民检察院党组书记、检察长贾宇曾经赞许地说:“章春燕的亮点和闪光点,在于她不是就案办案,而是在办案之后,始终关心这些孩子的成长。”①章春燕检察官,以自己的实际行动诠释了对国家与人民的忠诚。

(三)坚守为民情怀,厚植政治根基

民心是最大的政治,每一个司法案件都连着民心。如果案件处理不当甚至不公,老百姓不满意,就会引发对司法、对党和政府的不信任;如果办案人员司法办案中讲政治不够,甚至忽略了讲政治,就会动摇党执政的政治基础、群众基础。习

---

① 参见王春:《最美检察官章春燕的法治温情》,载最高人民检察院官网,https://www.spp.gov.cn/spp/xjym/202007/t20200708-472506.shtml。

近平总书记反复强调，要把人民放在心中最高位置，把人民对美好生活的向往作为奋斗目标。各级检察院前面都有"人民"二字，检察院是人民的检察院、检察官是人民的检察官，必须始终坚持以人民为中心，把维护人民权益作为检察工作的根本任务，永远与人民同呼吸、共命运、心连心。检察机关办理的司法案件绝大多数是发生在群众身边的常见多发案件，无不关乎政治、法律，都在厚积公平正义，对涉案人及其家庭来说都是"天大的事"。检察官办案必须坚持政治效果、社会效果、法律效果相统一，让司法既有力度又有温度。

检察官做到忠于人民，就必须把维护人民群众的合法权益作为检察工作的根本出发点与落脚点，关注民生，服务群众，不断从人民群众的新要求新期待出发改进检察工作。忠于人民体现在检察工作中，要求检察官真正做到真心实意地为人民群众办实事、办好事，真正做到权为民所用，情为民所系，利为民所谋，让人民群众在每一起司法案件中都能够感受到公平正义，都有获得感、幸福感、安全感。

要有为民情怀。为民情怀，是检察官必备的品格。这就要求检察官在办案的时候，从生命、人生的角度去办理案件，把群众的事当作自己的家事，具有平等心、同理心，能够进行换位思考。盛惕闻申请行政赔偿案，他从55岁申诉到85岁，三十年来一直在申诉，对此，张军检察长曾经指出，"我们的为民情怀在哪？……以人民为中心，如果只是口号，怎么能行？增强'四个意识'、坚定'四个自信'、做到'两个维护'都是具体的、实实在在的，得拿出具体方案、为民办案实效来说话，否则就是空的。"[①]所以，正如刘哲检察官所说，我们办的不仅仅是案子，而是当事人的人生。

努力维护最广大人民的根本利益，给人民群众提供优质的司法产品与检察产品。习近平总书记指出，"要重点解决好损害群众权益的突出问题，决不允许对群众的报警求助置之不理，决不允许让普通群众打不起官司，决不允许滥用权力侵犯群众合法权益，决不允许执法犯法造成冤假错案"。[②] 检察官要把人民群众的事当作自己的事，把人民群众的小事当作自己的大事，从让人民群众满意的事情做起，从人民群众不满意的问题改起，为人民群众安居乐业提供有力法律保障。张军检察长指出，"人民群众的肯定、满意也是'易碎品'，如果不能持续跟上没有

---

① 《张军：增强斗争本领勇于担当作为　走心做实服务大局各项工作》，载中国正义法治网2019年9月5日，http://zgzyfzw.com/article.asp? id=31589。

② 《把促进社会公平正义作为核心价值追求》，载《中国青年报》2014年1月9日，第1版。

最高、只有更高的新要求，就可能得到‘差评’”。[①]

注重解决好群众身边的“小事”。随着我国社会主要矛盾转化，人民群众对民主、法治、公平、正义、安全、环境等方面的要求日益增长，对检察官履职提出更高要求。检察官不仅要跟上、满足，更须努力引领、走在前面。检察官办理的案件绝大多数发生在群众身边，90%以上是常见多发案件。但每一起案件都关乎法律政治，都在厚积或侵蚀公平正义，都是“天大的案件”。检察官办案决不能只守住形式上“不违法”的底线，必须将天理、国法、人情融为一体，情同此心，努力让人民群众在每一起司法案件中真正、切实感受到公平正义！[②] 对于人民群众的信访、申诉，不能简单以“大小”来判断受理与否、如何去办，只要实实在在关系老百姓切身利益，再“小”也要重视办好。服务保障民生，服务群众，解决人民群众的揪心事、烦心事与操心事。

要注重解开当事人的“心结”。“如果群众有了司法需求，需要打官司，一没有钱去打，二没有律师可以求助，公正司法从何而来呢？司法工作者要密切联系群众，如果不懂群众语言、不了解群众疾苦、不熟知群众诉求，就难以掌握正确的工作方法，难以发挥应有的作用，正所谓张飞卖豆腐——人强货不硬。法律不应该是冷冰冰的，司法工作也是做群众工作。一纸判决，或许能够给当事人正义，却不一定能解开当事人的‘心结’，‘心结’没有解开，案件也就没有真正了结。”[③]

“全国模范检察官”张飚，在退休后还始终不放弃“张氏叔侄案”，连续跟踪五年时间，终于使该案件得到平反。他曾经说过这样一句话，“人生中最艰难的时刻，就是张高平案件发现了重大疑点，一直在反映、申诉，但一直没有得到回复。明知路在脚下，却不知道往哪里走。困惑、揪心、看不到希望”。[④] 是什么让他能够克服各种艰难阻力以及内心的困苦迷茫，坚持达五年之久？是深厚的为民情怀，是源于内心深处的职业良知。

忠诚履行职责，服务联系民生，保障农村的和谐稳定，张章宝检察官发挥了充当党和群众“连心桥”的作用。只要上访农民来到检察院，不管是不是自己职责范围的案子，张章宝从来没有一推了之。他说，“只要群众进了检察院的门，我们

---

① 《把全国两会精神融入每一项检察工作中》，载中国共产党新闻网，https://www.cpc.people.com.cn/nl/2020/0603/c64094-31733786.html。

② 邱春艳：《深入学习贯彻习近平法治思想　以服务高质量发展开启检察事业新征程》，载《检察日报》2020年1月12日，第1版。

③ 习近平：《论坚持全面依法治国》，中央文献出版社2020年版，第23页。

④ 《张飚：维护社会公平正义的模范检察官》，载新华网，http://www.xinhuanet.com/politics/2019-01/01/c_1123934245.htm。

就不能往外推,你把他推出去,让他们到处上访,既耽误生产又影响社会安定;你诚心给他把问题解决了,让他满意了,他才能诚心信任、支持、拥护党和政府”。“这不是简单的经济问题,而是关系党和政府民生关怀的政治问题,我们万万不能马虎。”①

(四)秉持客观公正,提升政治能力

尊崇宪法和法律,严格执行宪法和法律的规定,自觉维护宪法和法律的统一、尊严和权威,是检察官践行忠诚职业道德的基本要求。

检察官要坚决杜绝因为人情关系或个人私利而不遵守法律甚至知法犯法。忠实履行法律监督职责,首先必须全面履行各项法律监督职能,其次必须保障执法公信力。同时,在检察工作中,要自觉服从领导,服从命令,认真贯彻上级机关和领导指示,保证检令畅通、工作高效运行。忠实履行法律监督职责,还要求检察官自觉接受监督制约。

忠于事实真相。“事实”是检察官办理案件的依据,法律则是处理案件的准绳和尺度。离开了事实,法律的适用就失去了对象和依据,法律的准绳和尺度也无从谈起。忠于事实,是指“检察官处理案件时候,应该按照事实所呈现的状态去认定,既不夸大,也不缩小。不能为满足一己之利或屈从于某种压力而人为地改变案件事实,或人为地进行淡化处理,或人为地上纲上线、枉法追究”。② 负责任,讲自己的意见,按照程序办理,这才是讲政治,把政治与业务融为一体。

要秉持客观公正立场,既做犯罪的追诉者、无辜的保护者、正义的捍卫者,更要努力成为中国特色社会主义法律意识和法治进步的引领者,真正做到打击犯罪同保障人权、追求效率同司法公正有机统一。对于敏感复杂个案的处理,就要考虑可能向社会传递什么信号、带来怎样的预期,以引领司法政策、引领社会法治观念。要把监督办案作为第一要务。“监督办案高质量、高水平,说到底是事实证据认定精准,法律政策运用得当。监督办案不能做到事实客观全面、证据确实充分,等于把‘铁案’之厦建于流沙之基。没有对法律原意、政策、精神的深刻理解和科学运用,监督办案的效果就会大打折扣。”③要坚持讲政治与抓业务有机统一。讲

---

① 参见《对话基层检察官张章宝:生命因信仰而绽放光彩》,载《检察日报》2013 年 10 月 28 日版。

② 李本森主编:《法律职业伦理》,北京大学出版社 2008 年版,第 141 页。

③ 《第十五次全国检察工作会议召开 张军出席会议并讲话》,载百度网 2021 年 1 月 12 日,https://baijiahao.baidu.com/s?id=1688663649526401126。

政治和抓业务必须辩证统一起来，这样才有持续的生命力。讲政治必须落在检察具体业务上，抓业务必须体现更高政治站位。要以政治建设实效审视检察履职成效，以检察履职工作成效检验政治建设自觉。通过办案、工作指标的设置，把党的绝对领导，把习近平新时代中国特色社会主义思想，把"四个意识""四个自信""两个维护"融入每项业务工作、每一起案件办理中。要从政治高度认识和处理业务问题，让业务工作更深更实体现政治要求。民心是最大的政治。案件办不好、业务抓不实，老百姓不满意，对司法不信任，进而对党有怨言，就不是讲政治。这就要求检察人员不断提升政治判断力、政治领悟力和政治执行力，观察分析形势时要把握好政治因素，部署推动工作时要落实好政治要求，处理解决问题时要防范政治风险，坚决防止脱离政治机械司法、就案办案。

全国模范检察官、保定市检察院副检察长彭少勇，在办理"涞源反杀案"时，在对该案进行羁押必要性审查时发现，此案案情重大、疑难、复杂，可能存在定性不准、罪与非罪问题。彭少勇多次安排相关人员研究案情，并亲自审查案卷，安排熟悉当地方言的人反复听现场录像对话，不放过任何一个细节。与此同时，他反复学习了最高检提出的新时代检察工作发展理念新部署以及颁布的指导性案例，提出了"三个具有"的决定性意见，最终涞源县检察院对王新元、赵印芝作出不起诉决定，社会各界给予广泛好评，收到良好的法律效果、政治效果、社会效果。①

（五）热爱人民检察事业，恪守职业良知

检察事业是党的事业的重要组成部分。纵观检察制度发展的历史，可以看出，检察事业的命运总是和党的命运紧紧联系在一起，党的事业兴，则检察事业兴；党的领导坚强有力，检察事业才会健康发展。热爱人民检察事业，忠实履行法律监督职责，就是坚持党的绝对领导。

忠于人民检察事业，首先要培养对检察职业的敬畏感。心存敬畏，行有所止。敬畏感是中华民族传统美德。孔子说："君子有三畏，畏天命，畏大人，畏圣人之言。"②习近平总书记指出，"各级领导干部要牢固树立正确权力观，保持高尚精神追求，敬畏人民、敬畏组织、敬畏法纪，做到公正用权、依法用权、为民用权、廉洁用

---

① 《彭少勇：一个现代版"刀下留人"的真实故事》，载最高人民检察院官网，https://www.spp.gov.cn/spp/tt/202007/t20200714_473013.shtml。

② 杨伯峻：《论语译注》，中华书局2006年版，第199页。

权,永葆共产党人拒腐蚀、永不沾的政治本色”。[①] 敬畏心、敬畏感会让人内心充盈、宁静;有了敬畏心,内心才会有底线,行为才会有所戒惧、节制。对自然,对权力,对职业,对生命,都要有敬畏之心。人类要敬畏自然,官员要敬畏手中权力,作为共和国的检察官,对自己的职业、手中的权力、法律,都要有一种深沉的敬畏感。如何升起对职业的敬畏之心?德国哲学家康德曾经说过:“有两样东西,越是经常而持久地对它们进行反复思考,它们就越是使心灵充满常新而日益增长的赞叹和敬畏:我头上的星空和我心中的道德法则。”[②]检察官心存敬畏,就会珍惜权力,秉持公心,认真司法。《检察官职业道德基本准则(试行)》规定了初任检察官、检察官晋升宣誓制度,通过仪式来提升检察官对职业的敬畏感、神圣感和荣誉感,增强其执法为民的自觉性,培养忠诚的职业道德。忠诚是一种情感和内心的力量,忠诚源自信仰,信仰塑造品格。

忠于人民检察事业,要求检察官把检察工作视为一种使命与执着追求,把做好检察工作视为人生的价值与生命的意义,从而源于内心深处而自发、自觉地履行自己的职责。良好的职业道德体现在执着的坚守上,要有“望尽天涯路”的追求,耐得住“昨夜西风凋碧树”的清冷和“独上高楼”的寂寞,最后达到“蓦然回首,那人却在,灯火阑珊处”的领悟。[③] 哈佛大学网络课程《幸福课》教授夏哈尔曾经说过这样一段话:“幸福感才是衡量人生的唯一标准,是所有目标最终的目标。”[④]“幸福应该是快乐与意义的结合,一个幸福的人,必须有一个明确的、可以带来快乐和意义的目标,然后努力地去追求。真正快乐的人,会在自己觉得有意义的生活方式里,享受它的点点滴滴。”[⑤]这里边提到了一个“有意义目标”,主要是指我们的职业,就检察官而言,就是检察职业。因为绝大多数检察官一生中基本只选择一种职业,把人生的大部分精力乃至心血都倾注到职业上,从职业的发展中来找寻人生的价值与生命的意义。所以,职业不仅仅是一种生存的依托,更是实现人生价值与生命意义的重要途径。明白了这一点,检察官就会自觉自律践行职业道德,如德国哲学家康德所言,把内心崇高道德法则与头顶上灿烂的星空相提并

---

① 习近平:《在庆祝中国共产党成立95周年大会上的讲话》,载求是网,https://www.qstheory.cn/dukan/qs/2021-04/15/c_1127330615.htm。

② [德]康德:《康德著作全集》(第5卷),李秋零译,中国人民大学出版社2007年版,第169页。

③ 参见《这篇文章,习近平用典寓意深刻》,载央广网,news.cnr.cn/native/gd/20190416/t20190416_524580098.shtml。

④ 《我们来到这个世界追求什么才是最重要》,载新浪网,https://www.edu.sina.com.cn/psy/2009-11-19/1643157445.shtml。

⑤ 《哈佛教授:从汉堡里总结出的四种人生模式》,载新浪网,https://www.edu.sina.com.cn/psy/2008-11-19/1643157445.shtml。

论。如果我们仔细体会检察系统先后涌现出来的那些道德模范的事迹,就会发现,由外观之,他们是在严守职业道德,遵从法律与职业纪律,但是通过行为,能够感觉到他们已经完全超越了职业道德与职业纪律,把检察工作视为一种使命与执着追求,把做好检察工作视为人生的价值与生命的意义,从而源于内心深处而自发、自觉地履行自己的职责,这样一种超越与内心的自觉自律,在道德修为上已经达到很高境界。记得张飚检察官面对记者时,表达了这样的感悟:"这是大家共同的努力,我只是履行了一个检察官应该履行的职责。""做了一辈子的'大头兵',我曾想过,做点事情,能够像流星划过天空,留下一道光。现在做到了,非常知足。"①

2021年3月7日,河南省新乡市红旗区人民检察院检委会委员,员额检察官延陵卫军同志溘然长逝,年仅54岁。她三十六载从检路,初心如磐铸检魂,用生命构筑一幅幅忠诚履职、为民担当的画面。她曾经牵头主办郑州"皇家一号"特大组织卖淫、非法经营、逃税大案的核心部分。对于每一起案件,她都从当事人的人生角度去办理。对于每一起案件,她都在力求做到让组织放心、让当事人放心。延陵卫军常说,检察官的追求,不仅是一个判决的结果,更重要的是让人民群众充分感受到我们法律的公平正义。她曾经这样谈到她对初心和使命的理解——我们的初心,就是把老百姓的事当自己的事来办;我们的使命,就是种好党交给咱的责任田。她工作中执着得让人感动,生活中又简单得让人心疼,她的字典里,永远只有"付出"二字。为了毕生钟爱的检察事业,为了种好党交给她的那块责任田,她如春蚕般吐尽了最后一根丝。②

忠于人民检察事业,要求检察官恪守职业良知。"职业良知或者良心是指具体领会和感觉社会对其的要求并有着为社会尽具体义务的明确意识。检察官职业良知既是检察职业群体在行使监督权过程中逐渐积淀形成并得到普遍认同的内心道德准则,又是人们对检察职业普遍性的道德要求和应然期待。它是开展检察工作时达到敬业水平必须具备的情感和动力,既可以使检察官更好地履行自己的义务,又可以更好地规范检察官的职业行为,比如职业良心可以促使检察官有责任感、是非感。"③职业良知是提升检察人员职业道德、职业素养和职业精神的

① 《张飚:维护社会公平正义的模范检察官》,载新华网,http://www.xinhuanet.com/politics/2019-01/01/c_1123934245.htm。

② 参见《这是我们的"精神高地"——追记河南省新乡市红旗区检察院检察官延陵卫军》,载最高人民检察院官网,https:/www.spp.gov.cn/spp/zdgz/202004/t20200411_458470.shml。

③ 李本森主编:《法律职业伦理》,北京大学出版社2008年版,第143页。

基石。可以说,没有职业良知,就没有职业道德。习近平总书记指出,“政法机关要坚守职业良知、执法为民,教育引导广大干警自觉用职业道德约束自己,做到对群众深恶痛绝的事零容忍、对群众急需急盼的事零懈怠,树立惩恶扬善、执法如山的浩然正气”。[①] “许多案件,不需要多少法律专业知识,凭良知就能明断是非,但一些案件的处理就偏偏弄得是非界限很不清楚。各行各业都要有自己的职业良知,心中一点职业良知都没有,甚至连做人的良知都没有,那怎么可能做好工作呢?政法机关的职业良知,最重要的就是执法为民。”[②]“看到弱者、看到受委屈的人,就想伸出援手,这是人的本性,也是我这么多年工作形成的习惯。”[③]“最美检察官”张飚的这句话,可谓诠释了职业良知的内涵。

易燕平检察官,主动提出要啃“骨头案”,办理了很多要案、难案。他最后办理的马某非法吸收公众存款案涉案金额高达2亿多元。易燕平同志在接案后,就开始加班加点查阅案卷材料,有针对性地讯问犯罪嫌疑人。他发现证据缺漏和证据体系不完善后,及时制作50多页详尽的退查提纲。在退回补充侦查的过程中,为了确保取证的效果,他两次赴深圳引导侦查机关调查取证,历时12天,最终成功调取大量确凿证据,为开庭公诉案件奠定坚实的基础。由于该案被害人众多,遍布全国各地,社会影响较大。办案期间,不断有被害人通过来电、来访、手机短信等方式申诉,易燕平多次接访,耐心对来访人开展释法说理工作,由于工作得当,该案没有发生集体上访和负面舆情事件。为保证庭审取得良好效果,易燕平四次出庭,有力指控犯罪。不幸的是,2019年12月9日的出庭竟成为他检察人生的绝唱。易燕平检察官以自己的生命诠释了忠于人民检察事业的职业道德内涵。[④]

---

① 《习近平在中央政法工作会议上强调坚持严格执法公正司法深化改革　促进社会公平正义保障人民安居乐业》,载人民网,https://www.cpc.people.com.cn/n/2014/0109/c64094 - 24065903.html。

② 习近平:《论坚持全面依法治国》,中央文献出版社2020年版,第47页。

③ 《张飚:维护社会公平正义的模范检察官》,载新华网,http://www.xinhuanet.com/politics/2019 - 01/01/c_1123934245.htm。

④ 《倒在公诉桌上的平凡英雄——追记广西壮族自治区南宁市检察院检委会专职委员、员额检察官易燕平》,载最高人民检察院官网,https://www.spp.gov.cn/spp/tt/201901/t20190102_404126.shtml。

第三章

坚持为民宗旨,保障人民权益

安　阳* 　国家检察官学院

目　次

* 安阳,国家检察官学院中检网院办公室副主任,讲师。

当我们跨进检察官队伍时，人民就把捍卫法律、捍卫国家和人民利益的重任交给了我们。全心全意为人民服务，尊重人权和保障人民权益，始终坚守人民情怀，是检察官职业道德的必然要求和价值追求。让人民群众在每一个司法案件中都感受到检察机关在维护公平正义，更应是每一名检察官的初心和使命。一切向前走，都不能忘记走过的路；走得再远、走到再光辉的未来，也不能忘记走过的过去，不能忘记为什么出发。[①]

案例一：与少数民族同胞结下"安达情"的"游牧检察官"[②]

潘志荣，党的十九大代表，现任内蒙古包头市达茂旗人民检察院检委会专职委员。曾荣获"全国优秀共产党员""全国模范检察官""人民满意的公务员"等多项殊荣。从检30余年，他时刻牢记宗旨，扎根边疆基层，忠实履行职责，与少数民族兄弟守望相助，被牧民群众亲切称为"游牧检察官"。

潘志荣每年有2/3的时间工作在基层农牧区，为了了解群众法律诉求、宣传检察工作、摸排犯罪线索，他走遍了全旗77个嘎查和143个行政村，巡访过1000多个牧场点与6400多户农牧民，化解矛盾纠纷近百起，记载近10万字的"民情日记"，收集了大量检察工作第一手资料。

他通过发挥精通蒙语蒙文的特长，采取入情入理的"话疗"，打开了一个个涉案蒙古族嫌疑人的心扉，使案件得以成功办理，嫌疑人也表示改过自新。为了更好地服务蒙古族群众，他专门制作蒙汉双语"检民联系卡"发到5000多名群众手中，并始终兑现24小时不关手机承诺，被百姓称为贴心"一叫通"。

为了人民，潘志荣永远不辞辛劳。他曾三赴90公里外的犯罪嫌疑人家里动之以情、晓之以理、释之以法，为70多岁老阿妈追回7000多元的养命钱。为了协商矿山赔偿牧民事宜，他废寝忘食，因劳累过度半夜突发心脏病，经抢救转危为安，几天后又奔向草原。他每年接到农牧民诉求电话近200次，次次有答复。他心里时刻记挂着群众，手机里保存着320多个农牧民群众的电话，并经常打电话问候。

他的无私大爱超越了民族和职业的界限，与各族群众和睦相处，守望相助，把

---

① 习近平：《在庆祝中国共产党成立95周年大会上的讲话》，载求是网，http://www.qstheory.cn/dukan/qs/2021-04/15/c_1127330615.htm。

② 参见孝金波、周静圆：《检察英模系列报道之五——"游牧检察官"潘志荣：扎根草原35年 永远做牧民们的"好安达"》，载人民网，http://society.people.com.cn/n1/2021/1025/c1008-32263072.html；《亲民爱民为民的检察官——潘志荣同志先进事迹》，载共产党员网，https://biaozhang.12371.cn/2016/06/15/ARTI1465974204980827.shtml。

牧民的事当作分内的事、当作自己的事。几年前，潘志荣在寻访时了解到，牧民斯琴高娃的丈夫因患脑血栓疾病而半身不遂，家境非常贫困，儿子被大学录取后也因交不起学费而准备弃学。潘志荣主动承担起孩子的学费，一资助就是4年。他还以自己的工资收入证明作抵押，连续6年帮助贫困蒙古族牧民贷款发展畜牧养殖，将无私大爱奉献给少数民族兄弟，与少数民族同胞结下了深厚的“安达情”。

案例二：充当保护伞的“黑”检察长[①]

2011年1月，某市褚某、毛某等人与他人争执后纠集十余人，公然持械斗殴，社会影响恶劣。然而，随后公安机关移送审查起诉的13名犯罪嫌疑人中，最终却仅有3人被提起公诉，10人被作出不起诉处理。褚某、毛某作为主犯更是逍遥法外，继续为恶一方。

经查，2007年10月至2013年7月，胡某某在担任某市检察院检察长期间，利用职权徇私枉法，充当黑恶势力“保护伞”，多次接受黑社会性质团伙头目褚某、毛某等人宴请，收受礼品礼金；通过修改审查意见、降低强制措施级别等手段，帮助10名黑社会性质团伙成员逃避法律制裁，其中6名逃避制裁人员又分别在褚某、毛某黑社会性质组织中实施了开设赌场、寻衅滋事、非法采矿、聚众斗殴致伤、非法拘禁等犯罪活动，严重影响当地经济发展和社会稳定。2019年3月，胡某某受到开除党籍、开除公职处分，其涉嫌违法犯罪问题移送司法机关依法处理。2020年9月，胡某某因徇私枉法被判处有期徒刑12年。

思考题：

1. 检察官为民的职业道德要求有哪些？
2. 检察队伍中存在哪些违背为民职业道德的行为和现象？
3. 如何更好践行为民宗旨，更好满足民之期待？

一、为民宗旨的文化渊源、时代意义与基本内涵

案例二中的胡某某知法犯法，从一名本该恪尽职守的检察长，蜕变成背离党纪国法、抛弃理想信念、遗忘初心使命的黑恶势力“保护伞”，给人民安居乐业造成了极其负面的影响，教训惨痛，让人唏嘘不已。再看案例一中的“游牧检察官”潘志荣，他爱岗敬业，为民解忧，案里案外时刻惦记着农牧民，把人民当亲人，把群

① 参见《破“网”打“伞”牵出执法犯法的检察长》，载中央纪委国家监委网站，https://www.ccdi.gov.cn/yaowenn/201905/t20190515_72770.html。

众的事当作自家的事,舍己为公,无私奉献,感人至深。他们的事例形成了鲜明的对比,一个是“害群之马”,一个始终做到爱民亲民,至情至信,是人民群众心目中可敬可爱的模范检察官。是什么导致同为检察官的两个人,有着如此不同的行为模式?

究其根本,发自内心的为民宗旨意识,是做好检察工作的源泉动力,是身为一名检察官的光荣使命。一旦源泉枯竭,那么保障人民权益也就无从谈起,甚至荒腔走板,失信于民。坚持为民宗旨,保障人民权益,是衡量检察官职业道德层次的重要标准,也是每一位检察官履职尽责的出发点和落脚点。

(一)为民宗旨的文化渊源与发展

1. 中华优秀传统文化的传承

中华优秀传统文化的丰富哲学思想、人文精神、教化思想、道德理念等,可以为人们认识和改造世界提供有益启迪,可以为治国理政提供有益启示,也可以为道德建设提供有益启发。① 其中,中国古代的民本思想非常丰富,是“为民宗旨”的思想渊源。如“以民为本,天下为公”“当政者应以安民富民乐民为功”,还有“民为本,君为轻,社稷次之”“民为邦本,本固邦宁”等。但封建社会基本制度并不是按照民本主义思想构建,而是维护君权,维护统治阶级利益的。民本主义更多是在文化层面上作为一种思想传承,即中华传统文化和当代社会现实的关系不是“因为”和“所以”的关系,而是一脉相承、与时俱进的关系。②

中国传统文化在古代社会因为统治者的制度化过滤而损失了一些积极的方面,但中华民族优秀的历史和文化传统对坚持和完善中国特色社会主义制度、推进国家治理体系和治理能力现代化,具有重要的借鉴作用。除“民惟邦本,本固邦宁”等民本理念外,诸如“礼之用,和为贵”的天下无讼、以和为贵的价值追求也在当代得到弘扬,坚持和发展“枫桥经验”做好群众工作、多元化解社会矛盾纠纷即是体现。

2. 马克思主义唯物史观的继承发展

马克思早年就立志服务于人民,他在中学毕业前就写下,“我们的幸福将属于

① 参见《习近平在纪念孔子诞辰2565周年国际学术研讨会暨国际儒学联合会第五届会员大会上的讲话》,载中国共产党新闻网,http://cpc.people.com.cn/2014/0925/c64094-25729647-2.html。

② 参见陈先达、臧峰宇:《文化的实践转化与制度文明的时代建构》,载《中央社会主义学院学报》2020年第4期。

千百万人，我们的事业将悄然无声地存在下去”。[①] 马克思恩格斯指出，“历史不过是追求着自己目的的人的活动而已”。[②] 发展完善的马克思主义唯物史观科学分析了历史发展进程中客观规律和个人意志的关系，其中最基本的原理是“人民是历史的创造者”。《共产党宣言》准确地定义了：“无产阶级的运动是绝大多数人的、为绝大多数人谋利益的独立的运动。”践行全心全意为人民服务的根本宗旨，使群众认识自己的利益，团结起来为自己的利益而奋斗的群众观点、群众路线，正是渊源于这个根本思想。

在此基础上，毛泽东同志为人民服务思想发展性地提出，“服务”不仅仅是施恩、施惠、谋利，更是通过釜底抽薪的方式带领人民找到自身解放的正确途径，要以调动人民的集体力量为基础，通过“历史合力”的作用推动社会进步到更高阶段，使国家从封建国家走向民主国家，走向社会主义国家，实现人民当家作主。[③]中国共产党坚持将马克思主义基本原理同中国具体实际相结合，通过团结人民、依赖人民、集结人民，带领广大无产阶级，与封建统治阶级和资产阶级作斗争，最终推翻了“三座大山”，为社会形态的有序更替提供了直接动力。[④]

3. 为人民服务思想的不断丰富和深化

1944 年 9 月 8 日，毛泽东同志在张思德同志的追悼会上发表演讲，提出“为人民服务”的命题。毛泽东为人民服务思想的正式提出，标志着毛泽东为人民服务思想已经发展成为初具体系的科学理论。1945 年党的七大正式将“为人民服务”规定到党章中：“中国共产党人必须有全心全意为中国人民服务的精神。”[⑤]此后，毛泽东为人民服务的思想被确立为指导中国革命实践的科学理论，“为人民服务”成为立党立国的根本宗旨。

为人民服务是每一个共产党员应遵循的道德品质，是共产党员是否具有道德修养的评价标准，是党的道德建设基础。以毛泽东同志为核心的第一代党中央领导集体进行了艰苦卓绝的探索，建立起了人民民主专政的政权，将国家机构如政府、法院、解放军都冠上“人民”二字，以示与国民党政权的不同，充分体现出为人民服务的宗旨和价值观。中华人民共和国成立后，毛泽东同志领导和推动制定

---

① 参见《马克思恩格斯全集》（第 40 卷），人民出版社 1982 年版，第 7 页。

② 《马克思恩格斯文集》（第 1 卷），人民出版社 2009 年版，第 295 页。

③ 参见刘思妗：《毛泽东为人民服务思想的哲学研究》，中共中央党校 2016 年博士学位论文，第 128 ~ 129 页。

④ 参见刘思妗：《毛泽东为人民服务思想的哲学研究》，中共中央党校 2016 年博士学位论文，第 129、131 页。

⑤ 中央档案馆编：《中共中央文件选集》（第 15 册），中共中央党校出版社 1991 年版，第 117 页。

“五四宪法”及相关法律制度，在他主持起草“五四宪法”过程中，亲自提议将宪法草案有关“检察署”的表述修改定位为“人民检察院”，并被正式写入“五四宪法”及《人民检察院组织法》。

对于确立为党的宗旨的全心全意为人民服务的思想，我们党的历届领导人都创造性地予以继承、丰富和发展，使其与时俱进、不断深化。邓小平同志把它发展为“三个有利于标准”①和“人民标准”②；江泽民同志把它上升为党的建设的原则和目标，提出了“三个代表”③重要思想；胡锦涛同志把它与发展观相结合，形成“以人为本，全面协调可持续”的科学发展观，强调坚持权为民所用、情为民所系、利为民所谋，要把群众放在心中最高位置，要把群众当亲人；党的十八大以来，习近平同志提出以人民为中心的思想，这一思想是为人民服务思想在新时代的继承和升华。

4.“以人民为中心”发展思想的新时代话语表达

2013年6月，以“为民务实清廉”为主题的党的群众路线教育实践活动在党内自上而下开展。活动开始不久，习近平同志在全国宣传思想工作会议上发出了一个崭新的号召——“树立以人民为中心的工作导向”。这是“以人民为中心”的最早出处。④ 之后，习近平同志在不同场合陆续发表有关“以人民为中心”的重要讲话，如“我们的目标就是让全体中国人都过上更好的日子”“人民是我们党执政的最大底气”“始终把人民放在心中最高位置”等⑤。

中国共产党第十九次全国代表大会首次提出“习近平新时代中国特色社会主义思想”，明确新时代我国社会主要矛盾是人民日益增长的美好生活需要和不平衡不充分的发展之间的矛盾，必须坚持以人民为中心发展思想，不断促进人的全面发展、全体人民共同富裕。在“以人民为中心”发展思想指引下，全面推进依法治国的进程也进入新的阶段，习近平法治思想顺应实现中华民族伟大复兴时代要求应运而生。习近平强调法治建设要为了人民、依靠人民、造福人民、保护人民，推动把体现人民利益、反映人民愿望、维护人民权益、增进人民福祉落实到全面依

---

① 即是否有利于发展社会主义社会的生产力，是否有利于增强社会主义国家的综合国力，是否有利于提高人民的生活水平。

② 即要把人民赞成不赞成、人民高兴不高兴、人民满意不满意、人民答应不答应作为评判一切工作是非成败的标准。

③ 即代表中国先进生产力的发展要求，代表中国先进文化的前进方向，代表中国最广大人民的根本利益。

④ 参见郑子君、周文彰：《从“为人民服务”到“以人民为中心”》，载《北京联合大学学报（人文社会科学版）》2020年第1期。

⑤ 《习近平谈治国理政》（第3卷），外文出版社2020年版，第133～144页。

法治国各领域全过程,不断增强人民群众获得感、幸福感、安全感。特别是要积极回应人民群众对民主、法治、公平、正义、安全、环境等方面的新需求,系统研究谋划和解决法治领域人民群众反映强烈的突出问题,用法治保障人民安居乐业。[①]"努力让人民群众在每一个司法案件中感受到公平正义"的要求,进一步提升为"努力让人民群众在每一项法律制度、每一个执法决定、每一宗司法案件中都感受到公平正义",对坚持为民宗旨、保障人民权益提出新的更高要求。

(二)检察官为民宗旨的时代意义

习近平总书记强调,时代是出卷人,我们是答卷人,人民是阅卷人。[②] 努力让人民群众在每一个司法案件中都感受到公平正义,是中国共产党领导下的人民检察院的初心使命,也是践行习近平法治思想的自觉行动,更是检察履职孜孜以求的目标。但每一位检察官都必须清醒地看到,进入新时代新的发展阶段,面对党中央的新要求和人民群众的新期待,检察履职还有不小差距。

最高检张军检察长在调研时指出,时代给检察机关出的考题是全新的,检察人答卷的高标准是无止境的。[③] 新时代,人民群众在民主、法治、公平、正义、安全、环境等方面有新的更高要求,对检察机关如何提供更好的法治产品、检察产品有新的更高期待。应该充分认识到,五年、十年前,人民群众对我们的要求如果是五分,那么我们可能提供了四分、三分,还差一些,人民群众希望我们能够做得更好,但总体满意。进入新时代,我们能力素质、工作水平可能从五分进步到了十分,但人民群众对检察职能发挥、检察官能力水平的要求可能已经到了十五分。相对而言,我们的能力、供给不如从前。[④]

"新时代新发展阶段,检察履职面临的主要问题是队伍整体能力素质还远不适应。检察人正在经历'时代之变',不仅理念、职能、机构在变,更以变促变。"2021 年1 月,最高检张军检察长在第十五次全国检察工作会议上对时代之变背景下如何开启服务党和国家工作大局、服务保障经济社会高质量发展新征程,做好当前和今后一个时期检察工作做了全面谋划,就坚持为民宗旨、保障人民权益提

---

① 参见陈一新:《习近平法治思想是马克思主义中国化最新成果》,载《人民日报》2020 年 12 月 30 日。

② 参见《习近平在学习贯彻党的十九大精神研讨班开班式上发表重要讲话》,载中国政府网,http://www.gov.cn/xinwen/2018-01/05/content_5253681.htm。

③ 最高人民检察院检察长张军 2018 年 9 月在上海市检察院调研时的讲话。

④ 最高人民检察院检察长张军 2019 年 3 月在江西赣州检察机关调研时的讲话。

出了新的更高要求:①

一是理念认识方面。要以习近平法治思想引领检察理念深化变革,坚持为大局服务、为人民司法。存爱民之心,富为民情怀,秉持客观公正立场,既做犯罪的追诉者、无辜的保护者、正义的捍卫者,更要努力成为中国特色社会主义法律意识和法治进步的引领者,真正做到打击犯罪同保障人权、追求效率同司法公正有机统一。二是作风态度方面。必须对标人民群众更高水平要求,认识到自己的差距和不足,持续纠治"四风"特别是形式主义、官僚主义,摒弃特权思想和霸道作风,树立和维护文明检察的良好形象。三是能力水平方面。要以有力履职、充分履职、创新履职服务经济社会高质量发展,着力推动经济行稳致远、社会安定和谐。即提升运用政治智慧、法治智慧、检察智慧满足人民在民主、法治、公平、正义、安全、环境等方面新的更高需求的能力。

总之,人民有所呼,检察有所应。要永葆为民情怀,增强为民能力,做到为民担当。为了人民的正义努力,大力发扬习近平总书记强调的"为民服务孺子牛、创新发展拓荒牛、艰苦奋斗老黄牛"精神,把让人民群众感受到公平正义的事业做得更好。②

(三)检察官为民宗旨的基本内涵

1. 不忘初心,坚持为民宗旨

为民,即为人民服务,是中国共产党人实践活动的最高标准,更是"一种道德境界"③。共产党人为人民服务,没有私心和私利,是全心全意为人民服务。④ 坚持以人民为中心,一切为了人民,关心群众疾苦,也是检察事业高质量发展的核心要求,是检察官职业的最高价值追求。作为一名人民检察官,其初心宗旨就是为人民服务,要以此番认识准确把握"我是谁,为了谁,依靠谁"。⑤

(1)"人民检察官"是一个神圣的称谓。"作为一名检察官,首先要知道,检察官前面是有'人民'二字的。"全国模范检察官、河北省保定市人民检察院原常务

---

① 摘录自张军:《深入学习贯彻习近平法治思想 以服务高质量发展开启检察事业新的征程》,在第十五次全国检察工作会议上的讲话,2021 年 1 月 10 日。

② 参见邱春艳:《最高检领导与〈巡回检察组〉主创团队共话深入学习贯彻习近平法治思想》,载最高人民检察院官网,https://www.spp.gov.cn/tt/202102/t20210202_508301.shtml。

③ 诸凤娟:《为人民服务:从政治伦理到道德规范》,载《中国特色社会主义研究》2011 年第 4 期。

④ 温辉:《检察官职业道德与行为规范》,知识产权出版社 2018 年版,第 77 页。

⑤ 本报评论部:《有宗旨意识,才能人民至上》,载《人民日报》2012 年 12 月 13 日。

副检察长、纠正"王玉雷故意杀人案"的检察官彭少勇在接受采访时如是说。[①] 自1995年第八届全国人民代表大会常务委员会正式通过《检察官法》,并颁布实施,标志着中国检察官制度确立,"人民检察官"这一称谓进入中国人民的政治生活中。

《检察官法》(2019年修订)第2条规定:"检察官是依法行使国家检察权的检察人员。"在宪制层面,检察机关行使的是人民代表制度下的法律监督权。[②]《宪法》序言中明确,"中国人民掌握了国家的权力,成为国家的主人",第一章第2条规定,"中华人民共和国的一切权力属于人民",即人民主权原则。

每一种法治形态背后都有一套政治理论,每一种法治模式当中都有一种政治逻辑,每一条法治道路底下都有一种政治立场。[③] 人民立场是我们党的根本政治立场。中国特色社会主义是历史的结论、人民的选择,社会主义检察事业是在继承古今中外一切有益的人类文明成果的基础上,结合中国的国情和改革开放的具体实践创造出来的中国特色的检察事业,它有别于任何一种曾有的或现有的检察模式,其中最显著的特点就是它的人民性。[④] 因此,选择成为一名人民检察官,就要牢记自己的身份,要对得起这份崇高的荣誉。

(2)人民检察官为了人民。人民检察院的根本属性是人民性,检察权是人民赋予的。《检察官法》第3条规定:"检察官必须忠实执行宪法和法律,维护社会公平正义,全心全意为人民服务。"检察工作的出发点和落脚点,是实现好、维护好、发展好广大人民的利益。检察官行使检察权,代表的不是个人意志,而是代表党和国家、代表全体人民的意志,要始终站在维护国家法制统一和正确实施的立场上,从根本上保护国家和人民的利益。为人民服务不是一句口号,而是理念先导、行动指南,是要具体落实的。检察官要牢固树立、自觉践行以人民为中心的发展思想,权为民所用、情为民所系、利为民所谋,通过一个个具体的案件、一项项检察职能的履行把为人民服务的宗旨予以表达,帮助解决人民群众的操心事、烦心事,以人民高兴、满意、答应作为根本目标和标准,切实增强人民群众的获得感、幸福感、安全感。

(3)从群众中来、到群众中去,相信群众,依靠群众。没有一种根基,比扎根于人民更坚实;没有一种力量,比从群众中汲取更强大;没有一种执政资源,比赢

---

① 《什么是为人民司法?6位检察官的回答令人动容》,载最高人民检察院官网,https://www.spp.gov.cn/spp/sp201803/t20180310_370745.shtml。

② 参见魏晓娜:《依法治国语境下检察机关的性质与职权》,载《中国法学》2018年第1期。

③ 参见中共中央文献研究室编:《习近平关于全面依法治国论述摘编》,中央文献出版社2015年版,第16页。

④ 参见最高人民检察院政治部组织编写:《检察官政治读本》,中国检察出版社2000年版,第6页。

得民意更珍贵持久。[①] 人民是历史的创造者,群众是真正的英雄,相信群众,依靠群众,才能找准历史定位和时代坐标。民心是最大的政治,要做好“既是政治性很强的业务工作,也是业务性很强的政治工作”的检察工作[②],每一名检察官都要注意在履职过程中密切联系群众,倾听群众呼声,妥善处理群众诉求,维护群众合法权益,这是坚持为民宗旨的根本工作路线。

2. 牢记使命,保障人民权益

(1)尊重和保障人权

1997 年 9 月,党的十五大召开,首次将“人权”概念写入党的全国代表大会的主题报告,尊重和保障人权被明确作为共产党执政的基本目标纳入党的行动纲领之中,同时作为政治体制改革和民主法制建设的一个重要主题纳入中国改革开放和现代化建设的跨世纪发展战略之中。2004 年修宪将“国家尊重和保障人权”写入宪法,首次将“人权”由一个政治概念提升为法律概念,尊重和保障人权上升为人民和国家的意志。[③] 2012 年《刑事诉讼法》修改,以保障人权为主线,贯彻尊重和保障人权的精神,进行了多方面的修正,如保障辩护律师的执业权利,保障犯罪嫌疑人、被告人的辩护权和人身权,保障犯罪嫌疑人、被告人获得公正审判的权利等,提高了我国人权司法保障的水平。[④]

随着法治理念的深入,检察官已充分认识到人权保障的重要性。第一,它间接地保护着社会的每一个成员免受国家司法权滥用的侵犯;第二,它有助于实现司法公正;第三,它有利于实现依法治国,提高社会的文明程度。[⑤]

代表国家行使公权力的检察官,应当秉持客观公正立场,保持足够的审慎态度,既要做犯罪的追诉者,更要做公平正义的守护者。蔡燕南同志的事迹很好地诠释了这一点。作为最高人民检察院办理死刑案件复核的检察官,她始终绷紧死刑案件“人命关天”这根弦,对发现的疑点、难点“打破砂锅问到底”,反复思考、精心求证。在章某某故意杀人案,李某某贩卖毒品、故意伤害案两个案件中,配合提出了不予核准的意见,最终均被最高人民法院采纳。[⑥] 她的慎重再慎重,小心再

---

① 参见本报评论部:《有宗旨意识,才能人民至上》,载《人民日报》2012 年 12 月 13 日。

② 《检察日报社评:以空前力度推进政治性很强的业务建设》,载最高人民检察院官网,https://www.spp.gov.cn/zdgz/201902/t20190211_407560.shtml。

③ 参见董云虎:《“人权”入宪:中国人权发展的重要里程碑》,载《人权》2004 年第 2 期。

④ 参见杨海生:《我国 2012 年新刑事诉讼法体现尊重和保障人权》,载《法制与社会》2013 年第 23 期。

⑤ 孙谦主编:《中国特色社会主义检察制度》,中国检察出版社 2009 年版,第 216 ~ 217 页。

⑥ 参见最高人民检察院检察长张军在高检院机关先进基层党组织、优秀共产党员和优秀党务工作者表彰大会上的讲话(2018 年 6 月 29 日)。

小心，是对罪责刑相适应原则的遵循，更体现了对犯罪嫌疑人人身权、生命权的公正对待。

(2)让人民群众感受到公平正义

让人民群众在每一个司法案件中都感受到检察机关在维护公平正义，这是检察为民的深刻内涵。党的十八大以来，习近平总书记对政法机关提出了“努力让人民群众在每一个司法案件中感受到公平正义”的明确要求，这是新时代以习近平同志为核心的党中央对政法工作提出的最高标准和最严要求，体现了政法工作理念的重大转变和与时俱进。

客观上，公平正义的实现，需要“立足每一个司法案件的事实证据情节和特殊情况，统筹公检法三机关和诉讼参与人共同实现，在确保法律统一适用的过程中彰显”①，要以事实为根据，以法律为准绳。其中，检察官要秉持客观公正立场。

主观上，“为民”更要考虑、关注、重视人民群众的感受，要求检察官在检察履职中融入朴素的大众情感，勇于自我代入、换位思考。就像最高人民检察院张军检察长在第十五次全国检察工作会议上强调的那样，要“以习近平法治思想引领司法检察理念深化、变革”，“检察办案绝不能只守住形式‘不违法’底线，必须将天理、国法、人情融为一体，情同此心，努力让人民群众在每一个司法案件中真正、切实感受到公平正义”。②

每一个司法案件都牵涉一个人乃至一家人的重大利益。检察官办理案件时，要考虑人民群众的整体利益，也要给予具体的案涉对象更多关切。全国模范检察官、全国巾帼建功标兵时钧宇，面对涉案1400余万元的非法吸收公众存款案，她承担了大量的案件审查起诉工作，查明资金往来、投资失败、高息收入等具体事实，并在法庭上以电子表格清晰展示被告人吸收资金、对外放贷的金额及资金流向，让情绪激动的储户代表明白了赃款的真实去向，释法说理充分、化解不满到位；在面对未成年人帮教对象时，她不求回报、热心护苗，当上了检察官“妈妈”；在接待来访时，她不顾自身的病痛，用心倾听、耐心释惑，又变身成为“热心大姐”，帮助解开了当事人的心结。她用高度的责任感、杰出的专业能力、细致认真的作风态度捍卫了法律权威，同时也让人民群众感受到了公平正义。

---

① 胡云腾：《论理解与践行“努力让人民群众在每一个司法案件中感受到公平正义”的几个问题》，载《中国青年社会科学》2020年第1期。

② 参见邱春艳：《第十五次全国检察工作会议召开》，载最高人民检察院官网，https://www.spp.gov.cn/spp/tt/202101/t20210111_505954.shtml。

3. 坚守为民情怀,关心人民感受

“善为国者,遇民如父母之爱子,兄之爱弟,闻其饥寒为之哀,见其劳苦为之悲。”[①]1990 年,习近平同志在给福建宁德地直机关领导干部的临别赠言中引用了这句古语;[②]2015 年,在减贫与发展高层论坛上,他深情地再次提到这句饱含人民情怀的话语。[③]

这句话的意思是,善于治理国家的人,对待百姓就像父母爱护子女、兄长爱护弟弟一样,听到他们挨冻受饿就感到哀伤,看到他们劳苦不堪就感到悲痛。检察官的人民情怀,就是将心比心、换位思考,关心关爱每一个当事人。把人民群众当亲人,与人民群众心连心,对人民群众的法治需求及时予以满足,对人民群众的忧愁和焦虑感同身受,自觉为人民群众排忧解难,自觉增进同人民群众的感情。[④]“虽然附带地以职业为生,但仍不失其为公众服务的原旨。”[⑤]

案例二中的潘志荣检察官就是一个重情重义的“热心肠”,他将电话号码公开后,常常接到陌生人来电,虽然很多咨询都不在工作范围内,但他从不推脱。他说,农牧民法律意识不强,他们信任我,才来找我,给他们多讲讲,问题就解决了。他还说,法律是冰冷的,但检察官的心是热的,就可以用法律的智慧照亮人心。[⑥]他的一言一行饱含着对人民的深情,感动了广大的人民群众,也生动诠释了一名优秀检察官坚守为民情怀,倾注真诚与热情的过程。

二、违背检察官为民宗旨的主要表现

习近平总书记在《严格执法,公正司法》一文中对执法司法状况不佳的问题与现象进行总结评价,指出:人民群众意见还比较多,社会各界反映还比较大,主要是不作为、乱作为特别是执法不严、司法不公、司法腐败问题比较突出。有的政

---

① 西汉经学家刘向在《说苑·政理》中讲述了这样一个故事:周武王向姜太公询问治国方法,太公答道:“治国之道,爱民而已。”接着,二人就爱民方式方法问题进行了深入探讨。最后太公总结道:“善为国者,遇民如父母之爱子,兄之爱弟,闻其饥寒为之哀,见其劳苦为之悲。”

② 《习得——习近平引用的古典名句-民本篇》,载共产党员网,https://news.12371.cn/2014/05/15/ART1400105560524 71.shtml。

③ 《习近平:中国一直是世界减贫事业的积极倡导者和有力推动者》,载新华网,http://www.xinhuanet.com/politics/2015-10/16/c_t283025018.htm。

④ 胡云腾:《论理解与践行“努力让人民群众在每一个司法案件中感受到公平正义”的几个问题》,载《中国青年社会科学》2020 年第 1 期。

⑤ [美]哈罗德·伯曼编:《美国法律讲话》,陈若桓译,生活·读书·新知三联书店 1988 年版,第 208 页。

⑥ 参见《政法英模潘志荣:要永远守护好这片绿》,载澎湃网 2021 年 4 月 29 日,https://www.thepaper.cn/newsDetail_forward_12470805。

法机关和干警执法随意性大,粗放执法、变通执法、越权执法比较突出,要么有案不立、有罪不究,要么违规立案、越权管辖;有的滥用强制措施,侵犯公民合法权益;有的办关系案、人情案、金钱案,甚至徇私舞弊、贪赃枉法;等等。这些问题,不仅严重败坏政法机关形象,而且严重损害党和政府形象。①

在检察机关内部,上述问题不同程度存在。检察官队伍中个别"害群之马"违法违纪的行为,背离了为民宗旨;或是在理念认识、作风态度、能力水平方面存在为民宗旨意识不强等问题,影响了人民群众对检察机关维护公平正义的感受。其问题主要表现在以下方面。

(一)公器私用,以权谋私

有的检察官堕落腐化,为金钱、权势、人情、美色等欲望所累,把人民赋予的公权作为个人寻租的工具,徇私枉法、公权私用、公款私用,突破了"法律底线、纪律底线、政策底线、道德底线"②。

案例一中,胡某某在担任某市检察院检察长期间,在金钱利益诱惑之下,充当黑恶势力"保护伞",通过修改审查意见、降低强制措施级别等,帮助黑社会性质团伙成员逃避法律制裁,与维护公平正义的职责背道而驰,徇私枉法,严重影响当地经济发展和社会稳定。他为民宗旨意识极其淡薄,与犯罪分子沆瀣一气,突破职业底线、纪律底线、法律底线,成为站在人民对立面的"黑"检察长,背离了初心,辜负了使命。

在宗旨意识淡薄、职业信仰缺失的迷航中,曾经的"打黑英雄"也深陷泥潭。2015 年 1 月 19 日,某市原检察长张某阳因受贿罪被判处无期徒刑,剥夺政治权利终身,并处没收个人全部财产。作为参与破获"刘涌黑帮"案的"打黑英雄",到公权私用的"腐败贪官",张某阳有过光荣与辉煌,却因讲私情、无原则滑向罪恶深渊,从一个人民期待的公正检察长转变为一个令人痛恨的腐败典型。

案发后,张某阳忏悔自己"人生观价值观发生了扭曲,为党和国家所做所想的少了,为亲友谋利想的多了,热衷于吃请、沟通感情、拉关系"。作为整个家族的骄傲,张某阳始终关心家里的"一亩三分地",对亲戚十分"照顾"。亲戚来找他办事,不管该不该办,都办;不管是否违反原则,都帮。他在亲戚中的威望就是如此

---

① 中共中央文献研究室编:《习近平关于全面依法治国论述摘编》,中央文献出版社 2015 年版,第 70 ~ 71 页。

② 《习近平为党员干部做人做事划出的四条底线》,载新华网,http://www.xinhuanet.com/politics/2016-04/10/c_128880477.htm。

来的。由于他的一味放纵,他的妻子、姐姐、表弟等亲属在他一系列的受贿过程中扮演了不光彩的角色。他对亲戚的非分之想不加约束,甚至打气撑腰,到头来落得同堂受审、身败名裂。亲情眷顾,人皆有之,张某阳顾亲念旧本无可厚非,可惜的是,他用错了方法、动歪了脑筋。他践踏法纪,酿成人生苦酒,最终也给亲属造成了无法挽回的伤害。除了"照顾"亲戚外,他还无视原则讲哥们儿义气。可他这种"义气"不过是建立在权势和利益的基础上,本质上是权钱交易。[①]

霍布斯曾这样分析,作为自然人,"他在政治身份方面虽然留意谋求公共福利,但他会同样谋求他自己以及他的家属和亲友的私人利益。在大多数情况下,当公私利益冲突的时候,他就会先顾个人的利益,因为人们的感情的力量一般来说比理智更为强大。"[②]正是人性弱点和利益驱使的叠加,部分官员、司法人员,也有个别检察官,将高尚的为人民服务的职业作为了揽财工具,远远地将"人民"抛在脑后,沦为了"人民币"的奴隶;看似遵循仁义孝悌完成了家族的"财富积累",实则背离职业道德失去了人民对司法的"公信积累"。

(二)工作敷衍,语言冷漠

有的检察官坐堂办案、书面审查,对待人民的案件不负责任,粗心大意,敷衍了事。某市检察机关在办理一起涉黑案件时,在办案组内部,领办案件的检察长、副检察长以及部主任未参与实体办案,检察官对于指挥管理办案团队、审核确认检察官助理办案活动、签发法律文书等重要事项,当"甩手掌柜",书记员对起诉书进行分工校对,每人负责 10 页,仅粗略校对一遍即定稿,导致起诉书制作质量不高,出现多处明显错误。对外发布的新闻稿件也是走过场式审核,敷衍塞责、粗制滥造。

在一起性侵幼女案中,检察官"工作失误"导致受害人及家属愤愤不平,幼女父亲为求公正"专职上访"。他耿耿于怀的是:提起公诉时,为什么没有通知受害人及家属"可以提起刑事附带民事诉讼"? 法院开庭时,为什么不通知受害人及其家属参加庭审? 判决后,为什么不把判决书给受害人?[③]

还有的检察官便民利民服务意识不强,对待来信来访人员语言冷漠,以自我为中心,说的话官腔绕梁,群众的问题没有得到解决,反而增添了司法冷酷无情的

---

① 参见李志勇:《打黑英雄缘何堕落——辽宁省沈阳市检察院原检察长张某阳受贿案剖析》,载中共中央纪律检查委员会、中华人民共和国国家监察委员会网,https://www.ccdi.gov.cn/jdbg/chyjs/201503/t20150306_156050.html。

② [英]霍布斯:《利维坦》,黎思复、黎廷弼译,商务印书馆 1985 年版,第 144 页。

③ 《法院判性侵幼女案无民事赔偿 检察官承认失误》,载齐鲁网,http://news.iqilu.com/shehui/fazhizongheng/20130614/1563909.shtml。

印象。

在适用认罪认罚从宽制度办理案件时,个别检察官既不解释制度依据,也不告知认罪认罚的结果,绷着脸,“惜字如金”地问犯罪嫌疑人:“你是否认罪认罚?”冷冰冰硬邦邦的问话,使犯罪嫌疑人万分紧张,无所适从。

(三)作风粗暴,态度蛮横

职业作风,是指检察官在职业行为中所表现的比较稳定的做派、风格和态度,包括思想作风、工作作风、领导作风、生活作风等。①

有的检察官执法行为僵硬简单,作风粗暴,缺乏人文关怀,使人民群众对于检察人员的工作产生了畏惧心理,只得被动地配合检察人员的工作,一定程度上颠覆了司法为民的制度安排。② 因为缺乏群众意识,群众工作做得不细、不实,致使案结事不了、涉检信访申诉不断,既增加了当事人的诉累,也对社会稳定产生不利影响。

一位当事人在举报信中描述道,他去检察院提交监督申请书,检察官认为具体事项不属于受案范围,让他“该去哪儿去哪儿”,还喝令其离开。其写举报信的原因,就是他认为检察官无视法律尊严、推卸法律责任、粗暴对待监督申请人。

某案庭审中,因律师多次故意提出异议,检察官在庭审中习惯性代入刑事诉讼中的“强势地位”,与辩护人争吵并说出贬义评价,导致场面混乱,授人以柄,表现出理性平和抗辩、文明规范司法的职业作风养成不够,给检察事业造成了负面影响。

也有检察官把“官威”带到生活中,吃饭醉酒后在旅馆前台发生争执,还掌掴服务员。事件被曝光后,涉事检察官不仅没有悔意,而且还以“闹着玩”的说辞辩解。对于该检察官来说,借酒撒泼只是表象,其实背后的肇因还是在于,他盲目地认为自己“有权势”,“检察官”的身份被他当成了蛮横的“靠山”。

(四)水平不足,能力欠缺,机械司法

主要表现在不能正确处理严格司法与服务人民的辩证关系,出现就案办案、机械司法现象,导致司法结果与民生民意和社会需求相悖。所谓“机械司法”,主要是指司法人员罔顾法律规范的意涵以及立法意旨,机械、生硬地解读和适用法

---

① 参见胡尹庐、胡卫列主编:《检察官职业素养教程》,中国检察出版社2015年版,第147页。

② 参见安瑶:《马克思主义群众观下的人民检察职业伦理研究》,曲阜师范大学2018年硕士学位论文。

律文本,使形式正义与实质正义对立,割裂法律效果与社会效果。①

最高检检察长张军在第十五次全国检察工作会议上指出,案件处理不当不公,老百姓不满意,甚至引发对司法、党和政府的不信任,无不是脱离政治机械司法、就案办案。②

2014 年 11 月 13 日至 2015 年 1 月 20 日,王某军在未办理粮食收购许可证,未经工商行政管理机关核准登记并颁发营业执照的情况下,在某省某市某区某镇附近村组收购玉米,并将所收购的玉米卖给某市粮油公司分库,经营数额 218,288.6元,获利 6000 元。案发后,王某军主动退缴获利 6000 元,并到公安机关投案自首。某市某区人民检察院指控王某军犯非法经营罪,某市某区人民法院以非法经营罪判处王某军有期徒刑 1 年、缓刑 2 年,并处罚金人民币20,000元。③该案受到社会舆论和学者的诟病,认为从更为宽广的视野和更为深厚的层次来看,本案存在机械司法、司法不谦抑和司法人性关怀不足等问题。从王某军本人的动机来看,并非通过囤积居奇、垄断市场、扰乱秩序来获得超于寻常的巨额利润,从王某军所为产生的实际效果而言,非但没有害处,反而具有益处。如此多重的事实、情形的叠加,理应触动司法人员去换位思考,考虑"法不强人所难"在此的适用合理性。在不违背立法原意的前提下,应对行为人行为的背景、动机、性质等诸方面予以充分的考量,该理解的予以理解,该同情的予以同情,该宽容的予以宽容。④

王某军收购玉米案,后来检察机关向法庭提出了改判的建议,认为其行为虽具有行政违法性,但不具有与刑法规定的非法经营行为相当的社会危害性和刑事处罚必要性,不构成非法经营罪。

三、检察官为民宗旨的新时代践行

在新时代的历史方位,人民对民主、法治、公平、正义、安全、环境等方面有了更多新需求,法治中国建设逐步从"有法可依"向"良法善治"迈进,检察产品的供

① 参见李建东:《刑事案件机械司法问题及其解决路径——以 6 起典型案件的不当判罚为例》,载《山东警察学院学报》2018 年第 5 期。

② 摘录自张军:《深入学习贯彻习近平法治思想 以服务高质量发展开启检察事业新的征程》,在第十五次全国检察工作会议上的讲话,2021 年 1 月 10 日。

③ 《王某某:收购玉米与农户发生争执,后突然坐牢,最终被改判无罪》,载网易 2022 年 2 月 16 日,https://www.163.com/dy/article/H09TS0660528ODKI.html。

④ 参见宁利昂、邱兴隆:《"无证收购玉米"案被改判无罪的系统解读》,载《现代法学》2017 年第 4 期。

给必须围绕人民日益增长的美好生活需要而进一步优化。检察官能为人民群众提供的产品,不仅仅包括看得见的批捕决定书、起诉书、抗诉书、检察建议书,听得到的起诉意见、支持抗诉意见等,还包括释法说理、检察宣传,法治进校园、进社区、进企业、进农村,等等,内容十分丰富。归根结底,要在维护社会公平正义的基础上潜移默化,提升全社会法治水平和公民法治素养,让全面依法治国深深沁入文化基因和民族血液。①

(一)强化宗旨意识,树立权为民用的权力观

正确的权力观是党员干部服务好人民群众的基本要求。事虽小只要利民就大,权虽轻只要为民就重。正如习近平总书记所指出,“各级领导干部要牢固树立正确权力观,保持高尚精神追求,敬畏人民、敬畏组织、敬畏法纪,做到公正用权、依法用权、为民用权、廉洁用权,永葆共产党人拒腐蚀、永不沾的政治本色。”②人民检察院与人民是“鱼水”关系,不是“蛙水”关系——需要的时候就跳进水中,不需要的时候就跳到岸上。③ 作为一名新时代的检察官,要牢固树立宗旨意识,严以用权,用权为民。

要知敬畏,守规矩,不当为则不可为。要以“黑”检察长胡某某为诫,更要向“不拿群众一针一线”的榜样学习。“白云热线”的检察官念以新,群众身边的每一个不幸遭遇,孩子被拐卖、老人被打伤、妇女被欺负,都是他的牵挂。不管事儿大事儿小,没有分内分外,不分上班下班,群众的呼唤就是一道道命令。办案过程中,面对各种各样的引诱、威胁和拉拢,念以新敢于说“不”。有人说他“不讲情面”“不会来事”,但更多的是人民群众对念以新公正执法、廉洁办案的褒奖,称赞他是秉公办案、不徇私情的“小白云”。扎根热线 13 年,念以新给自己定下一条死规矩:只能服务,不能伸手。尽管受到帮助的来访人、受害人一次次把购物卡、现金塞给念以新,他都微笑着拒绝了。为了给老百姓提供“零”距离的法律服务,他带领热线人员建立了流动服务站,但不管走到哪里,他都严格要求自己,坚持做到

---

① 参见徐盈雁:《波澜壮阔七十载　忠诚履职兴法治》,载最高人民检察院官网,https://www.spp.gov.cn/spp/zhuanlan/201909/t20190920_432561.shtml。

② 李廉水:《“三种敬畏”:树立正确权力观的有效路径》,载人民网,http://dangjian.people.com.cn/n1/2016/1107/c1107092-28840736.html。

③ 《检察日报社评:以人民为中心也要体现在细节上》,载最高人民检察院官网,https://www.spp.gov.cn/zdgz/201807/t20180709_384183.shtml。

不带杯子,不擦凳子,不动筷子,不要票子,全心全意为人民服务。[①]

要敢担当,能奉献,当为而为之。检察权是人民赋权,具有公权力属性。检察官承载了一种美德性的社会诉求。检察官应当是能够代表社会公共利益,具有特定德行、伦理的公共职业阶层。2018 年,一位 81 岁高龄的老人找到检察官王长江。老人的儿子徐某在受雇从事装修时受伤致残,法院判决房主、工程承包人及徐某分别承担相应责任。王长江经审查发现,老人要求房主负全责的主张不符合法律规定,法院判决并无不当。但老人每次说到儿子常年卧病不起时,总是潸然泪下,这让王长江十分揪心。"申请人瘫痪在家,申请监督都不能自己来,我们能不能帮他一把?"王长江来到徐某所在的重庆市开州区岳溪镇,了解到徐某伤势严重,妻子离家出走多年,唯一的儿子为照顾爷爷和父亲无法外出务工,租住的房子家徒四壁。王长江积极争取,为徐某申请到司法救助金 5 万元。[②] 从王长江检察官的身上,我们看到的,既有公正的理性,也能看到温暖的人情。他立足职权,服务人民,树立了权为民用的模范典型。

(二)养成情为民所系的群众观

人民立场是检察的本质要求,人民情怀是检察的内在自觉。[③] 作为一名检察官,要对检察职业有发自内心的为人民服务的价值认同,对人民群众怀有深厚的感情和赤诚的情怀。

一方面,要有整体群众观,植根于中国本土国情,将主观方面积极进步的民情民意、客观方面社会大众的秩序价值作为人民群众的基数和代表,有效培育和践行检察官职业道德。

另一方面,也要立足岗位履职尽责,对"每一个司法案件中"的"人民群众"给予更多耐心、爱心、关心。这些"人民群众",是检察权最直接的对象,也是对检察机关执法感受最深的对象。如刑事检察活动中的受害者及家属、犯罪嫌疑人、被告人,民事检察活动中的当事人、控告人、举报人,行政检察活动中的行政相对人、利害关系人和相关人,未成年人、妇女、儿童等生理弱势群体,农民、农民工、贫困人口等社会弱势群体,以及心有郁结的信访人,等等。涉及群众的问题,要准确把

---

① 参见《念以新:他,一心为百姓着想》,载正义网,http://www.jcrb.com/xztpd/2017/201705/swzyqzzxadjcg/qzzxadjcghxr/201705/t20170508_1750491.html。

② 参见李立峰、付泽、武佳佳:《王长江:捧出一颗心 办好每一案》,载正义网,http://news.jcrb.com/jsxw/2020/202011/t20201111_2222432.html。

③ 参见吴建雄、杨立邦:《人民检察制度的理论逻辑与价值彰显》,载《行政管理改革》2020 年第 10 期。

握社会心态和群众情绪,充分考虑执法对象的切身感受,规范执法言行,推行人性化执法、柔性执法、阳光执法。对群众的事情,该办的一定要办,能早办的绝不拖着办,暂时办不到的要创造条件去办,不该办的一定要有个说法。要懂得"100 - 1 = 0"的道理,以实际行动维护社会公平正义,让人民群众切实感受到公平正义就在身边。

同时,在对人对事对案件的价值判断上,要站在人民立场上,以人民为中心。例如,期货公司被"投资人"起诉,法院判"投资人"败诉。经过一审、二审、再审,申诉到最高人民检察院。多年前的一个案子要不要抗诉?参加讨论的有检察官、前法官、民法学教授和律师。讨论后一致认为案件事实和证据有问题,事实不清楚。对这个案件如何处理,大家意见不一致。大学教授认为应该认定为投资,投资就应该承担风险。老百姓投资赚钱,赚了钱就说是投资,得分红;亏了就说是借款,公司亏了我没亏,本息都得给我拿来。不能这样,要给理财的老百姓长点教训。律师倾向于公司有责任,应该按照借款来处理,得还钱。

张军检察长认为,在事实不清、证据不足的情况下,认定是借款还是投资,价值判断上应该向老百姓倾斜。理财产品那么复杂,要让老百姓完全弄清楚很难,而期货公司有专业的精算师、高级管理人员,什么都明白。这个案子如果判了期货公司败诉,就会让其他的金融单位知道,人民群众弄不清楚风险那就是企业的责任,今后就要在说明的时候加大投入,多花一些成本。①

(三)把握运用群众工作方法

习近平总书记强调,要坚持司法为民,改进司法工作作风,通过热情服务,切实解决好老百姓打官司难问题。司法工作者要密切联系群众,如果不懂群众语言、不了解群众疾苦、不熟知群众诉求,就难以掌握正确的工作方法,难以发挥应有的作用,正所谓张飞卖豆腐——人强货不硬。法律不应该是冷冰冰的,司法工作也是做群众工作。一纸判决,或许能够给当事人正义,却不一定能解开当事人的"心结","心结"没有解开,案件也就没有真正了结。② 因此,保持司法温度,以优良职业作风做好群众工作,是每一个司法案件的基本要求。

1. 要加强调查研究了解民情民意

2012 年 12 月 4 日,中共中央政治局召开会议,审议通过了中央政治局关于改

---

① 最高人民检察院检察长张军 2018 年 9 月在上海市检察机关调研时谈及此案件。

② 中共中央文献研究室编:《习近平关于全面依法治国论述摘编》,中央文献出版社 2015 年版,第 69 页。

进工作作风、密切联系群众的八项规定。该规定第1条明确指出,要改进调查研究,到基层调研要深入了解真实情况,总结经验、研究问题、解决困难、指导工作,向群众学习、向实践学习,多同群众座谈,多同干部谈心,多商量讨论,多解剖典型,多到困难和矛盾集中、群众意见多的地方去。

张军检察长在江西赣州考察调研时,现场查阅案卷,认真翻看批捕、不批捕、起诉、不起诉、民事行政监督、公益诉讼检察建议等案卷,并一一指出案卷中存在的问题;通过视频接访系统与异地检察官和当事人在线交流,了解案件情况,还当场做当事人的工作,介绍司法救助政策,交代接访检察官尽力帮助困难当事人渡过难关;他先后在瑞金市检察院、赣州市检察院与江西三级检察机关干警座谈,其中两次座谈会还专门请来了曾文明、许锐、黄文生、陈赣飞、陈隆梅五位在赣全国人大代表参加,当面听取他们的意见、建议;还前往瑞金市日东乡陈埜村山坝塘山场,实地考察最高检挂牌督办的一起公益诉讼案件办理及后续监督情况。① 其求真务实、实事求是、深入基层的作风值得我们学习。

2. 要运用群众语言充分释法说理

检察官作为从事法律工作的国家公职人员,有着“法律人”的思维方式,判断事实、分析案件,并通过法律语言等表现出来。但对于并非法律专业出身的普通老百姓,他们可能不熟悉不知道不明白检察官法律思维所运用的法律概念及其确切含义。因此,检察官在检察法律文书中,在接待当事人时,要用群众能够理解明白的文字、能够听得懂的语言,做好释法说理工作。②

做好释法说理工作,其要义在于“有心”和“有法”③。一是有心,要善于倾听。检察人员不能有高高在上的权力本位意识,不能不愿听取被告人、被害人、申诉人的意见;不能对被告人的陈述不分青红皂白地斥之为狡辩;不能对律师有见地的分析视为无稽之谈。兼听则明,偏听则暗,不仅对居中的法官适用,对秉持客观公正立场的检察官同样适用,因为只有听清听全才能释明才能解惑。二是有法,即释法说理要有方法,精准得当。一要及时;二要将司法专业判断与民众的朴素情感结合起来,最大限度地考虑民众的期望与关切;三要关注天理、国法、人情,注意体察社会痛点、人心中最柔软的部分,将常识、常理、常情融入其中;四要精准说

---

① 《在人民检察诞生地,首席大检察官现场查阅案卷,当场做出这些点评……》,载搜狐网2019年4月3日,https://www.sohu.com/a/305611511_124609。

② 参见温辉:《检察官职业道德与行为规范》,知识产权出版社2018年版,第101页。

③ 参见沈丙友:《释法说理规范化:检察产品由“过得去”到“求极致”嬗变的重要抓手》,载《人民检察》2020年第9期。

理,有针对性,因人而异、因案而异,防千人一面;五要体现司法的善意与人文关怀,公正说理,防止以偏概全、断章取义;六要贯穿于检察办案全流程,除书面说理外,也不能忽视口头这一即时、互动说理形式。

个案说理之外,法治宣传也是释法说理应有之义。它的对象更为广泛,辐射面更宽。《最高人民检察院关于实行检察官以案释法制度的规定》中明确规定,检察官办案释法和向社会公众以案释法的范围、内容和方式,每一位检察官都应该遵循规定抓好落实。全国人大代表罗朝运受邀走进四川省青神县检察院讲党课时,就特别提到,"建议检察机关加大对基层的法治宣传力度,定期或不定期邀请基层干部、农民企业家、村民等走进检察机关,或者通过检察官走进乡村,结合具体案例以案说法,以更加通俗易懂的语言宣传法律知识,增强广大群众尊法学法守法用法意识"。①

浙江省绍兴市新昌县检察院围绕人民群众最关心关注的检察相关工作,深入基层宣讲,取得了良好效果。《人民日报》评价为"既做护法卫士,又做普法先锋"。② 法治宣讲团团长由检察长杨琦担任,25 名业务强、口才好、亲和力佳的检察官和青年干警担任宣讲员,他们进企业、进学校、进社区、进农村,立足检察职能,摆事实讲道理,用案例普及法律知识。宣讲内容立足人民群众最关心关注的法治进校园、扫黑除恶、助力民企复工复产等 7 个主题,分 7 支宣讲组深入基层宣讲典型案例和相关法律法规。宣讲方式丰富多样,在课件中加入案例、图片、微电影,即兴互动问答,模拟犯罪场景,让听众有更多的"看、思、悟",还制作宣讲微视频、音频扩大影响力,群众喜闻乐见。自 2019 年以来,新昌县检察院还创建了由基层检察室牵头的"检察官联镇进村"制度,为其每个乡镇街道配齐配强一名联络检察官,承担普法宣传、风险排查、矛盾化解等职责。他们走乡入村全面搜集基层法律需求,点对点定向开展宣讲,为县域治理现代化提供了法治保障。

3. 要践行"枫桥经验",做好群众工作

"枫桥经验"诞生之初,就是发动和依靠群众就地解决矛盾的经验。毛泽东同志认为,"枫桥经验"回答了两个问题:一是群众是怎样懂得这样做的;二是依靠群众办事是个好办法。这两点道出了群众工作的精髓,相信群众、依靠群众,唤

---

① 参见《和老百姓打交道的点点滴滴——三位全国人大代表走进检察机关讲党课》,载《检察日报》2020 年 11 月 16 日,第 5 版。

② 参见黄锦锦:《既做护法卫士 又做普法先锋》,载《人民日报》2020 年 7 月 16 日,第 19 版。

起群众的自觉,激发群众的力量,才能化解矛盾、破解难题,实现长治久安。① 新中国司法审判史上受到群众欢迎的"马锡五审判方式"就是实行审判与调解相结合的办案方法,坚持贯彻群众路线,因而取得了良好的效果。

在新时代,面对我国主要矛盾的变化及司法责任制改革、以审判为中心的诉讼制度改革和国家监察体制改革等对检察工作的挑战,学习践行"枫桥经验",使检察工作提质增效,是检察机关提高服务大局质量和水平,促进基层社会治理现代化,维护基层社会平安和谐,增强人民群众获得感、幸福感、安全感的重要措施。检察机关所办案件大部分在基层,能否根据"枫桥经验"办好这些案件,从而使基层人民群众在每一个司法案件中感受到公平正义,直接关系到检察机关参与基层社会治理的成效。②

在检察组织体系中,县、区检察院 3180 个,占到了全部检察院的 88%;基层检察人员 16.2 万人,占检察队伍总量的 74.5%,每年的办案量占检察机关办案总数的 90% 以上。③ 这 90% 以上的案件都是常见多发的所谓"小案"。看似"小案",但记录在卷宗上的每一个字,都关乎当事人的人生和家庭的命运,又都是"天大的案件"。2020 年 10 月 14 日,在全国基层检察院建设工作会议上,最高检党组作出部署:基层检察院必须担负起"办好群众身边案件"的责任。

王长江检察官就是这样一位全心全意为人民服务,帮助解决群众"小案大事"的检察官。各种各样的"小案子",王长江办理了 900 余件,每一件,他都尽心尽力,当作大事来办。2019 年 7 月,王长江被选派到重庆市万州区甘宁镇高桥村驻村扶贫。高桥村山大沟深、人烟稀少,经济基础十分薄弱。王长江融入脱贫战线后,每天和队友奔走在田间地头,挨家挨户熟悉全村 57 个贫困户 175 人的具体情况,针对性制定帮扶措施。走访时,王长江嘘寒问暖,跟村民拉家常,对村民的法律咨询详细解答,已提供法律咨询 37 次,为基层群众架好崇尚法律、依法办事的连心桥。他说:"无论是检察业务,还是脱贫攻坚,我每天的工作都是和群众的操心事、烦心事、揪心事打交道。让群众满意,就是我最大的追求。"④

---

① 郭云凯:《人民网评:"枫桥经验"的生命力在于走群众路线》,载人民网,http://opinion.people.com.cn/n/2013/1012/c1003_23173101.html。

② 参见朱孝清:《检察机关学习践行"枫桥经验"的几个问题》,载《国家检察官学院学报》2019 年第 3 期。

③ 参见阎晶晶:《强基固本 基层检察于变局中开新局》,载正义网,http://news.jcrb.com/jsxw/2021/202106/t20210617_2289763.html。

④ 李立峰、付译、武佳佳:《王长江:捧出一颗心 办好每一案》,载正义网,http://news.jcrb.com/jsxw/2020/202011/t20201111_2222432.html。

(四)提升履职能力水平,服务保障民生民利

"提高我们的办案能力和水平的终极目的,就是要服务于人民",党的十九大代表,"聂树斌再审案""谭新善故意杀人申诉案"承办检察官杜亚起如是说。[①] 换言之,要让人民群众在案件中感受到公平正义,为人民群众服好务,检察官应当不断提升能力水平,具备相当的专业知识和技能,从而提供优质的检察产品。

1.准确把握人民需求,坚定信心履职尽责

卢梭在《社会契约论》中说到,除了政治法、民法、刑法这三种法律之外,还有第四种法律,这是各种法律之中最重要的一种。这种法律既不镌刻在大理石上,也不镌刻在铜表上,而是铭刻在公民们的心里。[②]

检察官应当认识到,人民不仅希望吃饱、穿暖、住好,而且期待食品更安全、生态更美好、服务更均等、社会更和谐;不仅希望人身权、财产权不受侵犯,而且期待个人尊严、情感得到更多尊重,人格权得到更有效保护;不仅注重现实安全,而且期待未来十年、五十年的长远安宁。[③] 这些广泛的人民需求,就是铭刻在人民心里的"法"。它既是概括的,也具体存在于每一个司法案件中。

在检察系统内部,组织也会通过发挥检察职业道德评价的调节、导向、激励等功能,帮助维护、修正和发展检察官关于"何为为民、为何为民、怎样为民"的知与行,促进形成个人与组织相统一的检察职业道德风尚。但人民的需求能否得到重视、组织的引导是否能够发挥作用,以及在多大程度上发挥作用,往往还要受到检察官个体能否接受并产生共鸣的制约。[④] "检察官个体的道德信念、道德责任感和善恶判断能力"[⑤]将在具体的办案和监督工作中促使其形成"为民与否"的内心确信、法律确信。当检察官准确把握人民需求,并以人民利益为价值标尺时,其职业信念和专业能力才能结合得更好。

在信心与阻力之间,陕西省延安市检察院检察官吴小刚没有一丝犹豫,他始终以人民需求为目标,坚守检察职业的信念,不屈不挠,勇于担当。在办理当地首例行政公益诉讼案件时他感受到较大阻力,调查取证过程中,他和同事们要走很远的山路去暗访,地方上还有人来干预,有人做他们工作,说此案涉及精准扶贫,

---

① 参见《什么是为人民司法？6位检察官的回答令人动容》,载最高人民检察院官网,https://www.spp.gov.cn/spp/zdgz/201803/t20180310_369982.shtml。

② 参见[法]卢梭:《社会契约论》,李平沤译,商务印书馆2011年版,第61页。

③ 张军:《以习近平新时代中国特色社会主义思想为指引　在新起点上推进新时代检察工作创新发展》,在大检察官研讨班开幕时的讲话,2018年7月25日。

④ 参见高继明、陈晓颖主编:《检察职业道德研究》,中国检察出版社2017年版,第164页。

⑤ 高继明、陈晓颖主编:《检察职业道德研究》,中国检察出版社2017年版,第163页。

劝他们放弃。但吴小刚他们坚持,“脱贫致富不能以牺牲生态环境为代价,陕北本来就是生态环境脆弱的地方,树砍光了,今人富了,但子孙后代怎么办?”“检察自信也就是监督自信,法律监督职能是国家宪法赋予检察官的,我们要站好自己的岗。”①话语中体现出强大的公益认同,表达出人民群众的信任不能被辜负的强烈责任感和使命感,正是有这份自信和坚守,才能把人民的检察事业做得更好,让人民群众放心安心。

2. 在每一个案件中追求“三个效果”相统一

习近平总书记在中国共产党第十八届中央纪律检查委员会第六次全体会议上强调,民心是最大的政治,正义是最强的力量。② 人民满意不满意、拥护不拥护,体现的就是政治效果,也是社会效果。中华人民共和国的一切权力属于人民,法律效果应当符合人民意志。

第十五次全国检察工作会议上,最高检张军检察长再次强调,要坚持政治效果、社会效果、法律效果相统一。通过卓有成效的法律监督巩固党的执政地位、捍卫人民权益利益、维护社会和谐稳定。实践中,检察机关办案有三重境界,一是明辨是非、定分止争,二是案结事了、息诉罢访,三是促进管理、创新治理。③ 如果检察官能够在每一个案件中都坚持从三重境界去努力,“三个效果”相统一将不仅仅是愿景,双赢多赢共赢可望也可及。

2019 年,检察官夏鹏带领白晓晨、王啸林等走访发现,北京市海淀区检察院的辖区 30 多所中小学周边 100 米内存在经营者违规销售烟草制品的违法行为,一些报刊亭也在私下销售香烟;不按规定在显著位置设置禁止向未成年人出售烟草制品标识的问题也相当普遍。他们初步判断,根据烟草专卖法、控烟条例和未成年人保护法等法律规定,行政机关未完全履职。当时,全国检察机关探索“等”外公益诉讼较为谨慎,违法向未成年人售卖香烟的问题并不属于公益诉讼的明示范围。但是,作为社会的普遍认识,未成年人吸烟的问题,不仅对未成年人个人身体健康造成伤害,还会影响更大范围的未成年人仿效,有损青少年积极向上的学风,破坏社会良好风气。基于朴素的正义观念,加之对立法原旨的把握,以及对检

---

① 毛亚楠:《他们是桥梁的形象,是打破僵局的那一方》,载正义网,http://www.jcrb.com/FYFZ/FY/fmbd/2020/02/t20210207_2250221.html。

② 《新华社评论员:民心是最大政治 正义是最强力量——论学习贯彻习近平总书记在十八届中央纪委六次会议重要讲话精神》,载新华网,http://www.xinhuanet.com/politics/2016-01/12/c_1117754039.htm。

③ 重庆市人民检察院检察长贺恒扬观点,参见白鸥:《充分发挥“头雁效应” 提升案件办理质效》,载《检察日报》2021 年 2 月 25 日,第 3 版。

察公益诉讼制度设计的认识,几位检察官认为未成年人保护理应是公益诉讼"等"字所蕴含的范畴。

为了让检察建议书更扎实、更有说服力,承办检察官白晓晨和同事们前期进行了下沉式实地实情调研,在一个多月内,从繁华的市区到偏远的郊区,对辖区30多所中小学周边的100多处烟酒经营场所,进行了摸排走访,调查核实工作做得非常扎实。回忆起来,几位办案人员那段时间的状态就是"白天在路上,晚上在案头,加班是常态"。

2019年5月,诉前检察建议书发至海淀区烟草专卖局、区市场监管局。经过检察官认真细致的梳理,检察建议书的内容明确列举了调查中发现的部分违法商家的名称、具体的违法情形,"用事实说话"。功夫不负有心人,在收到检察建议后,相关部门"非常重视,反应非常快",连夜开会部署,第二天就组织进行突击检查。之后行政部门还开展了为期一个月的专项整治工作。经过整治后,向未成年人售烟的经营行为得到了矫治。此后,控烟公益诉讼探索还引发了一场"蝴蝶效应",更多的职能部门参与进来。海淀区爱卫办下发《清理校园周边售烟点整治行动方案》,开展多部门联合执法107次,对512个校园周边售烟点采取设岗查看、调取监控视频、开展行政指导和约谈等措施。① 本案政治效果、社会效果、法律效果"三个效果"高度统一,几位检察官以守护未成年人的拳拳之心争取到了公益的胜利,以果敢坚持的态度、专业的办案水准展现了新时代检察人的良好风貌。

---

① 参见《公益诉讼:在拓展中让群众有更多获得感》,载最高人民检察院官网,https://www.spp.gov.cn/spp/zdgz/202001/t20200106_452023.shtml。

第四章

坚持担当精神，强化法律监督

王韵洁* 国家检察官学院

目 次

* 王韵洁，国家检察官学院副教授，法学博士。

担当自古以来就是中华民族的优秀传统,从常怀忧患、不畏牺牲的历史使命呼唤,到敢于承担责任、敢于直面矛盾的改革需求,担当的基因一直深深地流淌在民族的血液中。每一代人有每一代人的使命和担当,每个行业有每个行业的使命和担当。而对司法机关来说,担当更显得至关重要。作为新时代的检察官,共和国的法律监督者,只有勇于担当、善于担当才能真正践行对国家和人民的忠诚、对法律的信仰、对检察事业的热爱。

案例一:让正义鲜活在巷陌间——模范检察官王勇[①]

王勇,男,现任江苏省苏州工业园区人民检察院副检察长。工作以来,他多次成功办理重大疑难复杂案件,十余次立功受奖。“8·27昆山反杀案”突发后,王勇作为检察机关代表提前介入,配合公安机关成功处置案件。他夜以继日分析案情,积极回应社情民意;他撰写7000多字分析报告,以生动案例对正当防卫进行系统阐释。促进司法与民意双赢。2018年12月4日,王勇获得CCTV2018年度法治人物。

法谚有云:“迟来的正义不是正义。”昆山案件从案发到撤销案件,仅仅用了5天时间,正义不仅没有缺席,而且没有迟到。

有关专家认为,此案是《刑法》特殊防卫条款法律适用的一次有益尝试,在正当防卫的司法界定上具有里程碑意义,体现了党的十八大以来良法善治的观念在我国刑事司法领域的深刻实践。

案例二:只争朝夕　不负韶华　做新时代专业型检察官——最美检察官周媛媛[②]

周媛媛,现任北京市人民检察院第十一检察部(立案监督与监督调查部)副主任。周媛媛成长于基层,历练于一线,始终不忘初心,牢记使命,将讲政治、顾大局、谋发展、重自强落实到办案始终,优质高效办理了近千件刑事案件,无一差错,“努力让人民群众在每一个司法案件中感受到公平正义”。

---

① 《检察官王勇当选CCTV2018年度法治人物》,载最高人民检察院官网,https://www.spp.gov.cn/zdgz/201812/t20181205_401647.shtml。

② 《[京检榜样]周媛媛:只争朝夕　不负韶华　做新时代专业型检察官》,载北京市人民检察院官网2021年7月31日,https://mp.weixin.qq.com/s?__biz=MzA5ODcxMDUxOA==&mid=2651657411&idx=3&sn=0aaf26b37c65f8a9e2b30ac5283b1a9c&chksm=8b74d25abc035b4c6b3910d689db0f828f7b22acbcad43dae65454508755d13260b5dc456321&token=868100905&lang=zh_CN#rd。

“你办的不是案子，而是别人的人生。”作为一名成长在基层检察院的公诉检察官，周媛媛将扎实的专业功底应用于办案实践，力争每一起案件都能经得住实践的检验。

一起弑父伤母的强制医疗案件，看似清晰的证据却被周媛媛整理出九大疑点。究竟是精神疾病不负刑事责任，还是“装疯卖傻”逃避刑事处罚？她实地查证还原生活场景，询问证人掌握一手证据，咨询专家闯过知识壁垒。做足“功课”后，周媛媛走进其内心，以超越一般职业标准的人文关怀使得真相大白。犯罪嫌疑人最终以故意杀人罪被判处死刑缓期两年执行并限制减刑。案件虽已结束，周媛媛的思考却从未停止：法律的正义伸张了，但是这个儿子失去了自由、妻子失去了丈夫的破碎家庭还有希望吗？自己锲而不舍求得法律公正的意义在哪里？周媛媛坚持回访。一年后，当母亲告诉她：您的牵挂我的儿子都知道，现在他把服刑作为救赎，我也定时去探望他、永远等着他。周媛媛心里那颗沉重的石块终于放下了。

周媛媛十余年扎根基层，奋战一线，办案近千，无一例错案、无罪、撤回起诉案件。通过抗诉，达成检法共识，统一司法标准，案件被最高人民检察院评为“全国检察机关优秀刑事抗诉案件”。多次承办全市、全区有重大影响的案件，办理的案件获评“北京市检察机关优质督办案件”，撰写的抗诉书获评“北京市检察机关释法说理优秀法律文书”，撰写的审查报告收录于最高人民检察院出版的《刑事公诉法律文书制作与优秀案例精选》向全国推广，参编的三本专业书籍一经公开出版广获好评。

周媛媛始终以“求极致”的标准办好群众身边的每一件小案，解决人民群众的操心事、烦心事、揪心事，体现法律力度，彰显法治温度。

思考题：

1. 2016年印发的《检察官职业道德基本准则》为何增加担当精神的要求？

2. 结合王勇检察官和周媛媛检察官保护无辜者、追诉犯罪者的先进事迹，阐释如何理解和践行担当精神？

3. 新时代新挑战，对于检察官的担当精神提出了哪些新的要求？

一、担当精神的文化渊源、时代意义与基本内涵

追诉犯罪者、保护无辜者、挽救失误者，王勇和周媛媛作为新时代检察官的优秀代表，以共和国法律监督者的名义，以实际行动诠释着“担当”二字。“监督”必然要求“担当”，没有责任、缺乏担当也就无所谓“监督”；而担当不仅意味着承担

和义务，更是一种高度自觉、极具使命感的"监督"。

（一）担当精神的文化渊源与检察官职业道德

担当精神自古以来就是中华民族的重要精神的集中体现之一，随着时代的发展，担当精神被赋予了更多的内涵与意义。担当精神不仅是新时代党员干部的必备素质，最终也成为新时代检察官职业道德的基本要求。没有担当精神，就无法成就法律监督的本职工作，就不足以成为合格的检察官。

1. 担当精神的文化渊源

在《现代汉语词典》中，"担当"释义为担负、承担，如勇于担当、担当责任等。在长期的词源发展过程中，人们赋予了担当更多的内涵意蕴。说到担当，人们就会想到"不怕困难""尽职尽责""使命精神""无所畏惧"等。可以说，担当精神就是一种以主动自觉的精神去勇于承担责任的态度和行为，既有主体对于责任必要承担的意识和行为，更有对于这种职责的积极和主动的高层次追求，强调对社会、民族、国家的责任意识和奉献精神。

担当精神深深地植根于中华传统文化的土壤中，中华文明从一开始就注重整体，强调个体对于整体的责任、奉献甚至必要时候要以牺牲个体利益来保全整体利益。而这种责任、奉献和牺牲就是担当精神的核心所在，担当精神是中华民族精神的重要内容和集中体现。

以儒家文化为代表的中华文化特别注重对于担当精神的强调，中国古代知识分子的这种担当精神分为不同的层面和等级，从"修身""齐家"到"治国"再到最后的"平天下"，基本上实现了知识分子对于自身、家庭、职务和国家乃至天下的担当所在。从"夙夜在公""为官一任，造福一方""在其位谋其政，任其职尽其责"的职责担当，到"匈奴未灭，何以家为""常思奋不顾身，以殉国家之急""鞠躬尽瘁，死而后已"的家国情怀，表述虽有不同，但无不体现了传统知识分子对人民、对民族、对国家的深切担当精神。①

鸦片战争以来，中华民族陷入了长达百年的屈辱历程。在危急存亡的历史时刻，涌现出了无数的仁人志士，凭借着担当精神救国救民于水火之中。而当马克思主义思想进入中国，其所蕴含的普遍的、济世的和为人民的情怀与传统的中华担当精神相结合，成就了中国共产党人独一无二的为国为民的担当情怀。正如毛泽东主席在《为人民服务》一文中写道，"中国人民正在受难，我们有责任解救他

① 参见郭剑林：《担当意识的内涵、文化传承及时代弘扬》，载《集美大学学报（哲学社会科学版）》2019年第3期。

们,我们要努力奋斗……但是我们想到人民的利益,想到大多数人民的痛苦,我们为人民而死,就是死得其所”。①

正是凭借着这种担当精神,中国共产党人领导中国人民一次又一次地书写着属于中国人的历史奇迹。无论是革命时期的“红船精神”“井冈山精神”“长征精神”“抗战精神”“延安精神”,还是社会主义建设时期的“两弹一星精神”、“大庆精神”、“航天精神”和“女排精神”,以及值得我们永远铭记的新时代“抗疫精神”“建党精神”等,“每个时代标志性的精神旗帜上都书写着中国人的‘担当’二字”。②

2. 担当精神在检察官职业道德中的凸显

担当精神何以成为2016年出台的《检察官职业道德基本准则》新增加的内容之一,成为新时代检察官的必备职业素质?担当精神之所以成为检察官职业道德的基本要求,这与其时代内涵的发展密不可分。可以说,中国特色社会主义建设进程的不断推进为担当精神持续注入了显著的时代底色。2013年6月28日,习近平总书记在全国组织工作会议上指出:“好干部要做到信念坚定、为民服务、勤政务实、敢于担当、清正廉洁。”③由此可见,担当精神已经成为衡量好干部的五项标准之一,成为新时代共产党员的必备素质。

中国特色社会主义进入新时代,我国社会主要矛盾发生重大变化,对各行各业党员干部的担当能力提出了新的更高要求。习近平总书记在对各行各业提出的担当的具体要求中,格外注重对政法队伍的担当要求。在2014年中央政法工作会议上,总书记指出:“政法队伍尤其要敢于担当。俗话说‘养兵千日,用兵一时’,对政法队伍来说则是‘养兵千日,用兵千日’,面对重大政治考验,必须旗帜鲜明、挺身而出,绝不能当‘骑墙派’;面对歪风邪气,必须敢于亮剑、坚决斗争,绝不能听之任之;面对急难险重任务,必须豁得出来、顶得上去,绝不能畏缩不前。要敢于在对敌斗争最前沿、维护稳定第一线去迎接挑战,到条件艰苦、情况复杂、矛盾集中的地方去破解难题,在奋斗和奉献中实现人生价值,赢得人民群众信任和支持。”④

中国共产党在新时代强调担当的一切价值指向和核心所在就是十九大报告中所指出的“中国共产党人的初心和使命,就是为中国人民谋幸福,为中华民族谋

---

① 《毛泽东选集》(第三卷),人民出版社1991年版,第1004页。

② 参见聂文婷:《担当是中国精神的脊梁》,载《中国社会科学报》2015年12月18日。

③ 《习近平为新时代好干部立标准》,载人民网,http://politics.people.com.cn/n1/2018/0724/c1001-30167312.html。

④ 《习近平谈政法队伍:面对重大政治考验 决不能当“骑墙派”》,载新华网,http://www.xinhuanet.com/politics/2015-05/18/c_127814926.htm。

复兴"。中国共产党的无产阶级政党属性决定了为人民谋幸福既是中国共产党的初心和对人民的庄严承诺,也是党始终保持先进性和纯洁性并领导中国人民实现中华民族伟大复兴中国梦的必然要求。我们党将这种深刻的为民情怀贯彻体现在国家的政治、经济、法律和文化等各项制度规定中,而司法制度不仅是贯彻为民担当的重要途径,更是为人民的幸福保驾护航的治国利器。检察机关作为国家的法律监督机关,必须顺应新时代社会大背景的变化,必须以新时代"以人民为中心"为价值归依,以检察担当精神持续推进各项工作的发展。

(二)检察官担当精神的时代意义

根据我国《宪法》的规定,人民检察院是国家的法律监督机关,依照法律规定独立行使检察权,不受行政机关、社会团体和个人的干涉。这一宪法定位就必然要求履职的主体——检察官具备担当精神,这是检察机关实现依法独立行使检察权的基础所在。2021 年《中共中央关于加强新时代检察机关法律监督工作的意见》的印发,也再次对检察机关更实担起党和人民赋予的更重责任提出了更加具体和明确的要求。

1. 担当是检察官履职的基本要求

从词源意义上来看,监督意味着对某一对象的"查看、督促和管理";从本质上说,监督本身就意味着责任,而责任则代表着担当。因此,法律监督必然要求检察官能够担当责任,实现法律保障统一实施的最终目的。

2012 年 11 月,党的十八大提出全面推进依法治国,进一步深化司法体制改革,要解决的核心问题就是确保审判机关和检察机关依法独立公正行使审判权和检察权。而如何确保审判权和检察权依法独立公正行使,落实"谁办案谁负责""谁决定谁负责"的司法责任制成为关键。正如 2015 年 3 月 24 日习近平总书记在主持中共中央政治局第二十一次集体学习时所强调的:"要紧紧牵住司法责任制这个牛鼻子,凡是进入法官、检察官员额的,要在司法一线办案,对案件质量终身负责。法官、检察官要有审案判案的权力,也要加强对他们的监督制约,把对司法权的法律监督、社会监督、舆论监督等落实到位,保证法官、检察官做到'以至公无私之心,行正大光明之事',把司法权关进制度的笼子,让公平正义的阳光照进人民心田,让老百姓看到实实在在的改革成效。"①

---

① 《习近平在中共中央政治局第二十一次集体学习时强调以提高司法公信力为根本尺度 坚定不移深化司法体制改革》,载人民网,http://military. people. com. cn/n/2015/0326/c172467 - 26750751. html。

2017 年 3 月，最高人民检察院下发了《关于完善检察官权力清单的指导意见》，该意见明确制定检察官权力清单是完善司法责任制的基础，通过检察官权力清单明确检察院内部各司法办案主体的职责权限，做实检察官权力，从而使与之相应的司法责任落到实处。可以说，司法责任制改革就是要解决检察机关内部“谁来担当”的主体问题。司法责任制改革的主要内容是要放权给检察官，让检察官成为真正的办案主体，并承担相应的司法责任，以落实责任来促使检察官谨慎行使权力。检察官办案责任制旨在增强检察官依法办案的独立性和亲历性，努力解决原有体制中存在的影响依法公正办案的权力责任界限不明晰、权力责任不匹配等问题。有责任不仅意味着有使命、有担当，同时对于检察官承担责任的能力提出了更高的要求。事实上，监督就意味着责任，责任必然要求担当。中国检察机关法律监督的宪法定位和具体职能要求都决定了担当是履职的必然选择。

经过本轮司法责任制改革，经过严格和复杂的遴选程序，使具备坚定理想信念、丰富法律知识和经验的检察官行使检察权，可以提高司法活动的专业性和权威性。进入员额的检察官拥有了比以往更多的办案权力，同时也意味着要承担比以往更严格的办案责任。正如张军检察长 2019 年在陕西检察机关调研时所指出的：“员额制改革后，如果入额的还没感受到压力，那就离出去不远了；感受到压力，就能在员额内更好地发挥作用，这是辩证的。”而对于进入员额的检察长、副检察长等更要发挥带头示范作用，积极担当作为。2021 年第十五次检察工作会议上，张军检察长强调指出，“领导干部带头办案是政治能力建设和业务能力建设提升的检视平台，是提升基本能力的重要抓手，必须抓实。领导干部以主办检察官身份办案，必须阅卷、会阅卷，而不能仅仅听汇报做决断，否则，是要出问题的，何谈政治执行力?!”①

2. 担当是促进检察事业健康发展的精神力量

担当是一种“在位谋政”“迎难而上”“无私无畏”“舍我其谁”的精神。检察担当同样如此，只有以这种高度的自觉和责任感及不怕困难和牺牲的英雄情怀，才能引领新时代检察事业不断向前发展。只有践行担当精神，才能自觉立足于检察职能的发挥，在党和国家工作的大局中实现自我的初心和使命；只有践行担当精神，才能真正将对公平正义的追求落到实处；只有践行担当精神，才能真正体现通过检察工作实现“以人民为中心”的理念追求。总之，检察官只有树立“有为才有位”的担当理念，检察工作才能获得持续不断的发展动力。反之，如果被动、消

---

① 《最高检：领导办案仅以听汇报作决断是政治能力不合格》，载北京日报客户端 2021 年 1 月 11 日，https://baijiahao.baidu.com/s?id=1688554966809698794&wfr=spider&for=pc。

极等待，那么检察工作也就丧失了继续发展的可能。

检察官职业道德并不只是停留在纸面上的规定，而是需要每位检察官身体力行。“忠诚”“为民”“公正”“廉洁”最终都要体现在个案办理过程中，而个案的办理有时候需要面临风险和困难，这就需要检察官发扬担当精神，以高度的政治自觉、法治自觉和检察自觉去推动检察事业和法治事业的发展。

3. 担当是新时代强化法律监督的基础所在

强化法律监督，必然格外要求发扬担当精神。正如上文所言，进入新时代，人民群众对民主、法治、公平、正义、安全、环境等方面提出了更高水平的需求，进入司法领域的社会问题比以往更多、更复杂。因此，担当作为新时代检察官职业道德的基本准则之一的重要作用才得以不断凸显。检察官面临这些新问题、新挑战，应该以更大的积极性去践行“能动司法”和“能动检察”，实现实质上的公平和正义。例如，在行政争议实质性化解工作中，许多案件涉及的行政机关及法院等部门的履职行为并无过错，但是当事人的权益却无法通过这些“合法”的规定得到妥善解决，检察官就要主动担当，以法律监督者的勇气和作为促使这些“老大难”问题得以解决。更为重要的是，在个案的解决过程中发现社会治理的大问题，以检察履职行为推动国家治理体系和治理能力现代化。检察官只有做到忠诚信仰、坚守法治，勇于担当、善于担当，才能强化法律监督职能，做到“让人民群众在每一个司法案件中感受到公平和正义”，充分实现新时代的新使命和新要求。

（三）检察官担当精神的基本内涵

关于如何理解检察官担当精神的基本内涵，习近平总书记提出的五个“敢于”给了我们很好的启示，即“面对大是大非敢于亮剑，面对矛盾敢于迎难而上，面对危机敢于挺身而出，面对失误敢于承担责任，面对歪风邪气敢于坚决斗争”。① 这五个“敢于”不但是理解党员干部担当精神内涵的标尺，也成为党员干部是否做到担当的评价标准。在五个“敢于”的基础上，结合检察工作的实际，紧紧围绕法律监督的主责主业，应从以下五个方面理解和把握检察官担当精神的内涵。

1. 树立主体责任意识

担当是“主体对于自己主体意识的自觉自省和自觉实现。”②这种自觉自省的

---

① 《习近平谈担当》，载人民网，http://dangjian. people. com. cn/n1/2018/0523/c117092 - 30008362. html。

② 董玉整：《担当是对责任的自觉意识——学习习近平总书记关于担当的有关论述》，载《岭南学刊》2016 年第 2 期。

责任意识是担当精神的灵魂所在，如果缺乏主动的认同和承担，只是被动地接受和执行，那也就谈不上担当精神了。检察官担当精神最基础的内涵就是建立在这种自觉自省的责任意识上，检察官只有建立对于自身职责强烈的认同和使命感，才能在日常履职行为中自觉做到坚守法治底线、抵制不当干涉、勇于承担责任和善于创新作为。从这个意义上来说，树立主体责任意识是整个检察官担当精神的底色和基石所在。

2020 年，一位基层检察官的文章《检察机关是刑事错案的第一责任人》引发了广泛的关注和讨论。文章提出，检察机关在实行检察官员额制、捕诉一体化和司法责任制改革以后，检察官的权力增大了，责任也更大了。因此，在决定犯罪嫌疑人捕不捕、被告人诉不诉、案子抗不抗诉以及认罪认罚建议怎么提等工作中，检察官要树立刑事错案第一责任人的担当精神和责任意识。① 针对这种“第一责任人”的提法，有的检察官认为，“公检法各司其职，把检察机关放到刑事错案的第一责任人于法于理都不合适”。也有的检察官认为，“这种自我加压固然值得肯定，但权责匹配是前提，承办检察官的权力与其要面临的办案风险明显失衡，让检察官承担第一责任人的角色属于不能承受之重”。上述观点确有一定的道理，冤假错案的发生确实并不仅仅是检察机关、承办检察官的责任，但是“第一责任人”的提法更多是要树立一种理念和心态，“我们不必斤斤计较于这个案件的‘前世今生’，只要案件到了自己的受理环节，到了自己的手中，就要摆正自己的位置，以第一责任人的心态去办理案件。”②2016 年《最高人民检察院工作报告》提出，检察官要“充分发挥审前主导和过滤作用”，防止案件“带病”起诉。修改后的《刑事诉讼法》确立的认罪认罚从宽制度，正是贯彻这种主体责任意识建构的检察官主导责任为基础的诉讼制度设计。2019 年张军检察长在最高人民检察院领导干部业务讲座第一讲中，也明确提出检察官主导作用、主导责任二词，高度概括了检察官在刑事诉讼中应发挥的作用及承担的责任。检察官只有树立起强烈的使命感和责任感，才有可能在疑难复杂案件的考验中坚持自己的意见，而不是为了回避可能存在的风险，将难题层层上交。

2. 坚守法治思维，防止冤假错案

如果说主体责任意识是检察官担当精神的内核之所在，那么运用法治思维、

---

① 参见娄凤才：《检察机关是刑事错案的第一责任人》，载正义网，http://www.jcrb.com/xueshupd/gd/202003/t20200312_2129205.html。

② 曹坚：《检察官要有勇做“刑事案件质效第一责任人”的职业担当精神》，载澎湃网 2020 年 4 月 21 日，https://www.thepaper.cn/newsDetail_forward_7066848。

坚守法治底线则是实现检察官担当精神最根本的路径和最重要的外在表现。所谓法治思维，就是将法律的理念、价值和具体的规则运用于认识、分析、处理问题的思维方式，是一种以法律规范为基准的逻辑化的理性思考方式。检察官的法治思维，是检察官根据对法律的基本认识进行思考、判断和处理具体案件的思维过程和方法。

检察官的法治思维主要具有以下特征：(1)法律至上。检察官法治思维中的法律至上，是指检察官的权力来源于宪法和法律的授权，因此检察官在履职过程中，只能服从于法律而不是行政命令或者其他不当干涉。检察官只有树立服从宪法和法律的要求，才能够有效保障司法公正，维护司法权威。从这一意义上来讲，如果检察官缺乏法律至上的法治思维，检察机关独立行使检察权的基础也就不存在了，外部干涉就很容易以各种形式侵蚀检察权的独立运行。(2)客观公正。检察官法治思维中的客观公正，主要是指检察官在履行职责过程中，必须以客观公正的立场去发现案件事实，正确适用法律，而不能单纯站在一方尤其是追诉方的立场上去指控犯罪。客观公正原则要求检察官既要发现有利于追诉犯罪的事实和证据，又不能"放过"有利于嫌疑人的事实和证据，真正做到不偏不纵。(3)正当程序。检察官法治思维的正当程序思维，是指检察官在履行检察职权时，必须按照法定的正当程序和规定进行，不越界、不妄为。同时，检察官作为法律监督者，也要按照事先规定的程序接受外部和内部的监督。

检察官法治思维的法律至上、客观公正和正当程序等特点的共同特征，就是指向检察官个人的担当，因为法律至上、客观公正和正当程序本身就是担当精神的应有之义。反之，缺乏法律至上、客观公正和正当程序等精神，检察官就失去了担当的资格和能力。

3. 坚定立场，抵制不当干涉

事实上，抵制不当干涉应该属于检察官法治思维中坚持法律至上的范畴。但是，在当前的司法语境下，在司法的各个环节和领域抵制不当干涉具有十分重要的意义，应将其单列作为理解检察官担当精神内涵的一个独立组成部分。

公平正义是法治的生命线，而一些司法人员作风不正、办案不廉、有案不立、有罪不究等现象在一定程度上反映了司法队伍建设需要加强的问题，这些司法不公现象的背后往往有权力干预。尤其是在检察办案环节，一些领导干部就具体个案"打招呼""批条子"，关系案、人情案和金钱案等潜规则严重影响了检察权的依法独立运行，给承办检察官带来巨大压力，压弯了检察官的"脊梁"，造成检察官担当精神的缺失。一些检察官坦言"不是不想担当，是承受不了担当带来的严重后果”。因此，为了从体制和机制上解决这个问题，党的十八届四中全会提出，“各级党政机关和领导干部要支持法院、检察院依法独立公正行使职权。建立领导干部干预司法活动、插手具体案件处理的记录、通报和责任追究制度”。只有把领导干部干预司法活动、插手具体案件处理上升到违反宪法的高度，下大力气解决这一顽症，才能为司法权的健康运行提供一个良好的外部环境和内部环境。2015 年，中央办公厅、国务院办公厅、中央政法委等单位相继出台《领导干部干预司法活动、插手具体案件处理的记录、通报和责任追究规定》《司法机关内部人员过问案件的记录和责任追究规定》《关于进一步规范司法人员与当事人、律师、特殊关系人、中介组织接触交往行为的若干规定》（以下简称“三个规定”）。“三个规定”旨在从司法机关外部、内部及办案人员自身三个层面，阻断影响司法公正的因素，建立全方位保障司法机关公正司法的制度体系。这也是为检察官践行新时代检察担当精神打造的“金钟罩”和“铁布衫”。

4. 勇于承担责任，迎难而上

担当不仅仅意味着主体的自觉意识，更意味着在面临风险和困难，尤其是需要承担责任甚至严重后果时迎难而上的精神，做到习近平总书记所说的“面对危机敢于挺身而出，面对失误敢于承担责任”。对于检察官办案来说，“危机”更多的是指办案面临的风险以及案件终身负责带来的压力。例如，是一捕了之杜绝后续可能存在的风险，还是综合分析案件和嫌疑人的情况作出兼顾司法理性和人文关怀的决定？面对存在疑问的事实和证据，是坚定内心的确信还是所谓的“随大流”依赖外部力量？当发现案件存在明显的瑕疵时，是挺身而出指明问题还是“明哲保身”？检察官只有发挥双向监督和制约机制，从落实审前主导、合理运用捕诉裁量权及提升庭审抗辩能力等方面不断压实责任，才能在面临上述一系列困难和挑战时，交出让人民信服也让自己心安的答卷。

而正在深化的司法体制改革一个重要的内容就是法官、检察官对所办理案件的终身负责制，这也是从制度上倒逼检察官提升面临办案风险时的责任和勇气。正如张军检察长在全国基层检察院建设工作会议暨第七届全国先进基层检察院表彰大会上所说：“正在推进案件编号终身制，不管经历多少层级、多少环节，一‘号’到底，让司法责任真正落到每一个经办检察院、每一个经办检察官，做到责任分明，可追、可溯。”①

① 《最高检：推进案件编号终身制　案件将有“身份证号”》，载中国新闻网，https://www.chinanews.com.cn/gn/2020/10-14/9312613.shtml。

5. 面对新局面，善于开拓创新

改革开放进入了新时代，面临不同以往的新问题、新挑战，这也为担当精神注入了时代之魂。正如2014年习近平总书记在俄罗斯索契接受俄罗斯电视台专访时所说："容易的、皆大欢喜的改革已经完成了，好吃的肉都吃掉了，剩下的都是难啃的硬骨头。这就要求我们胆子要大、步子要稳。胆子要大，就是改革再难也要向前推进，敢于担当，敢于啃硬骨头，敢于涉险滩。"①检察官的担当精神同样如此，面对司法体制改革、监察体制改革、捕诉合一改革、内设机构改革等叠加改革带来的变化，一些检察官产生了迷茫和观望的心态；面对检察机关职能调整和变动，一些检察官无法及时适应。

新时代的检察官担当精神的基本内涵之一就是要求我们在面临这些新局面、新问题时，能积极进取，不断适应各种变化；同时又能探索创新，开拓新的工作格局。在新时代社会基本矛盾发生变化的大背景下，检察官如果依然沿用之前的工作思路和模式，那么检察环节的公平正义势必无法满足人民群众对法治不断提升的需求。这也是"检察产品"这一全新司法理念出台的初衷。"产品"本是经济学概念，将产品概念融入检察工作中，不仅仅是一种理念创新，更是检察机关在自我认知上的升华。检察官要以"产品经理""项目经理"的身份，为自己提供的各种法律文书和法律服务如何打开人民群众公平正义的"市场"而不断进行"产品"研发和创新。

二、违背检察官担当精神的主要表现

真正的担当意识，绝不会只是"坐而论道"，而要在实践中落实责任心和使命感；以实际行动书写担当；在面对问题和困难时展现担当。而实践中出现的一些检察官违背担当精神，如疑难复杂案件不敢担当；面对错综复杂的办案关系不愿担当；面对新型检察职能不会担当等情况都在提醒我们，担当精神的落实一直在路上。

（一）不敢监督——缺乏担当的勇气

1. 面对上级压力、人情请托不敢担当

司法责任制改革后，员额检察官被赋予了更大的办案权力，而如果滥用手中

① 《习近平接受俄罗斯电视台专访》，载人民网，http://cpc.people.com.cn/n/2014/0209/c64094-24303725.html。

的权力，在面对各种压力时不敢担当，势必无法做到依法公正办案。2017 年1 月，时任某市人民检察院党组成员、副检察长的刘某接受请托，请求时任该市某区人民检察院副检察长的田某，帮助犯罪嫌疑人张某某受到较轻的追诉，争取判处缓刑。田某接受请托后，要求时任该院公诉科科长、该案公诉人的高某某在案件办理中找从轻减轻情节。后田某、高某某在没有证据证明的情况下，在起诉书中认定“张某某等因合法生产而非法储存爆炸物”，并向区人民法院出具了判处有期徒刑三年、适用简易程序审理的建议。案件起诉到法院后，刘某又请托时任该市中级人民法院副院长的赫某某找时任区人民法院院长的王某某（此二人另案处理）帮助张某某判处较轻的刑罚，后该院对本应判处十年以上有期徒刑的张某某等判处缓刑。①

该案中，某市人民检察院原党组成员、副检察长刘某违反了《领导干部干预司法活动、插手具体案件处理的记录、通报和责任追究规定》《司法机关内部人员过问案件的记录和责任追究规定》的相关规定，利用职务影响力干预、影响下级检察机关和法院正常办案。最终导致犯罪嫌疑人被轻纵，这固然是由于上级的不当干预，但究其根本原因则在于承办检察官高某某在面对上级院领导提出的违规违法要求时，缺乏担当的意识和勇气，没有坚持原则进行拒绝并记录报告，而是积极迎合领导而违法办案。

2021 年，有2800 名检察人员因违纪违法被立案调查，是2020 年的2 倍。② 而检察人员办案违纪违法的背后多有干预、插手具体案件的“影子”。人情案、关系案、金钱案严重干扰司法公正，屡禁不止，成为社会公众对于检察公信力产生怀疑的重要原因。员额检察官在面对各种办案压力时，要时刻牢记法律和纪律的底线，时刻牢记自己的使命和担当。如何杜绝来自上级、同事和其他社会关系的干预和影响，不仅是检察机关加强队伍建设的要求，更事关社会公平正义的最终实现。

2. 面对办案风险不敢担当

检察官在履职办案中，尤其是一些敏感案件会面临社会舆论、信访维稳等压力，如果缺乏担当精神，无法承受这些压力干扰，就有可能作出错误的判断。如赵某某杀人案，市院承办人、处长、分管副检察长均认为事实不清、证据不足，不符合

---

① 参见《检察人员违反”三个规定”典型案例》，载最高人民检察院官网，https://www.spp.gov.cn/spp/xwfbh/wsfbh/202005/t20200506_460382.shtml。

② 《最高人民检察院工作报告——2022 年3 月8 日在第十三届全国人民代表大会第五次会议上》，载最高人民检察院官网，https://www.spp.gov.cn/spp/gzbg/202203/t20220315_549267.shtml。

起诉条件,检委会讨论认为案中有罪证据与无罪证据并存,但因当事人双方上访严重,为了应对压力、转移矛盾,决定“风险起诉”,由法院审判。一审法院判决赵某某无罪后,被害人亲属当场情绪失控,围堵法院大门,撞碎检察院玻璃门,欲割腕自杀。为此,市检察院提起抗诉,法院判决赵某某无期徒刑,直至6年后的2011年,省法院才改判无罪,再过20个月后的2013年,才对赵某某宣判无罪释放。[①]

当前,以审判为中心的诉讼制度改革正在不断推进,伴随认罪认罚从宽制度的建立健全,刑事诉讼中检察机关的主导作用日趋明显。这种主导作用的承担对承办检察官的业务能力提出了更高的要求;面对有可能出现的办案风险,更需要检察官的勇气和魄力。对于证据拿捏不准的,要防止不正确的不捕、不诉,否则,就容易导致放纵犯罪,致使犯罪分子逃避制裁。检察机关的不捕(主要指证据不足不捕)、不诉(指存疑不起诉)决定是程序性的终局处理,特别是不起诉,意味着追诉活动终止,如果确实有犯罪发生,客观上就会使犯罪分子得以逃脱法律追责。相反的情况是,检察官在发现犯罪情节轻微、危害不大,不需要判处刑罚时,同样需要作出不起诉的决定。这都需要在精湛业务能力的基础上,充分预估办案风险,勇于担当。不起诉制度对于保障人权,化解社会矛盾,节约司法资源等方面具有重大的意义,但实践中不起诉制度的适用情况却不容乐观,远未达到立法的设计。一些检察官仍然保持“路径依赖”:回避矛盾,将可诉、可不诉的案件一律提起公诉交由法庭审理判决,重打击、轻保护。一些检察官之所以将可以不起诉的案件起诉至法院,其原因主要是“三怕”:一怕人怀疑存在私情私利;二怕增加工作量,影响办案业绩;三怕不诉后犯罪嫌疑人反复,给自己带来风险。[②] 这种种的“担心”和“害怕”本质上就是担当精神的缺失,拒绝承担责任和风险。

(二)不愿监督——缺乏担当的责任

近年来,一些冤假错案经过媒体报道引发了不小的舆论关注。2020年8月4日,因故意杀人被判处死缓并羁押了近27年的张玉环被无罪释放,成为国内已知被关押时间最长的无罪释放当事人。张玉环的悲情故事再次引发了社会公众关注的焦点,人们一直质疑和拷问,冤假错案到底是怎么发生的?如何避免类似情况再次出现?这些冤假错案是对当事人人权和公平正义的极度践踏,也损害了司法公信力和政府执政基础。

---

① 参见朱孝清:《冤假错案的原因和对策》,载《中国刑事法杂志》2014年第2期。

② 参见朱孝清:《检察机关在认罪认罚从宽制度中的地位和作用》,载《检察日报》2019年5月13日,第3版。

不可否认的是,任何一种司法制度都不可能完全杜绝冤假错案,原因有多个方面,其中根本原因是司法证明中认识方式的逆向性和间接性、认识能力的有限性和差异性、认识技术的滞后性以及认识对象的特殊性。[①] 但是,通过科学合理的制度设计,如严格遵守刑事诉讼程序;树立尊重保障人权的执法理念;提高司法人员的业务能力等,可以在很大程度上减少冤假错案的发生。检察机关不仅负责这些刑事案件的批捕和起诉,而且对整个诉讼活动负有监督的职责。减少冤假错案的发生,就需要检察机关、承办检察官的担当精神,实现冤假错案的阻断。

事实上,许多冤假错案的发生,正是从一个侧面说明了检察机关在刑事诉讼中轻制约、轻监督而重配合。佘祥林案昭雪后,有记者采访湖北省京山县人民检察院副检察长:"这样的案件当初为何会批捕?"回答:"当时我们只注重了与公安机关的配合而少了监督制约,对公安机关侦查的一些证据过于自信,没有把好关,导致错误逮捕。"[②]这正是对一些检察官不愿担当、监督缺位心理的生动描写。

检察官不仅是犯罪的追诉者,更是人权保障的践行者。无论《刑事诉讼法》的相关规定,还是《检察官法》对检察官客观公正义务的规定,都要求检察官在办案中树立法治思维和人权理念,保证无罪的人不受错误追究,也要使有罪的人受到应有的法律制裁。2013 年 3 月 26 日,张高平、张辉叔侄强奸杀人案再审法庭上,蒙冤者张高平一段话振聋发聩:"今天你们是法官、检察官,但你们的子孙不一定是法官、检察官。如果没有法律和制度的保障,你们的子孙很有可能和我一样被冤枉,徘徊在死刑的边缘。"这是用十几年冤狱生活换来的呐喊,确实应该给每个人以极大的警醒! 尤其是对于司法工作者,坚守法治底线、恪守人权理念,才能从根本上有所担当和作为。但是,在司法改革的大背景下,一些检察官的法治理念、检察理念还停留在过去,如"重实体、轻程序""重打击、轻保护""重配合、轻监督"等思想不同程度存在,严重影响公平正义的实现。传统观念对刑事诉讼有个形象的比喻,"侦查机关是做饭的,检察机关是端饭的,审判机关是吃饭的"。如果检察官把这个比喻当真,真把自己视为刑事诉讼中端饭的角色,前靠公安搜集证据,后依法院审查判断,角色模糊缺少定力,那就是对刑事检察职责的放弃。

检察机关的法律监督属性不但体现在刑事诉讼活动中审前程序和审判程序,更体现在对刑事执行的检察监督方面。刑事执行检察监督是以检察权制约刑事执行权,进而保障刑事诉讼的顺利进行和国家刑罚权的实现。同时,刑事执行检

---

① 参见朱孝清:《冤假错案的原因和对策》,载《中国刑事法杂志》2014 年第 2 期。

② 张春玲:《审查批捕环节冤假错案的防范——以甘肃省人民检察院印发的 10 个冤错案例为视角》,载《中国检察官》2015 年第 4 期。

察监督在防止和纠正冤假错案方面也发挥着重要作用，上文提到的推动纠正的浙江张氏叔侄案，正是刑事执行检察官的担当作为才使得沉冤得以昭雪。近些年曝光的一些案例也从反面反映出刑事执行检察监督缺位的问题。张军检察长在第十五次全国检察工作会议上强调，要从孙小果案等案中反思检察监督责任，要严格减刑、假释、暂予监外执行监督，严防“纸面服刑”。正如云南省人民检察院检察长王光辉在《云南省人民检察院工作报告》中所说：“在依法查办孙小果案的同时，省检察院成立专门调查组，对孙小果服刑期间检察监督不到位等问题展开自查，对履行监督责任不力的 12 名检察人员进行问责。在全省检察机关开展警示教育，引导全体检察人员认识到，孙小果案反映出我们自身长期存在的监督意识、责任意识不强，监督虚化、职责失守等突出问题，教训深刻！必须以案为鉴、以案促改，坚决从思想深处摒弃‘只要监督了，效果如何与我无关’‘只要不受贿徇私，就算监督不力也不会追责’等错误观念。”①

（三）不会监督——缺乏担当的能力

随着改革的不断深入，党的十八届三中、四中和十九届四中全会都对司法体制改革进行了部署，尤其是习近平法治思想的出台，给检察机关在国家治理体系现代化中的地位和作用提出了更高的要求，为检察机关赋予了许多新的监督职能。

2018 年 12 月 4 日，中央印发《最高人民检察院职能配置、内设机构和人员编制规定》，由最高人民检察院开始的检察机关内设机构改革正式拉开帷幕。这次系统性、重塑性、重构性的改革后，检察机关形成了以刑事、民事、行政、公益诉讼“四大检察”并行的新的工作格局。机构调整、格局形成后，最为关键的就是要提升检察人员的履职能力。例如，以审判为中心的诉讼制度改革要求，检察官的出庭公诉能力、证据证明能力等必须适应庭审要求；捕诉一体改革后，检察官在是否批准逮捕环节就要以庭审标准对案件进行全面把握；民法典时代要求检察官切实提高民事检察监督的能力，对于一些刑民交叉的疑难案件，继续坚持以往的刑事检察思维已经无法适应这些案件的要求；公益诉讼的持续推进对于检察官调查取证能力、与行政机关协调能力等提出了新的课题。总之，新时代国家治理现代化的需要、人民群众对公平正义不断增长的需要、检察工作转型发展的需要，对检察官的担当能力提出了前所未有的新要求。检察官如果缺乏担当的能力，出现了

---

① 《云南：问责孙小果案件中 12 名检察人员　在全省检察机关开展警示教育》，载云南网，http://yn.yunnan.cn/system/2021/01/28/031261198.shtml。

“本领恐慌”和“能力恐慌”,就无法适应新时代检察工作的发展要求,实际工作中往往会出现“有担当之心却无担当能力”的情形。

实践中我们经常会看到,一些检察官无法适应司法责任制改革和检察人员分类管理的要求,甚至一些员额检察官仍然怀念之前的“三级审批”制度,没有真正树立“谁办案谁负责,谁决定谁负责”的理念。一些检察官的实践经验相对不足、教育培训的效果又不尽如人意,当面对疑难复杂案件时,专业知识的匮乏也导致他们不会担当。例如,以审判为中心的诉讼制度改革核心是以庭审为中心、以证据为中心,检察官如何规范公安机关的侦查取证、确保提交法庭的证据经得起检验是对其核心专业素养的考验。尤其是在补充侦查环节,一些检察官缺乏检察引导侦查的能力,退回给公安机关的补充侦查提纲根本无法起到补足证据、引导侦查方向的作用。一份检察官列出的补充侦查提纲这样写道:“在案证据显示,某某尚有部分犯罪事实未查清,请继续侦查。”如果你是侦查机关办案人员,面对这样“简洁”的补充侦查提纲,是不是也会一头雾水:为什么要开展补充侦查?哪些犯罪事实没查清?怎样开展补充侦查?这样的补充侦查提纲,在过去的检察办案中经常出现。①

补充侦查提纲存在的问题,从一个侧面反映了造成冤假错案的原因:一些检察官缺乏相应的履职能力,长期以来形成的公检法的传统办案机制无法形成对于检察官能力提升的倒逼机制。一些检察官专业能力不足,导致对于案件事实认定不清;对法律条文和法律背后的立法原意理解不透,导致适用法律偏差、机械办案乃至假案、错案;释法说理能力不足,导致原本适用正确的法律无法取得当事人的理解等。

三、检察官担当精神的新时代践行

我国《宪法》第 134 条规定:“中华人民共和国人民检察院是国家的法律监督机关。”《宪法》第 3 条规定:“国家行政机关、监察机关、审判机关、检察机关都由人民代表大会产生,对它负责,受它监督。《人民检察院组织法》第 2 条规定:“人民检察院是国家的法律监督机关。人民检察院通过行使检察权,追诉犯罪,维护国家安全和社会秩序,维护个人和组织的合法权益,维护国家利益和社会公共利益,保障法律正确实施,维护社会公平正义,维护国家法制统一、尊严和权威,保障

---

① 参见邱春艳:《一纸补充侦查提纲,为何紧紧抓住不放?》,载百度网 2020 年 5 月 18 日,https://baijiahao.baidu.com/s?id=1667017979687505420&wfr=spider&for=pc。

中国特色社会主义建设的顺利进行。”由此可见，无论是从宪法定位还是组织法中检察权的具体规定，法律监督是我国检察机关职权的主线和核心所在；通过依法行使国家检察权的检察官，实现在办案中监督和在监督中办案。检察官担当精神的践行同样以办案为核心和依托，在办案中体现担当，以检察担当凸显检察机关在国家治理能力现代化中不可或缺的重要地位和作用。

（一）提高政治站位，理解担当使命

1. 旗帜鲜明讲政治

党的十九大报告指出，旗帜鲜明讲政治是我们党作为马克思主义政党的根本要求。因此，必须清醒地认识到检察机关首先是政治机关，检察官首先要增强政治意识，这样才能真正做到理解担当使命、勇于担当责任和善于担当作为。正如张军检察长在第十五次全国检察工作会议上指出，切实提高检察履职中的政治判断力、政治领悟力和政治执行力，是最重要的基本能力。

只有提高政治站位，才能真正理解担当使命，理解“我们是谁”。使命感是担当的基本内涵，只有清楚明白自身存在的意义、价值，才能真正理解为什么担当、为谁担当以及担当什么，被动的、缺乏自觉的外部推动永远不可能成就真正的担当。对于检察机关来说，长期以来社会对于检察职能的认识往往停留在“犯罪追诉机关”，许多检察官对这一社会角色定位也“深表认同”，而检察机关内部机构设置过分偏重刑事也是这一角色定位的有力“佐证”。而中国特色社会主义进入了新时代，社会主要矛盾发生了变化，人民群众对民主、法治、公平、正义提出了更高的要求，尤其是党的十九届四中全会后，国家治理体系和治理能力现代化进程的推进，对检察机关的法律监督职能的发挥提出了更高的要求。如何准确把握并发挥检察职能蕴含的社会治理功能，通过检察履职功能提升检察机关、提升法治在社会治理体系和治理能力现代化中的作用，是全体检察官必须回应的时代之问。

面对中华民族伟大复兴的历史进程，面对百年未有之大变局，检察机关要交好时代问卷，必须旗帜鲜明讲政治。首先，在政治方向上，提高政治站位就是坚持党对检察工作的绝对领导，坚定不移走中国特色社会主义道路，就是要求全体检察官强化“四个意识”、坚定“四个自信”、做到“两个维护”，坚决贯彻落实党的理论和路线方针政策，坚决贯彻落实党中央重大决策部署，把党的绝对领导贯彻到检察工作的各方面、全过程，在政治立场、政治方向、政治道路、政治行动上同以习近平同志为核心的党中央保持高度一致。可以说，讲政治始终是历届最高检党组

工作指导思想上一以贯之的首要理念，地方各级检察机关也是始终紧绷政治弦，对讲政治的重要性总体上有比较清醒的认识。但在具体落实过程中，一些检察机关、检察官对讲政治的认识还不到位，甚至存在误区。比如，认为讲政治太远，是高级干部的事；认为讲政治太空，与具体工作无关；认为讲政治太虚，与抓业务相矛盾等。对于这些错误认识，必须予以纠正清除。① 事实上，检察官必须认识到"讲政治"不是喊口号，而是要求把政治意识落实到具体工作中；"讲政治"不是形而上的玄学，而是知行合一的理解和践行，是政治与业务的高度融合；"讲政治"不是唱高调，而是脚踏实地落实中央的精神和各项工作部署，通过案件的办理服务社会大局、厚植党的执政基础。

提升政治站位的终极目的，是通过检察工作实现为人民服务的宗旨。党的十九大将"坚持以人民为中心"确立为新时代坚持和发展中国特色社会主义的基本方略之一。习近平总书记多次强调"人民对美好生活的向往就是我们的奋斗目标"。进入新时代，人民在民主、法治、公平、正义、安全、环境等方面有着日益增长的新需要，检察机关通过履职工作切实满足人民群众的新需求，这就是在落实习近平总书记提出的"努力让人民群众在每一个司法案件中感受到公平正义"的指示。一件件看似简单的案件背后关系着人民群众的切身利益，检察官只有贯彻以人民为中心的理念，牢记民心是最大的政治，才能真正为党分忧、为民谋福。

检察官只有切实提高政治站位，以政治自觉、法治自觉和检察自觉的理念为指引，才能真正以"舍我其谁"的精神担当起时代和人民赋予我们的重任，这就是践行担当精神的核心和基础所在。

2. 坚持政治效果、社会效果、法律效果相统一

检察官担当精神的践行，检察理念的变革，最终要体现在案件的办理效果上。一些检察官办案过分强调甚至只注重案件的法律效果，而忽视了将法律效果和政治效果、社会效果相统一，正如张军检察长所说的"检察办案决不能只守住形式'不违法'底线，必须将天理、国法、人情融为一体，情同此心，努力让人民群众在每一个司法案件中真正、切实感受到公平正义"。② 一些引发舆情的案件，表面上、形式上确实"不违法"甚至合乎法律的规定，但是个案的、法律上的公正必须深深地嵌入所在的政治和社会环境中进行具体的考量。

---

① 参见《检察机关讲政治要落实到具体检察业务工作中》，载正义网，http://www.jcrb.com/opinion/jrtt_45128/201805/t20180503_1863831.html。

② 《最高检：检察办案必须天理、国法、人情融为一体》，载人民网，http://legal.people.com.cn/n1/2021/0112/c42510-31997199.html。

政治效果要求检察办案工作体现党的意志和主张，一切与以习近平同志为核心的党中央保持高度一致；通过办案体现党和国家的政策，以检察办案维护国家政权安全、服务社会发展大局。社会效果要求检察办案不仅着眼于个案的公平正义，又要让人民群众感受到、认可和认同这种公平正义；同时，检察办案应该积极回应社会关切，引领社会主义核心价值观的确立。法律效果要求检察机关严格按照法律和规定办理案件，通过案件办理体现法律监督的宪法定位。三个效果在根本上是辩证统一的关系，防止把三个效果割裂开来。要避免在办理案件过程中，只关注案件的法律适用，导致“个案公正”严重偏离社会民众的朴素正义，引发舆论热议和群众不满。同时，也要避免片面强调政治效果和社会效果而忽视法律效果，一些检察官面对不当压力违法办案，导致案件结果偏离法治轨道。因而，衡量检察官是否具备真正的担当精神，就是要看在面对一些具有争议的具体法律业务问题时，是否能够具备三个效果相统一的司法理念，从人民长远的、发展的利益去考虑，通过办案巩固党的执政基础、维护社会稳定、体现人民情怀。检察官要肩负起引导社会发展的责任，增强价值判断，在正确适用法律的前提下，密切关注诸如政治政策、价值导向、社会民意等政治因素和社会因素，将办案的链条延伸，通过办案彰显社会主义核心价值观、引领社会风尚。① 本章开始介绍的办理“昆山反杀案”的王勇检察官，正是深刻理解了政治效果、社会效果和法律效果相统一的司法理念，以强烈的检察担当精神释放出“正当防卫是以正对不正，法不能向不法让步”的信号。专家学者和普通民众一致认可该案的结果，认为该案“激活了沉睡多年的正当防卫制度”。可以设想，如果王勇检察官没有秉承新时代检察工作理念，而是依照惯性、遵循“先例”、就案办案，从法律适用层面来讲是遵守了形式上“不违法”的底线，但却忽视了案件办理的政治效果和社会效果，那么“法不能向不法让步”就不会深入人心，司法的温度就不会被公众感知。正如王勇检察官获得央视 2018 年度法治人物的颁奖词上所说：“逞凶者步步紧逼，无辜者退无可退，生死一线间，法律是武器，不是羁绊！正当防卫，是你给出的铿锵答案。善良，不再是善良者的墓志铭，邪恶，更不是邪恶者的通行证。你让正义不只书写在条文里面，而是鲜活在了巷陌之间！”②

三个效果的统一不仅体现在最能被公众“看得见”的案件结果中，更是贯穿

① 参见《检察机关讲政治要落实到具体检察业务工作中》，载正义网，http://www.jcrb.com/opinion/jrtt_45128/201805/t20180503_1863831.html。

② 《检察官王勇当选 CCTV2018 年度法治人物》，载新浪财经网，https://finance.sina.com.cn/roll/2018-12-05/doc-ihmutuec6296092.shtml。

于整个检察办案环节。2019 年获得“最美检察官”称号的周媛媛检察官，谈及她办理的一起职务犯罪案件，面对完全符合批捕条件的犯罪嫌疑人，她并没有简单地“一捕了之”，而是仔细分析整个案件和犯罪嫌疑人的具体情况，在年关将近的时间点为犯罪嫌疑人办理了取保候审。事实证明，犯罪嫌疑人在取保候审过程中不但严格遵守相关法律规定，并且认罪服法，配合检察机关的调查取证，其家属也积极赔偿受害单位的损失。面对为犯罪嫌疑人办理取保候审可能存在的办案风险，周媛媛检察官并没有计较个人的利益得失，而是综合考虑在保障案件正常审查起诉的基础上，以深刻的人民情怀，保障犯罪嫌疑人的合法权益，实现检察办案三个效果的统一。这就是新时代检察官担当精神的真实写照！

3. 面对考验，提高政治定力

关于政治考验的问题，许多检察官会觉得自己“作为普通党员干部，只是负责具体办案或者其他综合业务工作，很难有直接面对政治考验的机会”。事实上，政治考验既体现在是否能够领会中央的文件精神，也体现在是否能够落实中央的每一个工作部署上面。例如，司法体制改革和内设机构改革中，一些办案时间长、办案经历丰富的“资深”检察官没有成功入额，成为检察辅助人员或者司法行政人员；一些机构在改革后被裁撤或者并入其他部门；在面对工资、待遇和职位的差距时，有些检察官产生了不满、不足的情绪甚至对中央的司法体制改革和内设机构改革产生了抵触、反对的意见。又如，国家监察体制改革中，一些检察官不能很好地理解和贯彻国家的重大改革部署，反而在微信群散播各种负面消息，妄议中央。再如，有的检察官面对西方司法独立等一些意识形态领域的错误思潮，缺乏亮剑的勇气，进而对中国特色社会主义检察制度乃至整个司法制度的合理性产生了怀疑。

因此，政治考验体现在工作的细微之处，体现在思想的变化之间。检察官在面对重大原则问题时，要旗帜鲜明敢于亮剑；面对各种风险考验时，要态度坚决经受住考验；对中央的各项重大部署，特别是涉及本系统、本单位甚至本人的利益问题时，要坚决执行不讲条件。①

（二）坚定法治信仰，勇于担当责任

信仰，《辞海》解释为“对某种宗教，或对某种主义极度信服和尊重，并以之为行动的准则”。从信仰本质上看，它是人类内心深处对某种事物或理念的一种朴

---

① 参见《检察机关讲政治要落实到具体检察业务工作中》，载正义网，http://www.jcrb.com/opinion/jrtt_45128/201805/t20180503_1863831.html。

素的、坚贞的信念,是支撑其生活的来自灵魂的力量源泉,是一个人的活动所展现的存在方式。由此可见,所谓法治信仰,主要是指主体对法治理念极度信服和尊敬,并将法治的标准作为其行为准则。它意味着对法治除了有一种深深的信赖、服从、真挚的朴素情感之外,还有一种为法治追求锲而不舍、甘愿牺牲的精神和勇气。[①] 这里的"锲而不舍""甘愿牺牲"就是一种担当的精神和力量。做一名真正具有担当精神的检察官,说起来容易,做起来难。作为法律监督者,如果对法治没有信仰,在办案过程中面对可能存在的冤假错案自然会出现不愿监督、不敢监督的情况。2016 年修订的《检察官职业道德基本准则》中关于担当精神突出的就是敢于对司法执法活动的监督、坚守防止冤假错案的底线。如何才能做到敢于监督、防止冤假错案的发生?客观公正理念不仅是法治精神的核心,更是担当精神的核心所在。

《检察官法》第 5 条第 1 款规定:"检察官履行职责,应当以事实为根据,以法律为准绳,秉持客观公正的立场。"这是首次将检察官的客观公正立场和理念予以法律确认。应该说,检察官的客观公正理念与我国检察机关作为法律监督机关的宪法定位高度契合,与刑事诉讼法的任务是惩罚犯罪分子,保障无罪的人不受刑事追究高度契合,与新时代人民群众对公平正义的更高要求高度契合,对于尊重和保障人权,促进司法公正具有重要意义。[②] 过去的实践一再证明,许多冤假错案的发生,正是由于一些检察人员没有坚守客观公正的立场和理念,一味追求"惩罚犯罪""疑罪从有""有罪推定",导致本该在检察环节发挥的监督、制约机制失灵。一个时期以来,社会上、司法机关内部往往把检察机关只看作犯罪的追诉人。相当一部分检察官往往也认同这样的标签,体现在个案办理上,就存在可捕可不捕的倾向于捕,可诉可不诉的倾向于诉,可宽可严的倾向于严,可轻可重的倾向于重。[③] 2019 年 4 月 17 日,张军检察长在政法领导干部专题研讨班上明确表示,"可捕可不捕的不捕、可诉可不诉的不诉、疑罪从无"的检察观念必须牢固树立。但在实践中,一些检察院、检察官并没有做到真正的知行合一,而只是停留在口头上,粗放式办案和机械式执法现象仍然存在。有些案件事实清楚,法律规定也十分完善,甚至以老百姓朴素的正义感都能判断是非曲直,但检察官还是缩手缩脚,甚至还存在消极司法办案、息事宁人的观念。

---

① 参见孙登科:《论法治信仰的生成逻辑》,载《法治现代化研究》2018 年第 4 期。

② 参见缐杰、高翼飞:《检察官秉持客观公正立场的基本要求》,载最高人民检察院官网,https://www.spp.gov.cn/spp/llyj/201910/t20191010_433977.shtml。

③ 参见张军:《关于检察工作的若干问题》,载《国家检察官学院学报》2019 年第 5 期。

事实上，客观公正理念的确立不易，而在实践办案中坚守、践行客观公正理念更是考验检察官的担当精神，考验着办案人员在风险考量中不计较个人得失的承担和责任。2014 年 2 月 18 日晚，顺平县北朝阳村村民王玉雷在回家路上发现一男子躺在地上，旁边有血迹，怀疑其死亡，遂拨打“110”报案。公安机关经侦查，以涉嫌故意杀人罪刑事拘留王玉雷并提请县检察院批捕。顺平县检察院办案人员讯问王玉雷时，发现其右臂用石膏固定，且供述前后矛盾。3 月 21 日，该案报到保定市检察院时，批捕期限只剩两天。彭少勇作为主管侦查监督工作的副检察长，捕与不捕，成为彭少勇的两难抉择。“如果错误批捕王玉雷，有可能造成另一个内蒙古‘呼格’案；如果不批捕，则可能成为一个悬案，到时候被害人家属上访、网络炒作、嫌疑人出逃再次作案，责任谁担?”彭少勇在事后描述当时内心挣扎时说。“或者将这起案件报市院检委会，集体研究决定，减轻我个人的责任。但是，强烈的担当意识不断警醒我，必须顶住压力，以证定案，不受其它各方干扰。”经过反复审核卷宗、排查证据、研判案情，彭少勇发现这个案件有“三个不足信”，即作案时间不足信、有罪口供不足信、认定有罪不足信。于是，彭少勇坚决顶住巨大压力，坚决排除非法证据，指导顺平县检察院作出了不予批捕决定。在作出不予批准决定的同时，检察院迅速启动引导侦查机制，提出 9 条补充侦查意见。在补充侦查意见的指导下，公安机关最终抓获真凶。因为彭少勇的决断，另一个“呼格”式的重大冤错案没有发生；因为他的执着，真正的杀人凶手没有逍遥法外；因为他的坚守，一个应有的正义没有被掩埋。①

客观公正立场要求检察人员在履职过程中尤其是在审查逮捕和起诉中，不能单纯扮演“追诉者”“惩罚者”的角色，只注重收集有罪证据，而应当全面收集包括有利于被追诉者的证据，尤其是注重对非法证据的排除。正如彭少勇检察官一样，在面对巨大的办案风险和压力时，以客观公正的理念认真对待每一个细节，充分发挥检察环节对案件的真实过滤机制，保障诉讼当事人的合法权益。

正义藏在每一个细节中，而“魔鬼”也藏在每一个细节中。案件中的每一个信息点都代表了证据的证明能力是否能够完全实现。不放过每一个细节，因为每一个细节都关乎公平正义的实现。说起浙江省绍兴市检察院的范小云检察官，公诉部的干警们都会大谈他对工作一丝不苟的态度：“一个字眼他都不马虎，比如描述故意伤人案情时，写‘刺’还是‘捅’，‘割’还是‘砍’，他都要推敲一番。”用他自己的话说，这是法律人的基本素养。“法律文书不同于文学创作，容不得半点夸耀

---

① 参见于子茹：《检察官彭少勇：不允许任何无辜者蒙受不白之冤》，载新华网，http://www.xinhuanet.com/politics/2015-10/14/c_128313670.htm。

或贬损性质的主观色彩，所以每一个字都要用得恰如其分。”“这是对法律负责，也是对当事人合法权益负责。”除了起草法律文书时的“苛求”，在案件事实认定和法律适用上，范小云更是力求丝丝入扣，无懈可击。2017 年年初，他承办了一起使用麻醉药物实施抢劫并致人溺水身亡的案件，在仔细审阅公安机关移送的案卷时，发现了疑点。案卷对涉案药物的学名和化学成分语焉不详，只是模糊地写有“迷昏药”字样。这一关键信息的缺失直接导致起诉无法正常进行，且当时死者体内的药物已经分解，难以化验。范小云立即引导公安机关补充侦查，通过提审嫌犯、请药理专家分析药效等手段，克服困难，追溯事实，历时两个月，最终确定所谓“迷昏药”实际是马来酸氯苯那敏片，从而形成了完整闭合的证据链，犯罪分子亦得到法律严惩。①

随着司法责任制改革的推进以及认罪认罚从宽制度中检察官主导责任的确立，2017 年最高人民检察院印发了《关于完善检察官权力清单的指导意见》进一步明确了检察官的办案职权和责任。在客观公正检察理念的指引下，不仅更需要作为办案主体的员额检察官的担当精神，对检察官助理也提出了更高的要求。上海市检察机关的一位检察官助理反映：“过去因为没有署名权，我在办案中尚存一丝惰性，认为反正检察官最终会把关，不必太较真。2020 年，最高人民检察院、上海市检察院相继下发检察官助理的岗位职责和协助办案的有关规定，明确检察官助理辅助办案的，要在案卷材料和统一业务应用系统中全程留痕。从那以后，不管是草拟报告还是法律文书，一字一句都不敢马虎，侥幸心理不复存在。”②检察官和检察官助理在办理案件中就是要有这种如履薄冰、如临深渊的感觉，认真对待每一个案件、每一个当事人，正如刘哲检察官所说的“你办的不是案子，而是别人的人生”。只有从这个高度来对待经办的案件，才能克服那种流水线办案，个人无须对整个过程负责任的心态，才能真正将尊崇法治、保障人权落到实处。

（三）强化履职能力，善于担当作为

检察官担当精神的践行，新时代检察工作的创新发展，最终的落脚点都体现在案件办理上，体现在履职能力上。当前，刑事、民事、行政、公益诉讼“四大检察”并行的检察工作新格局已经形成。如何在新格局中体现检察担当、强化履职

---

① 参见吴闻哲：《范小云：用责任心担起工作　以平常心面对生活》，载正义网，http://www.jcrb.com/procuratorate/people/models/201808/t20180803_1892984.html。

② 《检察官真正敢作为能担当》，载中国青年网，http://news.youth.cn/jsxw/201707/t20170712_10272628.htm。

担当,成为重中之重。

1. 加强专业学习

时代的进步、社会的发展,对于每一个人的终身学习能力都提出了比以往更高的要求,而由于司法职业的特性,对司法人员的学习能力的要求更在其他职业之上。检察官要紧密联系工作实际,与时俱进,加强对法学理论、法律条文和相关司法解释的学习,训练一种"在无须课堂教授的情况下也能依靠自身通过法学教育培养起来的素质和基本知识迅速理解和运用新法律"的能力。例如,认罪认罚从宽制度下检察官如何发挥主导责任;《民法典》出台后如何实施精准的民事法律监督;检察公益诉讼如何实现对行政机关的督促履职等,都对检察官的履职能力提出了实实在在的要求。实践中,许多案件质量出现问题,往往是因为承办检察官对法律条文的认识、各种关系的协调乃至案件背后更深层次的社会原因等理解得不够透彻。

近几年金融犯罪、网络和电信犯罪、高科技犯罪等新型犯罪类型不断出现,对检察官的传统知识结构提出了严峻的挑战,检察机关专业化建设被赋予了更深刻的时代意义:不仅要求检察官精通法律知识,更要了解甚至掌握所办理案件中涉及的金融、互联网、知识产权等知识。面对以往完全陌生的专业领域,检察官就要不断"充电"以适应办案的需求。就像全国模范检察官施净岚①一样,在所办理的侵犯盛大网络游戏"永恒之塔"著作权一案中,嫌疑人犯罪手法极其隐蔽,私自架设服务器牟利,采用海外通信工具 Skype 联系,使用比特币实现资金划转。面对新型高科技犯罪,她迎难而上,利用休息时间体验新领域,短短几天就熟悉了私服、外挂、比特币、区块链等新名词;她积极引导鉴定部门取证,恢复近 400G 的电子数据并逐一比对;她层层设问,突破嫌疑人口供,补强 Skype 上的联系证据,通过三天的庭审博弈有力指控了犯罪。她还马不停蹄地设立张江自贸区管委会常驻办公室,将司法办案的关口前移,为优化浦东营商环境保驾护航。②

在加强学习的同时,还要善于思考。思考就是不断逼近问题本质的过程,是一个不断破除头脑中的思维定式的过程。检察官只有在有针对性的学习的基础上,认真检视反思,把问题找实、把根源挖深,才能明确努力方向和改进措施,更好地、创造性地将学到的理论知识运用到检察工作实践中。只有通过对办过的每一起、每一类案件进行深入研究,对法律适用、量刑建议等疑难问题乃至个案背后的

---

① 施净岚,女,上海市浦东新区人民检察院第七检察部(金融检察部)三级高级检察官。

② 参见徐朦、宝华:《检察官施净岚:做有本领、有温度、有担当的公诉人》,载搜狐网 2019 年 1 月 16 日,https://www.sohu.com/a/289528370_693064。

深层次社会原因等进行思考总结，才能真正提升“经验值”。综观每一位优秀检察官，善于思考总结是必备的优秀素质之一。政法英模姜淑珍检察官①，不仅自己勤学习、善思考，而且将这种思考总结提升为办案规范，自2016年起她先后牵头起草、制定了北京市检察机关《专业同步辅助审查工作指南》《非法集资犯罪案件办案参考及证据标准》等办案规范；2019年还组织编发了7期21件经济犯罪领域典型案例，充分发挥出指导示范作用。

2. 面对办案压力不畏挑战，迎难而上

担当就意味着直面难题，勇于挑战。对于检察机关来说，敢于直面问题和挑战就是提升检察履职能力，强化社会治理中的检察担当，这就更需要各位检察人员“敢于担当，敢于啃硬骨头”。

山东省人民检察院第八检察部的检察官王燕深知这个道理，她说：“检察机关提起公益诉讼制度是党中央作出的重大决策部署，体现了老百姓对绿水青山、放心食品和清新空气的期待。作为民行检察官，我们必须敢于担当、攻坚克难，积极履职，回应群众的呼声。”2015年7月，最高检印发《检察机关提起公益诉讼改革试点方案》，山东被确定为试点省份之一。王燕被领导安排参与公益诉讼试点工作。检察机关提起公益诉讼作为一项全新的检察业务，没有现成的经验可遵循。试点初期，社会各界对此并不了解，尤其是有些行政机关不理解、不配合，起步工作十分艰难。公益诉讼试点工作任务紧、要求高、责任重、压力大，面对困局，王燕没有抱怨、没有退缩，而是全身心投入公益诉讼试点工作中，努力寻找工作的突破点。

由她牵头指导办理的全国首例行政公益诉讼案——庆云县检察院诉当地环保局行政不作为案，没有任何经验可以参考，不管是调查取证、诉前程序还是确定诉讼请求，都是在摸索中进行。作为案件承办人的王燕，压力很大。办案关键期，王燕和同事吃住在庆云，和德州市、庆云县检察院的同志共同开展调查取证，深入现场固定社会公共利益遭受侵害的证据。记不清为了案件熬了多少次夜、跑了多少次现场，经过多少次的论证、推敲……最终，该案得以顺利开庭，检察机关的全部诉求得到法院支持。检察机关提起公益诉讼，剑指行政不作为，对于促进社会治理意义重大。庆云县还以该案为契机，对全县范围内重点企业进行了拉网式排查，严防环境污染事件发生。后该案被最高检确定为全国公益诉讼典型案例，被

---

①　姜淑珍，女，北京市顺义区人民检察院党组书记、检察长。

评为2015年度检察机关十大法律监督案例之一。①

3. 善用司法智慧

担当不仅仅意味着责任、奉献甚至牺牲，更需要智慧，这对于检察机关来说尤为重要。因为“法律是社会生活中的法律，它绝不存在于真空之中”，而社会生活的复杂性决定了法律问题的解决绝不能仅仅依靠法律条文，更需要丰富的社会阅历去理解案件事实；更需要妥帖的沟通协调去处理各方当事人的关系；更需要敏锐的洞察力去观察案件背后的社会问题等，而这一切远远超越于理论和文本中的能力就是司法智慧。所谓“世事洞明皆学问，人情练达即文章”。

2014年6月28日，习近平主席在纪念和平共处五项原则发表60周年大会上强调，“要积极树立双赢、多赢、共赢的新理念，摒弃你输我赢、赢者通吃的旧思维。”②可以说，这种新理念不但适用于国际交往，更给新时代检察工作的开展提供了崭新的思路。与时代同行，作为参与国家治理的一分子，最高人民检察院党组贯彻落实新发展理念，提出了“双赢多赢共赢”的法律监督理念。“双赢多赢共赢”理念的提出，不仅展现了检察担当的勇气，更凸显了检察担当的智慧，适应了新时代“四大检察”全面协调充分发展的模式。强调监督不是“你错我对”“你下我上”，而是要用好政治智慧、法律智慧和监督智慧，建立监督者与被监督者的良性、互动、积极的工作关系，共同实现国家治理的现代化。“要善于把党的领导和我国社会主义制度优势转化为社会治理效能，完善党委领导、政府负责、社会协同、公众参与、法治保障的社会治理体制，打造共建共治共享的社会治理格局。”③习近平总书记的这一重要指示，为检察机关参与社会治理指明了方向，也为检察机关践行“双赢多赢共赢”理念提供了理论源泉。

武汉市城郊地区检察院检察官谭青经常说：“我们是来解决问题的。”监督不是高高在上、高人一等，而是通过实实在在的检察工作帮助监检双方共同推进司法公正的实现。2019年7月，谭青针对10件减刑案向法院提出降低减刑幅度的意见，全部得到法院采纳。而这10件案件，此前在监狱提请减刑时，谭青就提出了同样意见，但监狱没有采纳，认为呈报的减刑幅度并未违反法律规定。比如，对于其中一名因故意伤害致人死亡而入狱服刑的服刑人员，监狱认为，其

---

① 参见郭树合：《王燕：公益诉讼的追光者》，载最高人民检察院官网，https://www.spp.gov.cn/spp/xjym/202007/t20200701_470549.shtml。

② 《习近平在和平共处五项原则发表60周年纪念大会上的讲话》，载新华网，http://www.xinhuanet.com//politics/2014-06/28/c_1111364206_2.htm。

③ 《习近平出席中央政法工作会议并发表重要讲话》，载新华网2019年1月16日，http://www.xinhuanet.com/politics/leaders/2019-01/16/c_1123999899.htm。

所犯故意伤害罪不属于“严重暴力犯罪”，减刑无须从严掌握，故意杀人才要从严。

这种认识上的偏差，谭青认为，是对法律法规和司法政策的理解不深刻造成的。“该服刑人员持木棒击打被害人头部，致人死亡，被判 15 年有期徒刑。犯罪情节和后果都如此严重，属于典型的严重暴力犯罪。”谭青向监狱指出，对于何为严重暴力犯罪，不能简单从罪名进行判断，而要从犯罪性质、情节、危害性上综合判断，从立法原意上理解应用。对于 10 件未被采纳的案件，谭青没有放弃，而是依据法律规定继续向法院提出检察意见。最后的结果证明，谭青的坚持是对的。“减刑、假释是激励服刑人员改造的刑罚执行制度，也就是说，减刑、假释是‘奖励’，而不是‘权利’，服刑人员只有积极改造、表现优异，才能获得‘奖励’。而且对于符合减刑条件的服刑人员，也只是可以减刑，而非必须减刑。”在与监狱的调研座谈会上，谭青再次就执法理念问题与监狱方深入沟通探讨。在执法理念和执法尺度上，检监双方在很多方面逐渐达成一致，监狱自觉接受监督、严格规范执法的意识也越来越强，这种共赢效果是谭青最大的职业成就感。①

---

① 参见周晶晶：《谭青：勇于担当要有十足的底气》，载最高人民检察院官网，https://www.spp.gov.cn/spp/xjym/202101/t20210119_506837.shtml。

第五章

坚持公正理念，维护法制统一

温　辉[*]　国家检察官学院

目　次

* 温辉，法学博士，国家检察官学院教授。

公正是社会制度的首要价值,是法治的生命线,是检察官的道德品格。进入新时代,人民群众对公平正义有了更高的要求,与此同时,对检察官公正理念、公正品格也有了更高的要求。检察官应积极践行公正理念,用心用情办好"小案",维护法制统一,做到案结事了人和。

案例一:一个现代版"刀下留人"的真实故事[①]

2014年2月18日22时许,王玉雷向顺平县公安局报案称,其在回家的路上发现一男子躺在地上,旁边有血迹。3月8日,公安机关以涉嫌故意杀人罪对王玉雷刑事拘留。3月15日,提请顺平县检察院批准逮捕。3月18日,检察官提讯王玉雷,发现他右臂用石膏固定,供述也存在不合常理之处。次日,检察官再次提讯王玉雷,经过耐心细致的思想工作,王玉雷翻供称人不是他杀的,是公安机关对其实施非法手段后迫使其作出的供述。鉴于案情重大,且被害人家属和社会各方要求尽快惩治凶手的实际情况。3月21日,顺平县检察院决定向保定市检察院请示汇报。

听完汇报,市检察院侦查监督部门检察人员对是否批捕王玉雷产生分歧。有人认为事实不清、证据不足,应该不批捕;有人认为现有证据不能完全排除王玉雷作案嫌疑,应该批捕,否则将面临被害人家属上访、嫌疑人逃跑或者再次作案的风险。

彭少勇[②]没有急着表态。他说:"不能简单地拍板捕与不捕,既要坚持证据裁判,也要体谅被害者家属的伤痛;不仅要考虑公安机关办案的艰辛,更要认真履行检察机关法律监督职责,严把审查关口,做到不冤枉无辜、不放纵坏人。"经过仔细分析,他提出"三个不足信":一是王玉雷有作案时间不足信。被害人尸检报告没有确定死亡时间,凭个别证言推断王玉雷有作案时间有问题。二是王玉雷有罪供述不足信。9次笔录,前5次不供,后4次承认有罪,但4次有罪供述中,对作案工具的种类、去向及作案时所穿衣物的供述无一次相同,也均未查实。作案工具与尸检报告中的"U"形创口不吻合。三是认定王玉雷有罪不足信。证实有罪的证据只有王玉雷供述。"只服从法律和事实,坚决排除非法证据",彭少勇坚守这一

---

① 《彭少勇:一个现代版"刀下留人"的真实故事》,载最高人民检察院官网,https://www.spp.gov.cn/zdgz/201508/t20150803_102414.shtml。

② 彭少勇,保定市人民检察院原党组副书记、副检察长。2015年10月9日上午,最高人民检察院、中共河北省委在石家庄召开命名表彰大会,授予彭少勇同志"全国模范检察官""全省优秀共产党员"荣誉称号,现已退休。

信条。

3 月 22 日，顺平县检察院按照市检察院的意见对王玉雷作出不批准逮捕决定。之后，彭少勇带领办案干警研究出 9 条补充侦查意见：对现场提取的手套进行技术鉴定，继续追查作案工具的下落，进一步排查被害人与其他人是否存在矛盾等。根据检察机关补充侦查提纲，公安机关迅速调整侦查思路，扩大排查范围，提取了 13 个重点可疑人员的血样进行 DNA 鉴定，并通过比对案发现场遗留手套中检测出的另外一个人的 DNA 特征，最终抓获真凶。

案例二①：一个沉冤昭雪的案例

1996 年 4 月 9 日晚 7 时 45 分左右，被害人杨某某称要去厕所，从呼和浩特市锡林南路千里香饭店离开，当晚 9 时 15 分后被发现因被扼颈窒息死于内蒙古第一毛纺织厂宿舍 57 栋平房西侧的公共厕所女厕所内。呼格吉勒图于当晚与其同事闫峰吃完晚饭分手后，到过该女厕所，此后返回工作单位叫上闫峰到案发女厕所内，看到杨某某仰身躺在厕所隔墙上，呼格吉勒图与闫峰跑到附近治安岗亭报案。公安机关认定报案人呼格吉勒图是凶手，其在女厕所对死者进行流氓猥亵时，用手掐住死者的脖子导致其死亡。4 月 11 日，呼格吉勒图作出有罪供述。案件经过批捕、起诉、审判等一系列法律程序。5 月 23 日，呼格吉勒图一审被判处死刑，剥夺政治权利终身。上诉被驳回后，于 1996 年 6 月 10 日，呼格吉勒图被执行死刑。2014 年 11 月 20 日，呼格吉勒图案进入再审程序。同年 12 月 15 日，再审判决宣告呼格吉勒图无罪。

思考题：

1. 公正的时代意义是什么？

2. 公正的职业道德要求包括哪些？

3. 检察官应如何践行公正理念？

一、公正理念的基本内涵、思想源流及时代意义

（一）公正的词源意义

《说文解字》谓："公，平分也，从八从厶。八犹背也。""八"，表示相背，"厶"

① 载百度网，https://baike.baidu.com/item/%E5%91%BC%E6%A0%BC%E5%90%89%E5%8B%92%E5%9B%BE%E6%A1%88/9877190?fromtitle=%E5%91%BC%E6%A0%BC%E6%A1%88&fromid=16391902&fr=aladdin，最后访问日期：2022 年 4 月 25 日。

即“私”的本字，“背私即是公”。《韩非子·五蠹》谓：“背厶谓之公，或说，分其厶以与人为公。”《白虎通义》有言：“公者，通也。”《说文解字》解释：“正，是也，从止，一以止。凡正之属皆从正。”“正”是指行为合于法则、不偏斜，所谓守一而有所止。[①] 与公正相近的词有两组：一组以“正”字开头，如正直、正平、正义；另一组以“公”字开头，如公平、公道、公正。这六个词所表示的实质意义是“公”“平”“正”“直”，按照《说文解字》的释义，大致是借助“平”释“公”，借助“公”释“平”，借助“直”释“正”，借助“正”释“直”。何怀宏教授通过翻检《经籍纂诂》发现，这四个字经常被用来互诂，它们虽有微殊[②]，但实在是意义相当接近的词。在趋同的意义上，公、平、正、直之义可统称为“正义”：公即不私，平即不陂，正即不偏，直即不曲，正义即公平正直之义，其前提是无私。还可以把“不偏、不陂、不曲”进一步归为一义，从而更概括地说，正义即公正之义。进而，公正的含义有二：一是无私；二是不偏不陂。[③]

在现代汉语中，公正则包含了“公平”“正义”两种意义，是对两者内涵的“整合”，是一个社会适用度很高的“融合性概念”。有人认为公正包含两种基本的目标指向：一是“公平的正义”，主要关注和寻求的是“公平”的社会状态，即“公平”不但是一种对“正义”价值目标的具有明显时代特征的观念化理解，而且是“正义”目标在现实社会中的具体化和相对性的呈现。二是“正义的公平”，更侧重于“正义”的价值内核和基本准则，它重视对“公平”追求的限定，强调不可因为现实的具体的公平需求而放弃和丧失了“正义”的根本要求。[④] 这两个目标指向中包含着怎样才算公正的价值判断和事实标准。公平与否是两相比较而得出的结论，是一个关系范畴。进而公正也是一个“相对于他者”的关系范畴，一种待人之道，即在人与人之间的相互交往过程中，对待他人的态度和方式。

在英语中，公正为“justice”。“justice”出自拉丁语“justitia”，含有公正、公平、正直的意思；公正“既可以是个人主观的态度，也可以是客观的制度安排”[⑤]。亚里士多德首先是把它作为规范性概念使用，但同时强调公正行为的品质，将它作

---

① 东方朔：《荀子公正观论略》，载《东岳论丛》2017年第3期。

② 当我们把“正义”理解为一种普遍的规范性理念或概念时，一般就不大说它是一种“品质”；当我们说一种“品质”时，更多的是用“公正”，而不是用“正义”来表达。而“品质”更多的是用于个人行为，而不是用于制度。

③ 何怀宏：《伦理学是什么》，北京大学出版社2002年版，第209~210页。

④ 吴沁芳：《公正的价值维度及其现实观照》，载《学习与实践》2017年第3期。

⑤ 东方朔：《荀子公正观论略》，载《东岳论丛》2017年第3期。

为一种“美德”来使用。[①] 在西方,公正最古典的定义被认为是古罗马法学家乌尔庇安首创于查士丁尼《民法大全》,其具体表述为:公正乃是使每个人获得应得东西的永恒不变的意志。从结构上分析,这一概念包含两部分:一是定量。公正之“应得”是恒定不变的。二是变量。影响公正的变量因素包括:应得主体,谁应得;应得客体,应得什么;应得标准,为什么应得;应得的手段,怎样应得;应得的时限,什么时候应得。正因为影响公正的变量如此复杂,以致公正有了一张普洛透斯似的脸(a Protean face),变幻无常、随时可呈现不同形状并具有极不相同的面貌。博登海默说:“当我们仔细查看这张脸并试图解开隐藏其表面背后的秘密时,我们往往会深感迷惑。”[②]魏因贝格尔甚至直接宣布:“没有人能够客观地和确定地知道什么是公正,公正也得不到证明。”[③]公正是人类社会共同的价值追求和终极关怀,是人类社会的独特价值现象。公正所拥有的价值,不仅在于它在学理上是一个重要的价值范畴,更关键的是,它在实践中还是一种具有极其重大作用的价值载体。[④] 正因如此,人类追求公正的决心始终是那么的矢志不渝,意志始终是那么的坚如磐石。

(二)检察官公正理念的思想源流

公正不仅是“社会制度的首要价值”,也是个人态度、个人品格和个人美德,并且有着丰富的思想源流。

在把公正用于表述人的行为和品德时,亚里士多德视公正为一种总德,即与所有他人都相关的总德,它是一切德性的总括。亚里士多德认为:公正是德性之首,比星辰更让人崇敬。公正之所以被视为总德,一方面因为它是完整德性的直接应用;另一方面因为公正是拥有公正之德的人的待人之道,即是一种“对别人的善”。关于什么是公正,亚里士多德是从什么是不公正谈起的。他说:“违法的人看起来是不公正的,好占别人便宜的贪婪者和敌视平等的人看起来也是不公正的。由此也就得出,公正的人,就是守法的和坚持平等的人。所以,公正就是尊重

---

① [古希腊]亚里士多德:《尼各马可伦理学》,邓安庆译,人民出版社 2010 年版,第 164 页,注[193]。

② [美]E. 博登海默:《法理学:法律哲学与法律方法》,邓正来译,中国政法大学出版社 1999 年版,第 252 页。

③ [英]麦考密克、[奥]魏因贝格尔:《制度法论》,周叶谦译,中国政法大学出版社 1994 年版,第 250 页。

④ 吴沁芳:《公正的价值维度及其现实观照》,载《学习与实践》2017 年第 3 期。

法律和公民平等，不公正就是蔑视法律和公民平等。”①概言之，公正是公正的人出于自愿选择而公正地行动的一种品格和美德。它具有以下特点：第一，现实性。亚里士多德认为：人如果离世绝俗，就无法实践其善行，勇敢、节制、正义、明哲等诸善德实际上就包含在社会的公务和城邦的行动中。人们必须先进行有关德性的现实活动，才能获得德性。第二，均等原则。亚里士多德主张“中道的均衡”，避免各种极端、过与不及现象的出现。第三，实证性和经验主义倾向。他认为天赋等自然秉性最初对社会并不发生作用，只是由于后天的社会实践在积习中形成一种品性。也就是说，人天生具有某些倾向，随着社会生活的潜移默化，或习于向善，或习于从恶，于是形成某种类似自然造就的品性，即正义或不正义。第四，相对性。亚里士多德指出：公理或正义以自然的和约定的两种方式存在，并主张“自然正义同约定正义一样是可变的”。通过承认自然正义的可变性，提出了正义的相对性，即正义会随时间、地点的变化而变化。②

马克思关于公正的论述，包含着强烈的道德色彩和鲜明的阶级立场。马克思以历史唯物主义的世界观，首先客观地评价了资本主义的发生和发展，他认为：资本主义在不到一百年的时间里，成就了“比过去一切世代创造的全部生产力还要多，还要大”的辉煌历史。同时，马克思对资本主义进行了深刻的分析和无情的批判。马克思认为，资本主义经济活动中资本同劳动力之间的交换实际上只是表面上的“公平交换”，而这种“公平交换”背后隐藏的是资本家对工人的剥削。他说：“资本来到世间，从头到脚，每个毛孔都滴着血和肮脏的东西。”③“资本家，他只是人格化的资本。他的灵魂就是资本的灵魂。”④马克思把资本对劳动的剥削说成“诡计”，还使用“抢劫”“篡夺”“盗用”“盗窃”“夺取”“榨取”等词汇来描述资本主义的剥削。⑤ 马克思尖锐地指出资本的剥削对全部社会状况和社会关系的影响，他说：“生产的不断革命，一切社会关系不停地动荡，永远的不确定和骚动不安，这就是资产阶级时代区别于过去一切时代的特征。一切固定的冻结实了的关系以及与之相适应的古老的令人尊崇的观念和见解，都被扫除了，一切新形成的关系等不到固定下来就陈旧了。一切坚固的东西都烟消云散了，一切神圣的东西都被亵渎了，人们终于不得不冷静地直面他们生活的真实状况和他们的相互

---

① [古希腊]亚里士多德：《尼各马可伦理学》，邓安庆译，人民出版社2010年版，第167页。

② 王岩：《亚里士多德的政治正义观研究》，载《政治学研究》2003年第1期。

③ 马克思：《资本论》（第1卷），人民出版社2004年版，第871页。

④ 《马克思恩格斯全集》（第23卷），人民出版社1972年版，第260页。

⑤ 黄有璋：《论马克思分配正义思想的四个维度》，载《广西社会科学》2017年第7期。

关系。”①

如果说,西方的公正观指向制度和品质两个层面,但偏向于前者的话,中国传统的公正观念与之相反,侧重于人的主观层面,认为公正是一种相对的道德观念和主观修养,并对不同的主体有着不同的要求:于君主而言,公正是一种执政理念;于以君子为代表的士大夫阶层而言,公正是一种个人品行或道德品质。

中国传统公正观的典型代表是儒家公正观。而谈到儒家公正观,就不得不提到孔子。在孔子的笔下,“公”包含以下意义:(1)“公”更多的是指“公平”之意。“宽则得众,信则民任焉,敏则有功,公则说。”(《论语·尧曰篇》)公平与否直接涉及能否赢得民心,能否得到百姓的信任和支持,故“不患寡而患不均”。(2)“公”还与“直”同义。“何以报德?以直报怨,以德报德。”(《论语·宪问篇》)孔子还认为,“正”与“端”的意思相通。“席不正,不坐。”(《论语·乡党篇》)怀抱“大道之行,天下为公”的理想,孔子的公正思想内涵丰富,寓意深刻:以仁为公正的价值基础、以义为公正之质的要求、以礼为公正的制度保障、以中和正为公正的基本准则、以和为公正的理想目标,追求人们之间合乎中道原则的“各得其所”之和谐状态。②

有人认为,从词源上说,最早使用“公正”“正义”的,大概是先秦思想家荀子。③ 公正是荀子思想的一项重要原则,且偏重于个人的品行和德行之含义。《荀子》一书中单独言及“公正”一词的大约有四处,它们分别是《君道》篇:“公正之士,众人之痤也”;《正名》篇:“贵公正而贱鄙争”;《正论》篇:“上公正,则下易直矣”以及《赋》篇:“公正无私。”④在荀子看来,“公正”与“直”密切相连,有无私之意。“是谓是非谓非曰直”“天下有中敢直其身”“比周欺上恶正直”。荀子认为个人的道德修养应秉持“公义胜私欲”的原则,“利少而义多,为之”(《修身》)。在实现方式上,荀子将“义”和“礼”作为公正思想的两个重要因素,主张行义以礼、行义以正。⑤ 荀子还指出公正作为政治道德价值具有重要的意义:⑥一是可以使认识明晰,所谓“公生明,偏生暗”“公察善思论不乱”;二是能够取得百姓的信任,所谓“纂论公察则民不疑”;三是公正是从事政务、评价政务的标准。

孔子、荀子的公正观为儒家公正观奠定了基础,对后世影响甚广。

---

① 马克思、恩格斯:《共产党宣言》,人民出版社2014年版,第30页。
② 赵昆:《孔子公正思想论析》,载《齐鲁学刊》2016年第6期。
③ 韩东屏:《“公正”新解》,载《马克思主义与现实》2016年第6期。
④ 东方朔:《荀子公正观论略》,载《东岳论丛》2017年第3期。
⑤ 杨文佳:《休谟与荀子的正义观比较研究》,载《九江学院学报》2016年第1期。
⑥ 赵馥洁:《国学中的公正价值观》,载《光明日报》2007年1月25日。

明末清初思想家王夫之明确提出“公正”范畴的内涵。他说:“治国推教而必有恒政,故既以孝弟慈为教本,而尤必通其意于法制,以旁行于理财用人之中,而纳民于清明公正之道。”①王夫之主要从“大公的公正”“合宜的公正”“伦序的公正”三个方面展开,以大公、合宜、伦序为公正的三要素,以此建构公正范畴内涵的总向度。② 王夫之“伦序的公正”强调个人品格,并带有很强的实践性,包括“序以公正”“位以公正”“差以公正”。其中,“位以公正”是说身在其位,必须谋划其事,遵守所在职位上的职责达到公正;做自己职责范围内的事,即是公正内涵的体现。③ 用现代语汇表述,“位以公正”说的就是职业道德,要求执业者公正履职。

(三)检察官公正理念的时代意义

1. 司法与公正

在英语中,司法与正义是同一个词“justice”。除此之外,法、德、俄等外文中的司法,都含有“公平”“正义”“正确”之意;中国古代的法——灋——也不例外,意为“平之如水,去不直”。公正、正义原则的内涵极其丰富:既包含价值追求、制度安排,也包含实践判断、事实标准;不仅是抽象原则,也是具体规则。“公平正义要相对地具体化,成为人们处理具体利益矛盾时的可操作的依据。更确切地说,公平正义要从原则的神坛上走下来,具体化为一系列细致的、处理各种具体矛盾和争执的规则,以及这些规则的运行机制,这些规则主要就是法律。”④职是之故,正义与法律之间的关系就成为法理学上一个历久弥新的话题。

根据学者的研究,历史上关于正义与法律之间的关系,有自然主义和实证主义两种相互矛盾的观点。⑤ 自然主义,就是肯定自然正义的存在,肯定自然的、不可让渡的权利的存在,肯定自然道德法的存在,肯定那些我们同意并具有规约性的习俗的存在,它们不但独立于而且也先于实证法律存在。也就是说认同法律存在一个“高级背景”。这个“高级背景”构成法律正义的源泉,法律强制力的源泉,法律生命力的源泉。而实证主义把法律看得重于正义,从实证法律中寻求正义的源泉,而不是把自然正义视为人们制定法律的根据。尽管自然主义和实证主义研究的逻辑、路径不同,观点也不同,但两者都无法否认这样的结论:究其实质而论,

---

① 转引自李长泰:《王夫之公正范畴的内涵解析》,载《船山学刊》2018 年第 1 期。

② 李长泰:《王夫之公正范畴的内涵解析》,载《船山学刊》2018 年第 1 期。

③ 李长泰:《王夫之公正范畴的内涵解析》,载《船山学刊》2018 年第 1 期。

④ 张恒山:《略论和谐社会中的公平正义与法律》,载《法学杂志》2005 年第 4 期。

⑤ 肖建国:《司法公正的理念与制度研究》,中国人民公安大学出版社 2006 年版,第 41 页。

法的核心价值就是正义。而公正实现的路径,远远不止立法这一条,公正还可以通过行政和司法等途径实现,特别是司法与公正有着天然的亲和力。“公正”与“司法”的关联,是西方传统文化的一个部分,“司法公正”本身即为一个自然的合成词。① 司法是实现法律正义的一种形式,且是正义实现的各种方式中最为公正、最令人信服的一种,“因为它同时包含着对正义实现的结果和过程的要求,因而是比较可靠的、有保障的公正”②。特别是在法治社会中,司法被视为调处社会冲突的最终,也是最彻底的方式。司法公正,对国家而言,有利于维护国家法律秩序;对社会而言,有利于增进人们对诉讼的信任和期待,有利于抑制和预防侵权行为的发生;对当事人而言,有利于保护当事人的合法权益。③

2. 司法者的公正品格

人们通常视公正为法律制度应有的品格,视法律为正义的化身;司法者则被誉为“会说话的法律”。因而,司法者应和法律一样,具有公正的品格。换言之,具有良好道德品质、为人公正应是司法人员的基本素质和任职条件。

西周时期,为维护周王统治,周穆王命吕侯制定《吕刑》。《吕刑》以“明德慎罚”为指导思想,阐明“祥刑”“安百姓”的刑罚目的,并强调选用“吉人”“哲人”掌管刑罚。《吕刑》的制定者认为,治是国家的当务之急,它包括三个方面:慎重选择治理人才(何择非人?)、谨慎地使用刑罚(何敬非刑?)、随时代的变化而考虑适当的治理方法(何度非及?)。而三者中最为重要的是治理人才。在人与刑(法)的关系上,人是第一位的,只有找到了“吉人”“哲人”,才能“敬于刑”,圣王所制之刑罚才能起到安天下的作用。④ 在现代社会,法律往往会赋予检察官一定的自由裁量权。试想,如果检察官不能秉持公正理念、不具有公正品格,甚至怀揣不纯动机,个案公正如何得以实现?!

3. 公正的时代意义和基本要求

作为检察官职业道德层面的“公正”,较一般意义上理解的“公正”具有更为全面、深刻的内涵,其对法律义务层面“公正”的实现具有重要的价值。⑤

(1)公正是社会主义核心价值观,是社会主义法治的内在要求

2006 年 10 月,党的十六届六中全会第一次提出“建设社会主义核心价值体

---

① 高其才等:《司法公正观念源流》,人民法院出版社 2003 年版,第 540 页。
② 肖建国:《司法公正的理念与制度研究》,中国人民公安大学出版社 2006 年版,第 47 页。
③ 谢佑平主编:《司法公正的建构》,中国检察出版社 2005 年版,第 26 ~ 29 页。
④ 高其才等:《司法公正观念源流》,人民法院出版社 2003 年版,第 153 页。
⑤ 常艳:《论检察官职业道德基本准则——公正》,载《中国检察官》2010 年第 8 期。

系”的重大命题和战略任务，明确提出社会主义核心价值体系的内容，并指出社会主义核心价值观是社会主义核心价值体系的内核。2012 年 11 月，党的十八大提出“三个倡导”，即“倡导富强、民主、文明、和谐，倡导自由、平等、公正、法治，倡导爱国、敬业、诚信、友善，积极培育和践行社会主义核心价值观”。习近平总书记明确提出：“历史和现实都表明，构建具有强大感召力的核心价值观，关系社会和谐稳定，关系国家长治久安。”①而司法公正恰好涵盖社会主义核心价值观社会层面中“公正”与“法治”双重价值内核。公平正义是社会的阳光雨露，依法而治是社会的尺度规范，二者都是社会稳定和社会发展的必然要素。② 2019 年 10 月，国务院印发《新时代公民道德建设实施纲要》，在总体要求部分提出：“坚持以社会主义核心价值观为引领，将国家、社会、个人层面的价值要求贯穿到道德建设各方面……”并进一步要求“把社会主义核心价值观要求融入日常生活，使之成为人们日用而不觉的道德规范和行为准则”。2020 年 12 月，中共中央印发《法治社会建设实施纲要（2020－2025 年）》，总体目标为：到 2025 年……社会主义核心价值观要求融入法治建设和社会治理成效显著……

（2）进入新时代，人民群众对公平正义有了更高的要求

新时代，人民群众对美好生活的向往，不仅有物质方面的，更有精神方面的。对于公平正义，人民群众不仅要求司法人员守护公平正义的防线，做到司法公正，而且对司法公正的评价由客观标准发展到主观感知，要求获得司法公正感。而实验研究也表明，结果并不是唯一决定人们事后感受的因素。③

党的十八届三中全会提出：深化司法体制改革，加快建设公正高效权威的社会主义司法制度，维护人民权益，让人民群众在每一个司法案件中都感受到公平正义。党的十八届四中全会进一步提出，要完善司法管理体制和司法权力运行机制，规范司法行为，加强对司法活动的监督，切实让人民群众在每一起司法案件中感受到公平正义。习近平总书记指出：“公正是法治的生命线。公平正义是我们党追求的一个非常崇高的价值，全心全意为人民服务的宗旨决定了我们必须追求公平正义，保护人民权益、伸张正义。全面依法治国，必须紧紧围绕保障和促进社会公平正义来进行。”④公正司法是维护社会公平正义的最后一道防线。司法公

---

① 《习近平谈治国理政》（第 1 卷），外文出版社有限责任公司 2018 年版，第 163 页。

② 贾中海、程睿：《习近平司法公正思想的社会价值向度》，载《理论探讨》2020 年第 4 期。

③ 侯猛：《如何评价司法公正：从客观标准到主观感知》，载《法律适用》2016 年第 6 期。

④ 习近平：《在省部级主要领导干部学习贯彻党的十八届四中全会精神全面推进依法治国专题研讨班上的讲话》（2015 年 2 月 2 日）。载中共中央文献研究室编：《习近平关于协调推进“四个全面”战略布局论述摘编》，中央文献出版社 2015 年版，第 117 页。

正对社会公正具有重要的引领作用，司法不公对社会公正具有致命破坏作用，严重影响公信力。培根说：一次不公正的裁判，其恶果甚至超过十次犯罪。因为犯罪虽是无视法律——好比污染了水流，而不公正的审判则毁坏法律——好比污染了水源。在这个意义上，100－1＝0。一个错案的负面影响足以摧毁99个公正裁判积累起来的良好形象。如果司法这道防线缺乏公信力，社会公正就会受到普遍质疑，社会和谐稳定就难以保障。检察官作为社会主义核心价值观教育引导的重点群体，应在道德建设，特别是公正司法中为全社会作出表率，通过具体案件让人民群众感受到司法的公平，社会的正义，以此厚植党的执政基础。

（3）检察官“公正理念”的职业道德要求

检察官职业道德公正的要求包括以下四个方面：一是平等对待，真正做到法律面前人人平等。需要特别指出的是，从道德层面上讲，这种平等对待不仅是程序意义上的，更主要是人格尊严上的平等。二是确保实体公正，要以“初心”的执着、“守心”的标准为民司法，以依法监督的“我管”，促职能机关依法履职的“都管”，切实维护法制统一、权威和尊严。三是追求程序公正，以看得见的方式实现公正，让人民群众感受到公正。四是兼顾效率与效果，一方面及时高效履职；另一方面增强社会公正感受和认同，坚持政治效果、社会效果、法律效果相统一。为此，检察官应按张军检察长所要求的那样：“要”在转变观念，检察官履职立场必须与时俱进，切实做到不偏不倚、不枉不纵、既无过度也无不及；“重”在提升能力，全体检察官必须践行公平正义要求，不断提高客观公正办案能力，追求最佳办案质量、效率、效果；“旨”在维护权益，真正当好公共利益的代表、公平正义的守护者。

二、违背检察官公正理念的主要表现

公正是检察官职业道德的核心内容，应成为检察官矢志不渝的价值追求和行动自觉。但有极个别检察官行为失范失格，违背公正理念。

（一）办人情案、关系案

习近平总书记在《关于〈中共中央关于全面推进依法治国若干重大问题的决定〉的说明》中指出：“当前，司法领域存在的主要问题是，司法不公、司法公信力不高问题十分突出，一些司法人员作风不正、办案不廉，办金钱案、关系案、人情案,‘吃了原告吃被告’,等等。”①

为了确保法律适用平等、检察官公正司法,我国三大诉讼法都确立了回避制度。有人认为,我国回避制度萌芽于春秋战国,正式产生于两汉时期。春秋战国之前我国实行“世卿世禄”的世袭制度。在政治实践中,这种制度逐渐暴露出自身无法克服的弊端:一方面,世袭的官员能力不足,致使中央的政令法令不能得到很好的执行,严重影响行政效率和效能;另一方面,本籍任职“州郡相党,人情比周”易于形成裙带关系,滋生腐败。东汉桓帝时期,中国第一个关于任官回避的成文法规“三互法”正式出台,规定“婚姻之家”和“幽冀两州之士”不得“对相监临”。以东汉官吏史弼为例,他本应出任山阳太守,但是他的妻子娘家,恰好在山阳辖内,于是史弼上书自陈应回避,被调任为平原相。② 古代回避内容包括:(1)亲属回避。亲属不得在同一地区、同一部门供职。(2)籍贯回避。不得在本籍任职,正所谓“千里去做官”。(3)职务回避。始自唐代,规定凡职责相连或监临监察的官职,亲族内均需实行职务回避。如宰相的儿子不能为谏官。(4)考试回避。在科举考试中,主考官与考生有师生关系或亲属关系的,都要回避。

近代以来,回避已成为现代程序制度的一项重要原则。依照我国现行法律的规定,检察官从事检察活动,具有下列情形之一的,应当回避:(1)是本案的当事人或者是当事人的近亲属的;(2)本人或者其近亲属和本案有利害关系的;(3)担任过本案的证人、鉴定人、辩护人、诉讼代理人的;(4)与本案当事人有其他关系,可能影响公正处理案件的。对于“其他关系”的界定,最高人民检察院有过相应的解释。2011 年 1 月 10 日,最高人民检察院印发《关于规范检察人员与律师交往行为的暂行规定》,其中第 8 条规定:“检察人员在办案中,与本案当事人委托的律师有夫妻、父母、子女或者同胞兄弟姐妹关系的,应当自行回避。与本案当事人委托的律师之间存在其他亲属关系或者朋友、同学、师生、曾经同事等关系,可能影响案件公正处理的,应当申请回避。”除此之外,“其他关系”还包括以下情形:与当事人有过恩怨;与当事人有经济往来等。“可能影响案件公正处理”,是与当事人有“其他关系”应当回避的必要条件。检察人员虽然与当事人有“其他关系”,但不影响案件公正处理的,不适用回避。③ 另外,参加过本案侦查的侦查人员,不

---

① 载人民网,http://cpc. people. com. cn/n/2014/1029/c64094 - 25927958. html。

② 参见百度百科,https://baike. baidu. com/item/% E5% 8F% A4% E4% BB% A3% E5% 9B% 9E% E9% 81% BF% E5% 88% B6% E5% BA% A6/5749174? fr = aladdin,最后访问日期:2022 年 2 月 17 日。

③ 孙谦主编:《〈人民检察院刑事诉讼规则(试行)〉理解与适用》,中国检察出版社 2012 年版,第 30 页。

得承办本案的审查逮捕、审查起诉、出庭支持公诉和诉讼监督工作。

检察人员的回避主要有申请回避、决定回避和自行回避三种形式。如果检察官符合回避的情形，且自己清楚并有明确认识，但案件当事人及其法定代理人、辩护人等对此并不知情，检察机关也不掌握相关信息，在这种情况下，检察官基于公正理念，应当主动提出回避申请。但有的检察官却不主动提出，办人情案、关系案，严重侵蚀司法公正。

（二）办案质量不高，法律适用不准确

一个时期以来，检察官单纯地被看作犯罪追诉人和惩治者。不少检察官往往也认同这样的“标签”，重打击轻保护、重实体轻程序、重支持配合轻制约监督。[①] 2019年修改后的《检察官法》第5条规定：“检察官履行职责，应当以事实为根据，以法律为准绳，秉持客观公正的立场。”这是首次在法律中确认检察官的履职立场。客观公正立场要求检察官在依法履行法定职责时，必须转变观念，不能站在追诉者的立场，单纯地行使求刑权，一味地追诉犯罪，而应兼顾人权保障，要按照《刑事诉讼法》规定，全面收集能够证实犯罪嫌疑人、被告人有罪或者无罪、罪轻罪重的各种证据，既要注意对被追诉人不利的情况，也要注意对被追诉人有利的情况，真正做到不偏不倚、不枉不纵，以事实为根据，以法律为准绳，实现实体公正。实体公正是客观公正立场的基本内涵，是检察官职业道德公正理念的底线要求。而个别检察官却连这个底线都没能守住。

1. 案件事实不清，证据不足

案例二中，检察机关认为，呼格吉勒图采取暴力手段猥亵妇女，并扼颈致被害人窒息死亡，手段残忍、情节恶劣，应依法严惩。但对案件中的关键性证据没有进行DNA鉴定；在提审中既没有认真听取呼格吉勒图的供述，也没有认真对待呼格吉勒图的“翻供”。2014年12月15日，内蒙古自治区高级人民法院再审判决宣告原审被告人呼格吉勒图无罪。改判无罪的理由为原判证据不足，具体为：

其一，犯罪手段供述与尸体检验报告不符。呼格吉勒图多次有罪供述称采取卡脖子、捂嘴等犯罪手段与被害人杨某某“后纵隔大面积出血”等尸体检验报告内容不符。

其二，血型鉴定结论不具有排他性。呼格吉勒图本人血型为A型，对呼格吉勒图指甲缝内附着物检出O型人血，与被害人血型相同。但血型鉴定为种类物

① 每周社评：《检察官要始终坚守客观公正立场》，载《检察日报》2019年7月29日，第1版。

鉴定，该鉴定结论不具有排他性、唯一性，不能证实呼格吉勒图实施了犯罪行为。

其三，呼格吉勒图的有罪供述不稳定，且与其他证据存在诸多不吻合之处。呼格吉勒图在侦查、审查起诉和审理阶段均曾供称采取了卡脖子、捂嘴等暴力方式强行猥亵被害人，但又有翻供的情形，有罪供述并不稳定。而且供述中关于杨某某的衣着、身高、发型、口音等内容与尸体检验报告、证人证言之间有诸多不吻合之处。

再审宣判后，内蒙古自治区高级人民法院启动追责程序和国家赔偿；内蒙古自治区人民检察院决定成立调查组，对检察系统造成呼格吉勒图错案负有责任的人员展开调查。最终，有多名检察官受到党纪政纪处分。

2. 没有依法排除非法证据

最高人民法院、最高人民检察院、公安部、国家安全部、司法部于 2010 年 6 月 13 日颁行《关于办理刑事案件排除非法证据若干问题的规定》，对非法证据排除作了详细规定，确立了非法证据排除规则。2012 年修改后的《刑事诉讼法》从立法层面确立了非法证据排除规则。非法证据排除，是完善证据制度的重要举措，是实现司法公正的重要手段，是提高法治化水平的重要体现。但有极个别检察官在办案中，没能严格遵守证据规则，排除非法证据，造成错案。如郝某某抢劫案中，郝某某向检察官反映其唯一一次有罪供述是侦查人员刑讯逼供所致，郝某某入看守所的体检记载是“浑身多处青紫和肿块”，后郝某某入县医院切除了右肾和脾脏。检察官还收到过郝某某的姐姐、姐夫关于郝某某被冤枉、被刑讯逼供的信，但都未引起足够重视，未排除刑讯逼供获取的供述。[①] 郝某某抢劫案中检察官没有依法排除非法证据，致使公诉案件证据上存在问题，严重损害司法公正。

3. 机械适用法律，割裂“三个效果”有机统一

在 2020 年全国基层检察院建设工作会议上，张军检察长强调，基层检察院必须担负起“办好群众身边案件”的政治责任、社会责任和法律责任，决不能只守住形式上“不违法”的底线，必须综合考虑天理、国法、人情，换位思考，本着司法良知，努力践行“三个效果”统一的办案标准，让人民群众在每一起司法案件中都真正、切实感受到公平正义。僵化理解法律、机械适用法律，看起来是“不违法”，似乎达到了办案的“法律效果”。但是，如果没有良好的政治效果和广泛的社会效果，这种“不违法”的法律效果也只能是打了折扣的。

避免机械司法，检察官需注意以下几点：[②]（1）既要准确把握犯罪的构成要

---

① 朱孝清：《冤假错案的原因和对策》，载《中国刑事法杂志》2014 年第 2 期。

② 陈晓学：《司法办案如何更好体现法治思维》，载《中山日报》2017 年 9 月 11 日，第 5 版。

件，依法准确打击犯罪，又要特别重视《刑法》总则中的“危害社会的行为”和“情节显著轻微危害不大的，不认为是犯罪”的规定，主动换位思考，站在社会受众的立场上分析案情；[①]（2）办案过程中，对《刑法》规定的犯罪行为予以处罚时，应围绕是否具有非法目的、犯罪行为、犯罪情节、危害后果等对整个案件情节综合判断，不能单纯地就案办案；（3）办案要有法治智慧和法治思维，对不具有社会危害性或者犯罪情节显著轻微的案件，要积极开展调查研究，充分论证，听取人民监督员或者社会人士的合理建议。

（三）轻程序，忽视被告辩解和律师意见

程序公正是实体公正的基础和保障。同时，其本身也有独立的价值，保障正义以看得见的方式实现。

程序公正的思想可溯及至英国《1215 年自由大宪章》第 39 条——任何自由民，如未经其同级贵族之依法裁判，或经国法判决，皆不得被逮捕，监禁，没收财产，剥夺法律保护权，流放，或加以任何其他损害。有学者认为：“该条内含的正当程序思想成为程序正义观念的最初来源。”[②]程序正当有两项基本要求：一是任何人不得做自己案件的法官；二是当事人有陈述和被倾听的权利。“当事人有陈述和被倾听的权利”原则是通过剑桥大学上诉案[③]创立的。在该案中，本特利（Bentley）被剑桥大学剥夺了学位。他援引剑桥大学的校规认为，自己在被剥夺权利之前，校方根本就没有倾听自己的意见。法官认为，即便在伊甸园里，当亚当偷吃禁果以后，上帝也将亚当叫到面前，倾听他对处罚的看法。本特利案表明，法院应坚持这样一个原则，即如果不给利益受决定影响者倾听的机会，任何决定都不应当

---

① 比如在新冠肺炎疫情初期，犯罪嫌疑人（1956 年出生）因为没有手机，无法扫健康码进入超市购物而临时起意窃取了他人停放在超市门前的自行车车筐内的肯德基汉堡、鸡腿等食品（价值约 90 元），带回家食用。二十几天后，在相同地点，窃取他人停放在超市门前的自行车车筐内海天牌黄豆酱（经鉴定，价值 14.3 元）、甘竹牌玉米粒罐头 1 罐（经鉴定，价值 5.7 元）、盼盼牌法式软面包 1 袋（经鉴定，价值 5.5 元）、中盐牌加碘精制盐等价值 25.5 元的食品、调料，带回家中食用。几天后，因为儿子当时患感冒，自己无法扫码进药店买药，窃取他人停放在超市门前的电动自行车座下方的药品 1 袋（内有蒲地蓝消炎口服液 6 盒、治咳川贝枇杷滴丸 2 盒、厄贝沙坦氢氯噻嗪片 8 盒），价值 571.62 元。因带回去的药儿子拒绝服用，嫌疑人将药卖给了一名药贩子，得款 156 元。后将变卖所得款项用于日常消费。如果孤立地看待犯罪嫌疑人的行为，一年内盗窃三次，根据相关司法解释，应当认定为“多次盗窃”，其行为符合《刑法》第 264 条关于盗窃罪的构成特征，构成盗窃罪。但如果从系统思维角度，综合考虑人身危害性、社会危害性、刑事处罚的必要性以及案件处理的社会效果等因素，犯罪嫌疑人的行为还会不会确定无疑地被认定为犯罪，检察官心中一定会有一个大大的问号。

② 李祖军：《论程序公正》，载《现代法学》2001 年第 3 期。

③ 徐亚文：《程序正义论》，山东人民出版社 2004 年版，第 23～24 页。

有效。这个判例确立了一个重要的司法原则,那就是:在处罚他人之时,正当的告知、适当的倾听是必不可少的。当然,在这个过程中当事人除了自己亲自出席听证外,还可以聘请代理人参加听证。

代理人制度最早产生于古罗马。古罗马时期实行弹劾式诉讼,刑事控告并不是由国家公共权力机关所提起,而是由被害人以私人身份直接向审判机关提起,控辩双方在诉讼中的地位平等、权利对等;原、被告都被视为诉讼中的完整主体。那么,作为诉讼主体一方的被告人的合法权益应当得到尊重和维护,而刑事辩护权被视为是被告人保障自身权益的一种最有效手段。因此,被告人不仅有权自行辩护,而且还可以聘请"辩护士"即律师为自己代理。古罗马人的控辩平等的诉讼结构以及诉讼主体观念影响极为深远,在某种意义上,其奠定了现代刑事辩护制度的基石。

现代刑事诉讼制度中,辩护人已由被告"代理人"发展为独立的诉讼参与人,被视为犯罪嫌疑人或被告人权利的保护者、社会正义的维护者:①一方面,辩护人有权根据自己对案情的判断进行辩护,而不受被告意志的左右,只要是为了维护犯罪嫌疑人、被告人的利益,即使与犯罪嫌疑人、被告人的意志不一致也可以;另一方面,辩护人的活动范围不断扩大,辩护人不仅在审判阶段出庭为被告人进行辩护,而且在侦查阶段就可以介入,为犯罪嫌疑人提供法律上的帮助。为了充分体现平等原则,国家还要为无钱聘请律师的犯罪嫌疑人提供法律援助。1947 年 7 月 30 日,英国通过《法律援助法》,确立这样的基本原则:如果一个人有合理的理由提出起诉或进行辩护就应该给予法律援助,而且如果律师为他的利益所采取的步骤是合理的,就应该被允许。英国丹宁勋爵说,法律援助的出现,改变了过去任何人必须"依靠自己力量、花自己钱打官司"的情形,使那些穷人——收入微薄的人——可以用国家的钱打官司。②《公民权利和政治权利国际公约》第 14 条第 3 款第 4 项规定,在受到刑事指控时,人人完全平等地享有这样的保证:"出席受审并亲自替自己辩护或经由他自己所选择的法律援助进行辩护;如果他没有法律援助,要通知他享有这种权利;在司法利益有此需要的案件中,为他指定法律援助,而在他没有足够能力偿付法律援助的案件中,不要他自己付费。"这足见辩护之于程序公正的意义。有分析指出:在陆续发现的冤假错案中绝大部分都存在武断粗暴地排斥律师辩护意见的情形。田文昌认为,排斥律师是冤假错案产生的五大原

---

① 谢佑平主编:《司法公正的建构》,中国检察出版社 2005 年版,第 173 页。
② [英]丹宁勋爵:《法律的未来》,刘庸安、张文镇译,法律出版社 1999 年版,第 110 页。

因之一。[①]

同样地,忽视被告辩解,把被告辩解视为“不老实”“狡辩”,对其辩解不予调查核实,对案件其他证据审核不严格,也是造成冤错案的重要原因。郝某某抢劫案,在县检察院审查批捕讯问时,郝某某称被害人刘某某是被暂住其处的老乡杨某某和牛某某所杀,后在公安机关宣布逮捕时,郝某某再次提出杨某某、牛某某为凶手,但检察官、公安人员均未重视。[②] 呼格吉勒图案中,呼格吉勒图在检察官1996年5月7日晚的提审中翻供并供述警方逼供及诱供的过程。检察官简单地回之以“你胡说”,而否定了他的翻供。正是因为忽视被告辩解,导致本该在检察环节避免的冤错案没能避免。

(四)无故拖延、办案效率低下

党的十八届三中全会提出深化司法体制改革,加快建设公正高效权威的社会主义司法制度。《国家人权行动计划(2021-2025年)》提出:“加强诉讼服务体系建设。努力提供普惠均等、便捷高效、智能精准的诉讼服务。探索建立民生案件‘绿色通道’,对涉及弱势群体和基本民生的案件实行快立、快审、快结、快执。”迟到的正义是非正义。及时高效是实现司法公正的必然要求,检察官应当提高工作效率,在严格遵守法律规定的办案期限基础上,及时办结有关案件,最大限度节约国家司法资源,减轻当事人诉讼负担,降低司法成本。压案不查、压案不结,不仅违反检察纪律[③],更有悖司法公正。

某市某区四级调研员、原反渎职侵权局局长韩某某于2008年办理公安机关民警汪某某玩忽职守案,汪某某取保候审。因本案证人武某某举家外逃,致使无法取证。汪某某取保候审期满后,韩某某擅自作出中止侦查决定。2015年韩某某不再担任反渎职侵权局局长,离职前对该案未作交代,导致案件一直未办理。韩某某作出中止侦查适用法律错误,未积极履职,构成压案不查。

某市检察院检察官曾某某在承办张某某故意伤害案时,因该案存在无罪判决的可能,检察院于2018年8月撤回起诉。曾某某没有在法定期限内提出该案处理意见,超过法定期限后,才建议公安机关撤案,压案不办、久拖不决。鉴于该案超期没有造成严重社会后果,且曾某某在政法队伍教育整顿期间,主动说明问题,

---

① 田文昌:《冤假错案的五大成因》,载《中外法学》2015年第3期。

② 朱孝清:《冤假错案的原因和对策》,载《中国刑事法杂志》2014年第2期。

③ 《检察人员纪律处分条例》第99条规定:“违反办案限期或者有关案件管理程序规定,情节较重的,给予警告、记过或者记大过处分;情节严重的,给予降级或者撤职处分。”

组织决定对其批评教育。[①]

当然，检察官在高效的同时，应当注意不因“过快”而牺牲案件质量，不因效率而影响对案件事实真相的查明和案件的公正办理，应始终做到效率、效果双提升。

三、检察官公正理念的新时代践行

检察官践行职业道德，践行公正理念，就要坚持平等原则，保证法律面前人人平等；坚持职业良知，使公正理念入脑入心，使公正办案成为检察自觉；坚持法理情统一，做到政治效果、社会效果、法律效果相结合；坚持求极致精神，把每个案件都办成经得起历史和法律检验的“铁案”。

（一）坚持平等原则

1. 在适用法律上一律平等

现代宪法以“平等法律保护”“法律面前一律平等”“法律上一律平等”等规范形式确立了平等权。《世界人权宣言》更是开宗明义宣布：“人人生而自由，在尊严和权利上一律平等”（第1条），并强调平等权的享受“不分种族、肤色、性别、语言、宗教、政治或其他见解、国籍或社会出身、财产、出生或其他身份等任何区别”（第2条）。平等权成为人权谱系中一项重要权利。我国《宪法》第33条第2款规定：“中华人民共和国公民在法律面前一律平等。”据此，平等既是一项宪法权利，也是一项宪法原则。

平等原则在司法诉讼上集中体现为“在适用法律上一律平等”。“在适用法律上一律平等”包含以下基本内容：[②]（1）在我国，法律对于全体公民，不分民族、种族、性别、职业、社会出身、宗教信仰、财产状况等，都是统一适用的，所有公民依法享有同等的权利并承担同等的义务。（2）任何权利受到侵犯的公民一律平等地受到法律保护，不能歧视任何公民。（3）在诉讼中，要保证诉讼当事人享有平等的诉讼权利，不能偏袒任何一方，并要切实保障诉讼参加人依法享有的诉讼权利。（4）对任何公民的违法犯罪行为，都必须同样地追究法律责任，依法给予相应的法律制裁，不允许有不受法律约束或凌驾于法律之上的特殊公民，任何超越法律之外的特殊待遇都是违法的。

---

① 北海阿叔：《通报！北海一退休检察官曾承办案件久拖不决！》，载腾讯网，https://xw.qq.com/amphtml/20210621A0D8K200。

② 沈宗灵主编：《法理学》，北京大学出版社2000年版，第481页。

“在适用法律上一律平等”要求检察官：一是“同等情况同等对待”，公正司法，不允许特权存在；二是禁止歧视，对于弱势群体不但不能有任何歧视，反而要依法给予特殊保护；三是排除干扰，向各种请托说“不”。

2. 对弱势群体给予特殊保护

对弱势群体给予特殊保护，是“实质平等”的内在要求。北京市房山区人民检察院第三检察部主任、全国模范检察官隗永贵千里送“爱”，讲的就是保护弱势、追求实质平等的故事。①

2019 年 12 月 30 日，在北京打拼的小毛在送外卖途中发生交通事故。经鉴定，小毛的伤残等级为一个八级、两个十级。事故发生后，小毛一家花费医疗等各种费用 80 万余元，被告人却无法给予有效赔偿。

收到司法救助线索后，隗永贵立即按照相应规定启动司法救助程序，并赴甘肃省临洮县实地调查走访。经过实地调查核实，确认小毛一家符合救助条件。申请得到批准后，房山区检察院决定对小毛进行司法救助，救助金额达 31 万余元，用于其后续康复治疗及日常生活支出。隗永贵再次赶往甘肃，得知小毛正准备住院，来不及安放行李，隗永贵一行人直接从机场赶到医院，到了之后又是帮忙安排核酸检测，又是办理住院手续，一切安顿好后才放心。小毛的家人紧紧握住隗永贵的手说：“我们以为这孩子没有希望了，是国家的司法救助金重新点燃了一家生活的希望。非常感谢检察机关的帮助，太谢谢你们了。”回到北京后，隗永贵时刻关心着小毛的康复情况。虽然远在 3000 里之外，他经常通过远程视频了解小毛一家人的生活现状。5 个月后，小毛的姐姐高兴地告诉隗永贵，小毛终于从昏迷中醒来，家人商量着，等小毛彻底痊愈以后给他找一份力所能及的工作，再给他找个媳妇。

隗永贵给小毛送去的不仅是司法救助金，还是对弱势群体的关爱，更是公平正义，保障了小毛的平等权。

3. 排除干涉

坚持平等原则，还要求检察官排除外力干涉。外力干涉一是来自检察机关外部；二是来自检察机关内部。我国《宪法》第 136 条规定：“人民检察院依照法律规定独立行使检察权，不受行政机关、社会团体和个人的干涉。”“依照法律”有两层含义：一是法律为人民检察院独立行使检察权提供保障；二是人民检察院在检察活动中，必须严格以法律为准绳，不受外界力量的非法干预。

---

① 闫昭、于柏枝：《隗永贵：心中的“检察梦”》，载正义网，http://news.jcrb.com/jsxw/2021/202107/t20210709_2297050.html。

2014 年 10 月，习近平总书记在《关于〈中共中央关于全面推进依法治国若干重大问题的决定〉的说明》中指出外力干涉司法问题的严重程度及危害，他说："随着社会主义市场经济深入发展和行政诉讼出现，跨行政区划乃至跨境案件越来越多，涉案金额越来越大，导致法院所在地有关部门和领导越来越关注案件处理，甚至利用职权和关系插手案件处理，造成相关诉讼出现'主客场'现象，不利于平等保护外地当事人合法权益、保障法院独立审判、监督政府依法行政、维护法律公正实施。"十八届四中全会提出建立领导干部干预司法活动、插手具体案件处理的记录、通报和责任追究制度。

2015 年 3 月，根据四中全会决定精神，中共中央办公厅、国务院办公厅颁布《领导干部干预司法活动、插手具体案件处理的记录、通报和责任追究规定》，中央政法委员会颁布《司法机关内部人员过问案件的记录和责任追究规定》；为领导干部干预过问具体案件、司法机关内部人员过问案件划出了红线，建立了领导干部过问插手案件和司法机关内部人员过问案件的记录制度、通报制度、责任追究制度。2015 年 9 月，"两高三部"颁布《关于进一步规范司法人员与当事人、律师、特殊关系人、中介组织接触交往行为的若干规定》，对司法人员与当事人、律师、特殊关系人、中介组织不正当接触、交往行为，列出负面清单，切实防止利益输送，保障案件当事人的合法权益，维护国家法律统一正确实施，维护社会公平正义。

2019 年 8 月，最高人民检察院颁布《关于建立过问或干预、插手检察办案等重大事项记录报告制度的实施办法》，以从严治检的精神，对检察官提出更高的要求：将记录报告的事项扩大到司法办案、干部选拔任用、项目安排、工程建设、监督执纪等五个方面；将记录报告的人员扩大到工勤事业编、聘用制人员等；将了解、过问、请托的对象扩大到了熟人、亲友、同学、战友等。

任何党政机关和领导干部都不得违法干预司法活动，对干预司法活动、插手具体案件处理的情况，检察官应当全面、如实记录，做到全程留痕，有据可查。检察机关内部人员不得违反规定过问和干预其他人员正在办理的案件，不得违反规定为案件当事人转递涉案材料或者打探案情，不得以任何方式为案件当事人说情打招呼。遇有这些情况，办案检察官应当全面、如实记录，做到全程留痕，有据可查。

2021 年 9 月，中央政法委通报了 7 起干预司法活动、插手具体案件处理，司法机关内部人员过问案件及司法人员不正当接触交往的典型案件。其中有两起涉及检察人员。一起是山西省某市人民检察院党组成员王某红，对他人在 2020 年 2

月至3月,3次打电话询问冯某某案情一事,既未记录也未主动报告,直到审查调查期间才向组织说明。王某红受到党内严重警告处分。另一起是某市人民检察院法律政策研究室副主任张某飞于2020年8月至10月,受朋友所托,通过电话、宴请案件承办人等方式向江津区人民检察院打听、过问相关案件情况。事后,张某飞主动说明情况,承认错误,且未影响到案件的依法公正办理,根据全国政法队伍教育整顿期间适用的"自查从宽、被查从严"政策,张某飞受到诫勉处理。

(二)坚持职业良知

2014年1月,习近平总书记在中央政法工作会议上强调指出:"执法不严、司法不公,一个重要原因是少数干警缺乏应有的职业良知。许多案件,不需要多少法律专业知识,凭良知就能明断是非,但一些案件的处理就偏偏弄得是非界限很不清楚。"①

中国"良知"之说,始自孟子,经由王阳明进一步发扬光大。孟子说:"人之所不学而能者,其良能也;所不虑而知者,其良知也。"王阳明认为:"心者,身之主也,而心之虚灵明觉,即所谓本然之良知也。"良知表现为根据人的内在情感体验、道德信念和价值意识对何事当为、何事不当为的判断力,特别是在需要作出选择和决断,而又缺乏现实可依的准则时,这种判断力便不假思虑地、自然而然地自立自成。

联合国《关于检察官作用的准则》规定:"检察官应在刑事诉讼,包括提起诉讼和根据法律授权或当地惯例,在调查犯罪、监督调查的合法性、监督法院判决的执行和作为公众利益的代表行使其他职能中发挥积极作用。"(第11条)这一准则确定了检察官职业的功能和使命。检察官的职业良知是检察官内心的一种职业信念和道德约束②,更应成为检察官行为准则的准则。对职业良知的坚守和践行,构成了检察官坚持公正理念的重要内容。

第一,职业良知是检察官履行法律监督职责的理智权威。法律监督,简言之,是一项督促纠正的权力。在监督过程中,不免遇到各种阻力。这时,只有具有职业良知的检察官,在理智权威的指引下,才能够有勇气直面法律和事实,忠诚地履行自己的职责,守护司法公正。在办理王玉雷案时,彭少勇也有"捕与不捕"的纠结,其背后更是可能放纵犯罪或者造成错案的内心挣扎。"如果错误批捕王玉雷,

---

① 习近平:《严格执法,公正司法》(2014年1月7日),载《十八大以来重要文献选编》(上),中央文献出版社2014年版,第718页。

② 高峰:《新时期检察职业精神的塑造》,载《人民检察》2017年第20期。

有可能造成另一个内蒙古‘呼格’案；如果不批捕，则可能成为一个悬案，到时候被害人家属上访、网络炒作、嫌疑人出逃再次作案，责任谁担？”[①]对此，彭少勇就是认准“死理”——当案件证据不足时，就要合理地使用无罪推定原则，作出不批准逮捕决定。

第二，职业良知是检察官承担追诉犯罪使命的内心力量。依法严惩严重刑事犯罪、积极参与社会治理、查办司法人员职务犯罪，是检察官的重要使命。这一使命事关维护社会和谐稳定和推进反腐倡廉建设，事关积极融入国家治理、以检察保障助推长治久安，事关推进更高水平的平安中国、法治中国建设。使命之光荣、任务之艰巨、工作之繁重自不待言，检察官还有遭围猎、被威胁的风险。当检察官受到利益诱惑、强力干预、各种威胁的时候，只有坚持职业良知，才能够撇开个人利益计算，以不畏强权的胆识，忠实执行宪法和法律，维护社会公平正义。

1992 年，豫东某县一派出所副所长张某某利用职权对孟某某非法拘禁、悬空吊打。由于张某某的权势作怪，办案过程阻力重重。法医鉴定做了四次，被害人的伤情由重伤、轻伤到不构成轻伤。1992 年 10 月，蒋汉生[②]受理此案，他顶着巨大的压力，这一起案子，一办就是 12 年，可想而知办案过程中的阻力有多大。办案中，有朋友好心劝阻蒋汉生，“差不多就行了，不要过于执着”。蒋汉生当场翻脸，气愤地说：“当官不为民做主，这个官做来有什么用，不如早点回家。”蒋汉生继续“逆水行舟”，经过不懈的努力，通过 7 次判决，最终这位滥用职权的所长张某某受到法律追究。2004 年 6 月 8 日，河南省高级人民法院以非法拘禁罪判处张某某有期徒刑 3 年，缓刑 4 年并赔偿被害人的损失。[③]

第三，职业良知是检察官恪守公共利益的道德意志。历史的发展与现实的需要，使检察机关成为保护国家利益和公共利益的重要力量，使检察官成为公共利益保护人。这就需要检察官“以人民为中心”，时刻把人民群众利益放在心上，体恤民情、关注民意、保障民生，解决急难愁盼问题，让人民群众通过每一个案件感受到司法的公正，使“公平正义比太阳还光辉”。

2005 年，航空证券保定营业部原总经理范某某贪污、挪用公款案，涉案金额 5.6 亿元，涉案款项主要是职工住房公积金的委托理财资金。案发消息引起巨大

---

① 刘云龙：《彭少勇——敢于担当的检察官》，载央广网，http://news.cnr.cn/dj/20151013/t20151013_520135928.shtml。

② 蒋汉生，河南省人民检察院原检察员，2010 年度十大法治人物，2018 年改革开放 40 周年政法系统新闻影响力人物，现已退休。

③ 郭璐璐、刘立新、张海燕：《以法律之剑与错判较真儿——专访全国模范检察官、河南省检察院原检察员蒋汉生》，载《检察日报》2021 年 6 月 22 日，第 4 版。

恐慌，部分职工甚至要求提前支取住房公积金。经过缜密侦查，彭少勇带领的专案组发现范某某贪污、挪用的大部分款项，都用于在全国各地购买写字楼、住宅和股权。为此，他们开展了对赃款的艰难追缴行动，三年里，调查取证3万余份，案卷材料3米多高，挽回的经济损失达3.6亿元。

之后，因工作调整，彭少勇调离了反贪岗位，但让他揪心的是还有部分赃款没有追回。凭着一个检察官的责任感，彭少勇主动申请继续领导该案追赃工作。七年间，他利用办案出差等机会跑了十几个省，又追缴赃款近2亿元，目前尚未追缴的数额已不足400万元。彭少勇说："我下定决心锲而不舍追下去，一定要将全部款项悉数追回。这起案件前后追赃10年，让我对检察职业有了进一步的感悟，那就是身为执法者，不仅要主动办案，更要执着坚守、有始有终地办好案。"①

正是这种"是非之心""浩然之气"，成为彭少勇"对得起检察官这个称号，为检察事业也好，为老百姓也好，也算做了一些事"的道德自觉。

（三）坚持法理情相统一

2020年9月27日，张军检察长向第七届全国十佳公诉人暨全国优秀公诉人业务竞赛决赛获奖检察官表示祝贺并指出："办案须重法理情。检察办案要情同此心、将心比心，换位思考，从当事人和人民群众的感受出发想问题、抓办案，具体案件具体分析，将天理国法人情融为一体，做到政治效果、社会效果、法律效果的有机统一。"②

1. 为什么要重视法理情

社会现实与法律条文之间，往往有"皱折"，甚至可能存在或大或小的缝隙。因此，在将一般性规范适用于具体案件的时候，如果只注重干巴巴、抽象的条文规范，而不去注重活生生、具体的人与事，不了解社会实施状况，在瞿同祖看来，"只能说是条文的、形式的、表面的研究，而不是活动的、功能的研究"③。社会公正，不是抽象的公正、一般的公正，而是具体的公正，即努力让人民群众在每一个司法案件中感受到公平正义。因此，司法过程中，在依据法律解决纠纷的时候，必须将"理"和"情"纳入其中。

---

① 刘子阳、李豪：《模范检察官彭少勇：10年为群众追回5.6亿血汗钱》，载最高人民检察院官网，https://www.spp.gov.cn/zdgz/201510/t20150131_106704.shtml。

② 邱春艳：《办案须重法理情　公诉不止在法庭　强素质永远在路上》，载《检察日报》2020年9月28日，第1版。

③ 参见瞿同祖：《瞿同祖法学论著集》，中国政法大学出版社1998年版。转引自张利：《宋代"名公"司法审判精神探析——以〈名公书判清明集〉为主要依据》，载《河北法学》2006年第10期。

"理"，既包括法理，也包括常理。常理中，就蕴含"情"——民情、人之常情。托克维尔认为，所谓"民情"，"不仅指通常所说的心理习惯方面的东西，而且包括人们拥有的各种见解和社会上流行的不同观点，以及人们生活习惯所遵循的全部思想。"①

在我国古代，法官裁判的准则和依据除国法外，也包括天理和人情。我国宋代商品经济相对发达，私有观念进一步深化，传统观念发生一定的变化，封建伦理道德受到很大冲击。法官与时俱进，在审判中表现出灵活务实的风格。如在义利关系上，宋儒改变了只要"义"不要"利"的传统，而把遵守道义与利的实现联系在一起。在肯定"利"的合理性同时，主张"义""利"双行。② 如兄弟之讼案中，邹氏三兄弟在父亲死后，由母亲做主分家。次子邹应龙由于"好货财，私妻子"而"不孝于母，不恭于兄，不友于弟"，后又提出要复合家产。维系同居共财的大家庭，本来是官府极力提倡的一种社会美德。如果将已经分散的家产重新"复混而为一"，固然不失为一件好事，但虑及"应龙顽嚣之心，终不可改，今日之美意，未必不复为他日之历阶"，因此，法官根据兄弟间的具体情况，作出"各自管业"的判决。③

"马锡五审判方式"也十分注重尊重民情民意，结果既化解了纠纷，还取得了很好的社会效果，赢得了边区群众对政府的信任，为党争得了民心。1940 年春的一天，袁家庄的袁某偷挖了王某的三斗六升糜子。王某告到陕甘宁边区区府。审问中，袁某不承认。奥海清接到报案后，立即到袁家庄询问左邻右舍，了解到袁家早几天就没粮吃饭了，几个娃娃饿得成天哭，老婆也闹着要走，这几天娃娃们却拿着馍馍吃，老婆也不闹了。掌握这些事实后，奥海清把袁某和王某叫到一起，善意开导：这个年馑，放着粮食不给没粮人吃是不对的，饿病难耐啊！可是，再饿也不能那么做！可以开口向人家借。袁某醒悟过来，承认粮食是他挖的，承诺自已吃了的粮食秋后加倍偿还。王某一听也改变态度说：只要认账，拿去的就算借的，袁家什么时候还都行。在处理这个案件上，奥海清与当事人讲的是人之常情，人的同情心、怜悯心，引发当事人换位思考，进而被告承认错误，原告转变态度、谅解被告，最终取得良好的办案效果。

---

① ［美］托克维尔：《论美国的民主》，商务印书馆 1991 年版，第 332 页。转引自苏雪萍：《"民情论"视野下的中国政治民主障碍》，载《理论研究》2005 年第 2 期。

② 张利：《宋代"名公"司法审判精神探析——以〈名公书判清明集〉为主要依据》，载《河北法学》2006 年第 10 期。

③ 《名公书判清明集》，中华书局 1987 年版，第 371 页。转引自张利：《宋代"名公"司法审判精神探析——以〈名公书判清明集〉为主要依据》，载《河北法学》2006 年第 10 期。

2. 如何处理情理法的关系

正确处理情理法的关系，需要把握以下几点：

第一，情要受到理的约束，既要合情又要合理。合情的不一定合理，合理的一定合情。“理”是什么？在中国文化中，理，也可以作为常情、常理使用。① 如《唐律疏议·贼盗》“夜无故入人家”条载“夜入人家，理或难辨”。深更半夜闯入别人家中，从常理上也是难以讲清楚。谢觉哉认为，理是经过了洗练的情。② 首先，这个“理”是由更大集团或集体所认可或确定的，它已经抛却了“情”的单独性、个体性、私人性，以及大体对等的相互性的要求，是“大情”，而不是“小情”。其次，“理”已除却了“情”中的具体性的、对象性的情感成分，改变了“情”对象固定、不可选择的特征，显出理性或理智色彩，是一种超越，它更宏观、更抽象、更原则，是概括性规则。因为情可能有所遮蔽，合乎情的未必合理；理是经洗练的情，合乎理的定合乎情。因此，这个“情”要经过“洗练”，受到“理”的约束，达致“合理”，才能纳入司法裁判考量的范围。换句话说，就是不仅要合情还要合理，如果只合情，不合理，则不能成为裁判的“依据”。

第二，对“情”的考量要给出理由说明。对情法关系，南宋法官胡颖有一段非常精彩的论述，他说：“殊不知法意、人情，实同一体，循人情而违法意，不可也，守法意而拂人情，亦不可也。权衡于二者之间，使上不违于法意，下不拂于人情，则通行而无弊矣。”③

如何做到“通行而无弊”？体现在法律文书中，它要求有一个完整的论证过程，即要求给出一个好的理由。也就是说，在“考之于情”之后，检察官还是要“依之以法”作出判断。张文显教授将法律理由的特殊性概括为以下三个方面：④其一，理由必须是公开的，而不能是秘密的；其二，理由必须有法律上的依据，即不是仅仅来自道德或其他方面的考虑；其三，理由必须具有法律上的说服力。除上述三点之外，笔者认为还应加上第四点，即理由必须充分，穷尽法律上的一切可能性。

第三，以人民群众是否满意为检验标准。群众满意不满意是衡量一切工作的

---

① 刘晓林：《〈唐律疏议〉中的“理”考辨》，载《法律科学》2015 年第 4 期。

② 霍存福：《“合情合理，即是好法”——谢觉哉“情理法”观研究》，载《社会科学战线》2008 年第 11 期。

③ 《名公书判清明集》，中华书局 1987 年版，第 311 页。转引自张利：《宋代“名公”司法审判精神探析——以〈名公书判清明集〉为主要依据》，载《河北法学》2006 年第 10 期。

④ 张文显主编：《马克思主义法理学——理论、方法和前沿》，高等教育出版社 2003 年版，第91～92 页。

出发点和落脚点，也理应成为检验检察官公正与否的重要标尺。张军检察长指出："检察履职过程中，必须始终带着对人民群众的深厚感情，坚持政治效果、社会效果、法律效果相统一，综合考虑法、理、情，用心办好人民群众身边每一个'小案'，让人民群众切实感受到公平正义就在身边。"①因此，检察官应紧扣民心这个最大政治，以公正履职守住民心。

几年前的一次环保联动执法行动中，吴小红②发现武进区遥观镇建农村村民许建惠、许玉仙长期无证经营清洗废树脂桶和废油桶业务，并擅自处置清洗后产生的废水、废渣，致使场地地下水和土壤严重污染。污染多存在一天，老百姓的健康就会多受到一天的威胁。当时，检察公益诉讼制度尚未建立。好在不久全国人大常委会授权最高人民检察院开展公益诉讼试点工作，常州被列为试点地区之一。吴小红敏锐地把握住时机，大胆提出：是否可以由检察机关以公益诉讼人身份对许建惠、许玉仙环境污染案提起诉讼？在得到院领导支持后，在接下来不到3个月的时间里，吴小红强忍着场地内刺鼻的气味，一次次到污染现场实地勘察，跑遍环保局、水利局、水文监测站、规划局、镇政府、污水处理厂、有洗桶资质的企业，为的是取得更具证明力、更有说服力的证据。

2015年12月，经最高人民检察院审批，常州市人民检察院就许建惠、许玉仙污染环境案向常州市中级人民法院提起民事公益诉讼。2016年4月，常州市中级人民法院公开开庭审理此案，吴小红以公益诉讼人身份出庭，有理有据、沉着应对被告方提出的每一个问题。最终法院判决支持检察机关提出的全部诉讼请求，判令两被告清除现场遗留的危险废物，修复被污染的环境，赔偿对环境的其他损失费用150万元。受损的公益得到了保护，受损的环境得到了恢复。

(四)坚持求极致精神

在2021年4月23日世界读书日，张军检察长对参加活动的青年提出要求："每个检察人都要紧密联系检察工作实际，深入查找离党和人民的要求，离国家治理体系和治理能力现代化的要求还有哪些不适应、跟不上，找到差距和不足，以求

---

① 张军：《坚持以习近平法治思想为指引，加强新时代检察机关法律监督》，载《求是》2022年第4期。

② 吴小红，常州市人民检察院检察官；全国模范检察官、江苏省最美法治人物、2018年度中国正义人物。于潇：《吴小红：捍卫公平正义是检察官的职责》，载最高人民检察院官网，https://www.spp.gov.cn/zdgz/201901/t20190128_406607.shtml。

极致的态度做好各项检察工作。"[①]所谓极致,即指最佳的意境、情趣或达到的最高程度。就职业道德公正理念而言,求极致即:案件证据达到最高证明标准,法律适用准确无误,办案有成效。

1. 证据达到百分之百确信

证据制度是诉讼法中的重要制度之一,而证明标准又是证据制度的核心和灵魂。证明标准分为:明显优势证明标准、优势证明标准和排除合理怀疑证明标准。排除合理怀疑是一种高度的盖然性标准,一般认为其概率应达到90%以上。明显优势证明标准是指法庭按照证明效力具有明显优势的一方当事人提供的证据认定案件事实的证明标准。其比优势证明标准的概率要高,优势证明标准,即法庭按照证明效力占优势的一方当事人提供的证据认定案件事实。这种优势证明标准的概率为大于50%。如果说,优势证明标准是一种相对优势的证明标准的话,明显优势证明标准就是一种绝对优势的证明标准,法院对案件事实的确信度远远超过50%,已经达到70%~80%的程度。我国《刑事诉讼法》引入"排除合理怀疑",作为"事实清楚,证据确实、充分"的判断标准。求极致精神要求,排除一切合理怀疑,确信度达到百分之百。

"全国优秀公诉人"重庆市检察院第一分院检察二部检察官王岭身上充分体现了求极致精神。[②]"细节决定成败。公诉人必须把案卷看得细点、再细点,调查取证的工作做得深点、再深点,现场去得多点,再多点。如果忽视细节,就可能造成犯法之人逃过法律的惩罚或者让清白之人蒙受冤屈,让法律蒙尘,失去它维护公平正义的尊严和权威,更无法实现天理、国法、人情的有机统一。"秉持着谨慎的办案原则,坚持让细节"开口说话"的信条,从捧起第一本卷宗开始,王岭便注重办案细节,精益求精,一丝不苟,用夜以继日的工作和辛勤付出的汗水,在细节中找寻案件真相。2016年,王岭承办了一起合同诈骗案件,涉案金额达100万元。嫌疑人郑某并不是首次进入检察官的视野,他曾因同样的涉案罪名被立案调查,后因证据不足被检察院存疑不起诉。"非法占有目的的有无是认定合同诈骗罪的关键。而司法实践中侦查机关面临的最大难题就是如何查证和认定行为人'非法占有'的主观故意。因此,常常因为无法认定行为人的主观故意而无法追究其刑事责任。"王岭回忆,他在讯问郑某时发现对方有较强的反侦查意识,懂得围绕其

---

① 邱春艳:《联系思想、工作和发展实际学好党史读好书!》,载《检察日报》2021年4月12日,第1版。

② 舒楚寒:《以"求极致"精神办好每一起案件——记"全国优秀公诉人"重庆市检察院第一分院检察二部检察官王岭》,载上游新闻,https://www.cqcb.com/fazhi/2020-11-04/3222616_pc.html。

不具有非法占有目的进行百般辩解。“要想从正面突破很难,需要迂回包抄。”王岭翻开厚厚的案卷,连续加班数天,通过逐份审查郑某和他人签订的工程合同,他发现合同格式错漏、字迹潦草、用语业余、公司印章模糊不清,案件的漏洞逐渐浮出水面。于是,他迅速向侦查机关提出了鉴定印章,调取郑某施工队资质、人员相关数据,查明施工设备数量等30余条退回补充侦查意见,同时要求侦查机关调取郑某此前被某区检察院存疑不起诉的案卷材料。

果不其然,补查的材料证实了王岭的推测——郑某根本没有施工队,更没有相应的施工设备,签订合同的章也系伪造,足以证实其非法占有的目的。而此前郑某涉嫌合同诈骗被存疑不起诉的案件的作案手法和此次的作案手法如出一辙,王岭决定并案处理。最终,这起合同诈骗案叠加后的涉案总金额达300余万元。这一次,郑某没有逃过法网,被依法判处有期徒刑13年。

2. 精通法律、熟悉政策

检察官应具备高超的法律思维。法律思维的基本模式就是一个适用法律的过程;也就是根据法律规定的一般规则,结合个案的具体事实,得出结论的演绎推理的过程。演绎思维主要运用形式逻辑中的三段论,即从大前提——一个概括性陈述,以及小前提——一个特殊性陈述,推导出结论,得出法律适用最终结果。司法实践中,一方面,案件的事实本身是一个待证的问题,也就是说,小前提首先必须得到证据证明,而这种判断是演绎思维、推理范围之外的事情。另一方面,虽然多数时候大前提白纸黑字清楚地写在法律本文中,但有些时候也会出现大前提不确定的状况,甚至还会出现法律依据有无的模糊情形。因此,法律思维包括检察官“找法”的复杂且艰辛的过程。所找之“法”,包括法律规范、司法解释,也包括法学理论、法律原则、学术观念和司法政策,还包括指导性案例和典型案例。这就要求检察官熟悉法律、精通业务。如何做到?没有捷径,唯有像姜淑珍①那样二十年如一日孜孜不倦地学习。②

多年来,姜淑珍累计督导、办理各类重大疑难刑事案件1700余件,其中不乏原铁道部部长刘志军受贿、滥用职权案,全国首例因人大代表贿选涉玩忽职守罪的湖南省政协原副主席童名谦案等知名大要案;同时斩获荣誉无数。优异的成绩背后,是姜淑珍无数个深夜挑灯夜读于不知不觉间就迎来了清晨的日出的辛劳和

---

① 姜淑珍,北京市顺义区人民检察院检察长,曾获得第四届全国十佳公诉人。2018年11月14日,被最高人民检察院记个人一等功;2020年11月24日,获评“全国先进工作者”。

② 祁彪:《姜淑珍,最深刻的一场业务竞赛》,载澎湃新闻2019年7月10日,https://m.thepaper.cn/baijiahao_3891639。

辛勤。她自己总结了学习的“三要”。一是要坚持学习不辍。对新出台的法律、司法解释,及时掌握;为了解新型案例,每出一期新的审判参考与司法指南,她都在第一时间购买并进行学习,而《人民检察》《检察日报》等报纸、期刊都是她的必读读物,对学界新的理论动态她也予以关注。从进入检察院到现在,她购买的书籍装了满满三个书柜,个人读书笔记已经有 70 余万字。二是学习要结合办案。办案往往用到多方面知识,办理一起破坏计算机信息系统、侵犯商业秘密案时,面对网络布线图、地址池、dslam、病毒库、特征值、PGP 加密解密、密钥、木马、蠕虫、自我复制、激活等数不清的专业术语,她积极向技术处同事和专家请教,上网查资料、找专业书刊进行学习,最终弄懂了技术难题,提出对该案的准确处理意见。三是学习要讲求方法,她的学习方法是随时记问题,为问题找答案,用答案去实践,也就是说日常办案工作中遇到难点就赶紧记下来,随后通过学习为这些问题寻找答案,再把学来的知识应用到办案工作中去解决问题,实现学习与工作的良性互动。

“书山有路勤为径,学海无涯苦作舟”。姜淑珍说:“学习虽然辛苦,但带来的是心灵上的满足,带来的是业务能力切切实实的提高。”

3. 既解“法结”又解“心结”

张军检察长多次批示并指出,如果执法、司法为民只是说在嘴上、写在纸上、挂在墙上,公平正义就只是口号、标语,法律的温度就会很低,民心就会离我们很远。① 2021 年 3 月 26 日在贵州调研时张军检察长再次强调:通过履职办案厚植党的执政基础。② 2022 年 1 月 17 日在全国检察长(扩大)会议上,张军检察长强调指出:“贯彻落实习近平法治思想,不是口号,必须体现在检察履职办案各环节,综合考虑法、理、情,切实办好每一具体案件,坚决杜绝程序了结、机械司法!”③用心用情办好“小案”,厚植党执政的政治基础,这是检察官的政治忠诚、责任担当。因此,检察官应以案结、事了、人和为检验公正成效的重要标准。

---

① 蒋安杰:《张军发火:一句话退查提纲你准备退几次? 办案是办的他人的人生》,载上观网,https://expert. shobserver. com/baijiahao/html/347541. html,最后访问日期:2022 年 2 月 20 日。

② 邱春艳、李波:《传承红色基因　抓实基层基础　走好新时代检察长征路——最高检调研组就落实习近平法治思想和全国两会精神到贵州检察机关调研督导》,载《检察日报》2021 年 3 月 27 日,第 1 版。

③ 徐日丹、孙风娟、刘亭亭:《能动履职求极致,向着“止于至善”奋斗》,载《检察日报》2022 年 1 月 18 日,第 4 版。

张世光①以“办案就是办涉案百姓人生”的态度和担当,释法理、讲情理,找到打开心门的钥匙,成功化解了一件件行政争议。

2019 年 8 月,孟某扛着一个装有 107 份法律文书的麻袋来检察院申请监督。监督事项因半亩地而起。1991 年,延津县某村村委会将半亩地承包给了申某,但是后来孟某实际占有使用这块地。2000 年因申某逾期缴纳承包费用,村委会将其告上法庭,法院判决双方解除承包协议,之后村委会将地承包给了李某。因孟某不同意交出使用权,李某向延津县政府提起确权之诉。2009 年 7 月,县政府认定这半亩地使用权归李某所有。孟某向新乡市政府提出了行政复议,市政府维持了县政府的决定。2009 年 9 月,孟某向法院提起行政诉讼,要求撤销延津县政府的决定,法院判决维持县政府的决定。孟某不服,先后尝试了上诉、再审申请等各种途径,耗费 20 年也没得到他想要的结果。承办检察官张世光和同事在认真审查了这 107 份法律文书后,认为法院的行政裁判从事实认定到法律适用并无错误,无法启动行政检察监督程序。

但考虑到一纸决定并不能抹平 20 年来孟某心里积攒的苦怨,他甚至可能还要在信访诉讼中干耗。案了结,事难了。于是,张世光决定到孟某家实地走访,寻找途径化解他的心结。

刚开始,孟某情绪比较激动。耐心听完孟某的“宣泄”后,张世光指出其证据中的疑点:“你举证说与申某签订了换地协议,落款是 1991 年,但是所用的稿纸上印刷年份为 1998 年,这怎么解释呢?”听后,孟某一惊,一改之前的态度:“这份证据俺拿着跑了那么多单位,他们基本都没咋认真看材料,没一个人发现这个问题。但你们检察官却能指出来,相信你们是认真对待俺的案子,也是真心想帮俺解决这个事儿。”接下来,张世光又向孟某普及法律知识,指出其在案证据不足,所以法院才无法采信,作出的判决也合法合理,并语重心长地说:“你这样执着于打官司,吃不好睡不香,家里的生意也顾不上,人生能有几个 20 年? 这样下去耗不起呀!”检察官的释法说理让孟某有所松动,但他对法院判决仍存疑虑。张世光决定对该案作出不支持监督申请决定检察宣告。2019 年 11 月 12 日,在孟某案的检察宣告仪式上,承办检察官宣读了不支持监督申请决定书,担任评议员的法律专家和人民监督员进行了点评。在多方发表意见后,孟某当场表示接受检察院的不支持监

---

① 张世光,河南省新乡市人民检察院第七检察部主任,全国优秀办案检察官。案例参见刘立新、李蕊:《半亩承包地争议 20 年,症结在哪》,载《检察日报》2020 年 9 月 14 日,第 2 版;刘立新、李蕊:《张世光:既善啃“硬骨头”,又下足“绣花功”》,载最高人民检察院官网,https://www.spp.gov.cn/spp/xjym/202012/t20201230_504358.shtml。

督申请决定,并在送达回证上签了字。

张世光还成功办理了新乡市某厂与某区人社局补缴社保费纠纷监督案。该案不但经历150余次诉讼程序,而且牵涉40余名残疾人,一旦处理不当,极易引发群体性事件。在吃透社保政策后,张世光反复向当事人释法说理,一谈就是四五个小时。经过张世光8个多月的努力,当事人决定服判息诉,并赠送锦旗致谢。但是第二天,当事人又反悔了。为了打消当事人的疑虑,张世光当即表示“只要你心里有疙瘩,我就不结案”,并把手机号、微信号都交给当事人,方便其随时联系。随后的42天里,他通过一条又一条微信、一次又一次电话,真诚、耐心地与当事人沟通,释法说理。最终,当事人主动撤回监督申请,一场旷日持久的行政争议画上句号。

第六章

坚持廉洁操守，自觉接受监督

张卓琛* 国家检察官学院

目 次

* 张卓琛，国家检察官学院中检网办公室副主任，讲师。

廉洁,作为一种价值取向,历经中国五千年传统文化积淀,已经成为一种高尚的内在品质和道德标尺。[①] 检察官肩负监督国家权力运行、维护社会公平正义的职责,应当将廉洁视为立身之本、从业之基,自觉充当司法文明的传播者、廉洁从检的践行者和职业道德的守护者,全方位筑牢廉洁从检的思想防线,全面提升拒腐防变的能力,全力打造忠诚干净担当的检察铁军。

案例一:"老政法"杨某勤任上落马

2019 年 7 月,吉林省人民检察院原党组书记、检察长杨某勤涉嫌严重违纪违法,接受中央纪委国家监委纪律审查和监察调查。这名深耕政法系统 39 年,官至副部级的"老政法",仕途戛然而止。他也成为党的十八大以来,在任上落马的第一位省级检察院检察长。

【具体案情】[②]经查,杨某勤背弃初心使命,丧失纪法底线,以权谋私,以案谋私;违反中央八项规定精神,违规接受私营企业主宴请,超标准装修周转房,收受礼品礼金;严重违反干部选拔任用规定,卖官鬻爵,破坏地方检察系统政治生态;知纪违纪,执法犯法,在企业经营、解决诉讼纠纷、职务调整晋升等方面为他人谋利,并非法收受巨额财物,利用职权和职务影响力干预司法,严重损害了司法机关形象和公信力;道德失守,家风败坏。经河北省石家庄市中级人民法院审理查明:2011 年至 2019 年,被告人杨某勤先后利用担任中央政法委政法研究所所长、中央司法体制改革领导小组办公室副主任、吉林省人民检察院党组书记、检察长等职务上的便利或职权、地位形成的便利条件,为相关单位和个人在企业经营、案件处理及职务调整等事项上提供帮助,直接或通过其家属非法收受他人给予的财物,共计折合人民币 4635.6141 万元。最终,杨某勤因受贿罪被判处有期徒刑 13 年,并处罚金人民币 400 万元;对杨某勤受贿所得财物及其孳息依法予以追缴,上缴国库。

案例二:清正廉洁护法楷模方工[③]

北京市检察院原党组成员、副检察长方工,1979 年北京市检察机关刚刚恢复

---

① 《永远在路上》,人民日报出版社 2017 年版,第 1 页。

② 《吉林省人民检察院原党组书记、检察长杨克勤严重违纪违法被开除党籍和公职》,载中央纪委国家监委网,https://www.ccdi.gov.cn/toutiao/201912/t20191201_205385.html。

③ 李瑞:《方工张飚被授予"最美奋斗者"称号》,载正义网,http://news.jcrb.com/jxsw/201909/t20190926_2054088.html。

重建时，他就到市检察院工作。“堂堂正正做人，清清白白做官，扎扎实实做事，公公正正执法”是方工的座右铭，也是方工的真实写照。从检30余年，方工始终战斗在审查起诉工作第一线。他经手主办或参与经办过3000多件刑事案件的审查和起诉，无一错案，有效地惩治了犯罪，保护了人民群众的合法权益。在方工的办案经历中，无论是办理原全国人大副委员长成克杰受贿案、原公安部副部长李纪周受贿案等大案要案，还是办理普通的刑事犯罪案件，他都是一丝不苟，以自己严谨、勤奋的工作，维护了法律的公正、神圣与尊严。

方工先后被评为“全国公正执法楷模”“全国模范检察官”，获得过“五一劳动奖章”，2002年中宣部、最高检、北京市委联合在人民大会堂举办方工同志先进事迹报告会。为隆重庆祝新中国成立70周年，学习英雄事迹、弘扬奋斗精神、培育时代新人，2019年9月25日“最美奋斗者”表彰大会在京举行，中央宣传部、中央组织部、中央统战部、中央和国家机关工委、中央党史和文献研究院、教育部、人力资源社会保障部、国务院国资委、中央军委政治工作部决定，授予278名个人、22个集体“最美奋斗者”称号。检察系统有两人获此殊荣，其中之一就是方工。

方工清正廉洁，遵纪守法，淡泊名利，两袖清风，是百姓眼中的“清正廉洁护法之神”，他模范践行检察官职业道德廉洁操守，体现了公正执法的本色，向人民群众展示了新时代检察官的良好形象。

思考题：

1. 检察官“廉洁”职业操守的具体要求有哪些？
2. 检察官腐败失“廉”的行为有哪些？
3. 检察官如何恪守廉洁操守？

一、廉洁操守的文化渊源、时代意义与基本内涵

模范检察官方工与落马“老政法”杨某勤一正一反，揭示了两种权力观和两种人生境界：一种是用权护法，公而忘私；另一种是用权害法，损公肥私。他们同样从检几十年，一位始终坚守廉洁政治本色，成为老百姓眼中“清正廉洁护法之神”，另一位却在贪念驱使下“踏红线”“越雷池”，一味沉溺“钱途”，最终自毁“前途”。作为人民检察官，行使人民赋予的检察权，严格遵守清正廉洁的职业操守，既是政治本色，也是职业底线。

（一）廉洁操守的文化渊源与沿革发展

“廉洁”一词，一般认为较早记载在《楚辞·招魂》中，其文曰：“朕幼清以廉洁

兮，身服义而未沬。"屈原以此明志，自幼便秉持清廉德行，献身道义，终生不渝。东汉著名学者王逸在《楚辞·章句》中注释道："不受曰廉，不污曰洁"，即不收受贪恋他人财物、立身清白而不受玷污，便是"廉洁"。故"廉洁"一词的基本理解大致为以下方面，即与贪污相对，不贪不污；志气高洁，品行方正；节俭简约，朴实无华；求真务实，勤政律己。①

廉洁，作为一种道德准则，其根植于我国源远流长的崇廉尚洁传统文化，发扬于我们共产党人的反腐倡廉生动实践，其是中华民族的传统美德，是现代职业精神的永恒追求，也是新时代的检察官必备的道德素养和职业素质。

1. 中华传统廉洁文化

在漫长的社会历史发展进程中，中华民族逐渐形成了崇尚廉洁、倡导廉洁、奉行廉洁的理论观念、行为规范、政策制度及其实践活动的廉洁文化。其滥觞于原始社会、丰富并充实完善于奴隶社会和封建社会，在几千年中华文明发展的历史中，人们围绕"何为廉""为何廉""何生廉"不懈追问，围绕崇廉尚俭、反腐制贪的廉洁文化、廉政建设积极探索，滋养出凝聚智慧、经久不衰的廉洁思想，涌现出不计其数为人称道的清官廉士，其中"嗜鱼不受鱼"的公仪休更是家喻户晓的清正廉洁典范。据史料记载，战国时期鲁国相国公仪休特别喜欢吃鱼，人们争着送鱼给他，但均被拒之门外。他的弟子们劝他说："你既然喜欢吃鱼，就该收下人们送来的鱼，为什么不接受呢?"公仪休深刻地分析道："正因为我喜欢吃鱼，才不肯接受鱼。我因接受他人的馈赠，即有可能屈从他人而枉法，终至被罢官免职。如果我的相国职务没有了，这些人也一定不会再给我送鱼了。到那时我又没薪俸自己买鱼，还能再吃到鱼吗?"可见，为政清廉者，应以义为本，不受尘驱，视"名节重泰山，利欲轻鸿毛"，在思想上能清醒认识到，"罪莫大于欲，祸莫大于不知足，咎莫大于欲得""唯淡可以从俭，唯俭可以养廉"；在行为上善于见微知著，"临利不离义和廉""苟非吾之所有，虽一毫而莫取"。检察官应该传承与发扬中华传统廉洁文化，这是共产党人的历史使命，同时要以史为鉴、以史为镜，明理增信、崇德力行，从中华优秀传统文化中汲取践行廉洁的智慧与力量。

2. 马克思主义廉洁文化观

马克思、恩格斯通过分析人类历史的廉政思想与实践，深刻揭露了腐败现象产生的根源，揭示了廉洁、廉政的实质及廉政建设的规律，为无产阶级政党与政权的廉政建设奠定了思想理论基础。他们通过总结并肯定巴黎公社建立"廉洁政

---

① 郭钦：《中华廉洁文化史》，社会科学文献出版社2019年版，第2页。

府”的实践，指出唯有推翻私有制，建立真正属于人民的无产阶级政权，才能根除腐败与公权力的异化。马克思、恩格斯所支持和赞成的廉洁政府，具有精简高效、廉洁为民、公开民主的特点，是重视权力监督制约、强调政党廉洁纪律的政府。

列宁充分吸收马克思、恩格斯廉洁政府理论和廉洁思想，并根据布尔什维克党和苏维埃政权建设的实践经验，对社会主义条件下建设廉洁政府、反对腐败问题进行了深入探索。列宁认为要以民主的方式反对官僚主义，要以制度建设防治腐败滋生。他非常重视党内监督机制与人民监督制度的构建和完善，强调要充分发挥人民群众在国家监督管理中的重要作用，依靠人民群众来监督权力，通过群众检举、批评、建议，使国家机关及其工作人员不敢滥用职权。

毛泽东在长期的理论探索和革命实践中，形成了独具价值的社会主义“廉洁政治”“廉政思想”体系。他以“为人民服务”作为廉洁思考的逻辑起点，将为民宗旨贯穿于反腐倡廉始终。他认为只有首先明确权力是“谁赋予的”“为谁服务的”的根本问题，才能筑牢共产党人拒腐防变的思想根基，才能使我们的党员、干部真正保持清正廉洁的政治品格。毛泽东支持通过开展广泛思想教育活动，去除党员干部思想污垢、筑牢“精神长城”，通过树立张思德、雷锋、焦裕禄等廉洁奉公、无私奉献的模范典型，营造崇廉尚俭、风清气正的党风、政风、民风。为了清除党内存在的腐败现象，从延安整风开始，到新中国成立初期的“三反”“五反”，再到后来“自上而下的群众运动”，毛泽东领导的反腐行动形成了一套独具特色的“运动反腐”理论与实践模式。

综上所述，通过对马克思主义廉洁文化观的分析，我们可以看出廉洁是无产阶级政党的本质属性，是共产党人的优秀传统。我们的检察官们应该以马克思主义廉洁文化观为指引，继承红色基因，赓续红色血脉，强化法律监督，维护公平正义。

3. 习近平关于党风廉政建设和反腐败斗争的重要论述

党的十八大以来，习近平总书记从党和国家事业发展的战略高度出发，着眼于不断推进党风廉政建设和反腐败斗争，针对新阶段党风廉政建设的紧迫性、重要性与腐败问题的严峻性、复杂性，强调党要管党、从严治党，围绕“为什么必须反腐败”“谁来领导反腐败”“依靠谁来反腐败”“怎样推进反腐败斗争”等主题，提出了一系列新的理念、思路、举措，形成了新时代党风廉政建设和反腐败斗争的系列重要论述，全面、系统厘正新时代我国从严治党和反腐败斗争的全局性、战略性、根本性的重大理论和实践问题，推动党风廉政建设和反腐败斗争不断取得重大成效。

一是以“为什么必须反腐败”为逻辑起点开展反腐工作与廉政建设，始终将党风廉政建设和反腐败斗争作为重大政治任务来抓，习近平总书记指出腐败是导致王朝最终灭亡、政党丢失政权的重要原因，警示全党要深刻认识腐败导致人亡政息的历史教训，下最大气力解决好消极腐败问题，增强我们党的自我净化、自我完善、自我革新、自我提高能力，保持党与人民群众的血肉联系，使我们的党更加坚强、更有力量。

二是以全面从严治党为核心要义，筑牢廉政建设的基石。习近平总书记指出，打铁还需自身硬。强调管党治党首要之责必须严明党纪，尤其是党的政治纪律。如果党的政治纪律成了摆设，就会形成“破窗效应”，使党的章程、原则、制度、部署丧失严肃性和权威性，党就会沦为各取所需、自行其是的“私人俱乐部”。遵守的党政治纪律就要自觉增强“四个意识”、坚定“四个自信”、做到“两个维护”，将党纪挺在前面，深化运用监督执纪“四种形态”，使我们的党员干部不断增强政治定力、纪律定力、道德定力、抵腐定力。

三是以“三不一体”为反腐基本方针，构建防腐治腐长效机制。习近平总书记指出，防腐治腐从治标入手，把治本寓于治标之中，让党员干部因敬畏而“不敢”、因制度而“不能”、因觉悟而“不想”。一体推进不敢腐、不能腐、不想腐，必须三者同时发力、同向发力、综合发力，把不敢腐的强大震慑效能、不能腐的刚性制度约束、不想腐的思想教育优势融于一体，用“全周期管理”方式，推动各项措施在政策取向上相互配合、在实施过程中相互促进、在工作成效上相得益彰。使领导干部不敢腐，就是要以零容忍态度惩治腐败，严肃查处阻碍党的理论和路线方针政策贯彻执行、严重损害党的执政根基的腐败问题，坚决清除对党阳奉阴违的两面人、不收敛不收手的腐败分子，深化重点领域反腐败工作，态度不变、决心不减、尺度不松；使领导干部不能腐，就是要把权力关进制度的笼子里，形成了一整套比较完善的党内法规体系和反腐败法律体系，增强制度刚性，防止“破窗效应”，贯通执纪执法，强化综合效能，确保各项法规制度落地生根；使领导干部不想腐，就是要构筑拒腐防变的思想堤坝，用理想信念强基固本，用党的创新理论武装全党，用优秀传统文化正心明德，补足精神之“钙”，铸牢思想之“魂”，筑牢思想道德防线。①

回顾我们党百年的奋斗历程，从党诞生之日起，清正廉洁作为中国共产党人

① 《习近平在中共中央政治局第四十次集体学习时强调 提高一体推进“三不腐”能力和水平全面打赢反腐败斗争攻坚战持久战》，载中共中央党校（国家行政学院）官网，https://www.ccps.gov.cn/xtt/202206/t20220618_154141.shtml。

的政治操守，就始终与党为中国人民谋幸福、为中华民族谋复兴的初心和使命紧密连接在一起，这是基于无产阶级政党廉洁的本质属性，是源于执政为民宗旨的红色基因。可以说，清正廉洁是我们党干部队伍建设一以贯之的基本要求，是成为好干部必须满足的基本标准。人民检察官作为人民公仆，理应树立廉洁核心价值、践行廉洁职业操守，继承传统官德的优秀基因，并将共产党人廉洁奉公的优良传统发扬光大。

（二）检察官廉洁操守的时代意义

廉洁内涵伴随时代的不断发展而丰富，职业道德随着社会的不断进步而深化。而今，中国特色社会主义进入新时代，人民检察事业进入新的历史时期，检察官恪守廉洁职业道德也具有了新的时代意义。

1. 廉洁是顺应全球检察官治理的共同选择

尽管在不同国家，检察官的“角色身份”各有差异，不同政治体制和检察制度下，检察官的职能定位和职权内容各有侧重，但总体上均将检察官视为司法公正和公共利益的维护者①，因此，各国对于检察官职业道德的规范具有一定的相通性，且在国际范围内逐渐形成一定共识，即检察官除必须具备专业知识和技能外，还应遵循与之相对应的职业道德要求。其中，廉洁是各国检察职业伦理规范、相关国际条约、准则的重要原则和基本内容。例如，英国检察官受到公务员伦理准则的严格约束，政府设定了诸多“规矩”，使其不敢跨越雷池，其中“廉洁，不受外界个人或组织对其职务行为所施加的经济因素驱使”是检察官履行职务应当遵守的基本原则。在法国，检察官与法官一般为合署办公，但相对独立，都统称为司法官。法国通过颁布《有关〈司法官章程〉的法令》《司法官组织法》以及《职业道德义务汇编》《司法官职业道德守则汇编》等一系列法律规范性文件，明确司法官的道德责任和纪律责任，对包含“廉洁”在内的职业伦理准则作出具体规定，为约束检察官、法官的行为提供了指引和制度保障。此外一系列国际条约和准则也就检察官的廉洁要求作出专门规定。国际检察官协会要求检察官于任何时候均保持专业荣誉与尊严，行为随时维持专业，依据法令及职业伦理行事，并执行最高的廉洁及注意义务。② 如 2008 年，联合国毒品与犯罪办公室在维也纳召开的第十七届犯罪及司法正义委员会议，通过《透过提升检察业务之廉洁及能力以强化法律规范》，该规范尤为关注检察官的廉洁。2005 年，欧洲检察官会议中通过《欧盟检察

① 高继明、陈晓颖主编：《检察职业道德研究》，中国检察出版社 2017 年版，第 104 页。

② 国际检察官协会：《检察官的专业责任与权利义务准则》第 1 点。

官伦理及行为准则——布达佩斯准则》，提出了极为详尽的检察官伦理规范标准指引。其中第4条关于“私人行为”的规定中，要求检察官不得利用工作中获得的信息为自己或他人谋取不合理利益；不得接受任何馈赠或招待。其以列举的方式明确检察官不得突破廉洁底线的具体行为。同样，我国《检察官职业道德基本准则》等文件中明确检察官应该坚守廉洁操守，自觉接受监督，这既是中国语境下检察官职业道德规范的必然要求，也是顺应全球检察官治理的共同选择。

2. 廉洁是提升检察官职业素养的内在要求

廉洁是检察职业的基本要求，也是提升检察官职业素养的内在要求。检察官职业化，一方面体现为术业专攻、专长的能力外化过程；另一重要方面则表现为职业信仰坚守和价值追求的道德内修过程。在这种内修与外化中，形成了检察官的职业基本素养，既包含了检察官从事司法工作所必备的法律专业技能，也包含着检察官廉洁从检、司法为民的职业道德素养。检察官职业道德中的廉洁要素可以说是检察官的内在素质要求，集中反映了人民对检察官的清正廉明期待与公正司法要求，是检察官核心价值观、职业理想与信念的重要体现。

基于检察官身份的特殊性，检察官必须是清正廉明的典范，必须比其他公务人员有更高的清廉标准和要求。检察官既是公职人员，同时也是法律职业者。作为公职人员的检察官，履行追诉犯罪或实施公诉的职责，其肩负的责任或掌握的权力远超于一般公职人员。如果检察官滥用职权，无疑会对法治、对社会公正造成巨大伤害。作为法律职业者的检察官，若其受外界之引诱、物欲之蒙蔽，舞文弄墨，循私枉法，将法学知识作为其作奸犯科之工具，则犹如为虎附翼，助纣为虐①，危害极强。可见，权力越大、能力越强，检察官的责任越重，越需要秉持廉洁操守，防止手中的权力被异化，能力被滥用。

基于检察官权力的人民性，检察权的行使必须以“权为民赋、权为民用”为遵循，检察官绝不能辜负人民重托，失信于民。我国宪法确认了人民主权原则，检察权作为国家权力的组成部分，其权力源于人民，也必然服务于人民。检察官作为人民利益的捍卫者，检察权的行使与人民群众息息相关。如果检察官品行不端，不仅有损自身形象，也会严重削弱检察机关的公信力。因此，从事检察职业需要清正廉明，要做到品行正派、廉洁奉公、不以权谋私、不徇私枉法、严格自律，认真践行社会主义核心价值观，这是检察官提升职业素养的内在要求。

---

① 史尚宽：《宪法论丛》，台北，荣泰印书馆1973年版，第336页。

3. 廉洁是坚持从严治检的必然要求

检察官是国家法律的守护者，承担着法律赋予的维护社会公平正义，维护国家法制统一、尊严和权威的职责使命。正所谓“打铁还需自身硬”，检察官只有牢固树立全心为民意识，严格坚持廉洁操守，真正做到利益面前不伸手，诱惑面前不低头，才能不授人以柄，理直气壮地履行监督职责。全国模范检察官、内蒙古小黑河地区人民检察院驻呼和浩特第三监狱检察室孟志春每当呈报减刑假释案卷时，总有形形色色的人打电话、请客送礼，目的只有一个：帮忙。面对五花八门的求情和请客送礼，孟志春只有一句话：“法律规定该怎么办，就怎么办，我没有权利改变，只有义务遵守。”①当然，我们必须清醒地意识到，检察机关不是“世外桃源”，也不是“保险箱”，滋生腐败的土壤依然存在，检察官并不具有天然的免疫力。近年来检察官违纪违法比例升高，一方面彰显检察机关积极落实主体责任，坚持刀刃向内，对于违纪违法行为不姑息、不纵容；另一方面也警示着检察机关的廉政建设任重而道远，需持之以恒正风肃纪，才能维护法律的尊严，才能保障司法的清明。随着司法责任“放权”、捕诉一体“集权”、认罪认罚从宽“扩权”一系列权力配置的变化，检察机关更要加强相关廉政风险点的排查与防控，不断提升检察队伍整体素能、作风纪律和廉洁从检的建设水平。检察官要正确认识从严治检的重要意义，它彰显了严管厚爱的道理，毕竟人非圣贤、孰能无过。检察干警职业生涯也将面临各种诱惑和考验，如果不能严格检察队伍管理，检察干警就有可能坚守不住本心，就有可能走向腐化堕落，严管是对检察机关队伍最大的爱护；从严治检也为广大检察干警敲响了廉政自律的警钟，检察官要从教育整顿中暴露出的各类问题和查处的各类贪腐案件中吸取教训，时刻保持警醒，放弃侥幸心理，自觉抵制利益诱惑，清白做人、干净做事，“管好自己的人，看好自己的门”，无愧于检察铁军的称号。

（三）检察官廉洁操守的基本内涵

廉洁作为检察官的基本职业道德，其表述与内涵也在时代发展过程中不断丰富、完善与升华。《检察官职业道德规范》（2002 年）中使用“清廉”这一表述，其内涵包括“模范遵守法纪，保持清正廉洁，淡泊名利，不徇私情，自尊自重，接受监督”；《检察官职业道德基本准则（试行）》（已废止）中延用“清廉”一词，在其第四章用八条规定，以列举方式，明确了“清廉”的具体要求；《检察官职业道德基本准

---

① 最高人民检察院政治部编：《有理想　有能力　有担当　有操守——新时期检察英模风采录》，中国检察出版社 2014 年版，第 208 页。

则》(2016 年)将“清廉”改为“廉洁”,且将相关内涵总结为“坚持廉洁操守,自觉接受监督”十二个字,其对《检察官职业道德基本准则(试行)》中“清廉”的核心要义进行了提炼,不仅文字更加精准,而且思想得到新的提升。

在庆祝中国共产党成立 100 周年“七一勋章”颁授仪式上,习近平总书记强调:“廉洁奉公,就是保持共产党人艰苦朴素、公而忘私的光荣传统,从不以功臣自居,不计较个人得失,不贪图享受,守纪律、讲规矩,生动体现了共产党人应有的道德风范。”①习近平总书记的这段表述,可以说是对廉洁内涵的最好诠释。结合检察官职业特点,具体就是要做到洁身自好、公而忘私、艰苦朴素、严管家人。

1. 洁身自好,披上检察铁军的盔甲

中华民族历来有倡导洁身自好的优秀传统,如“出淤泥而不染,濯清涟而不妖”“要留清白在人间”“清越而瑕不自掩,洁白而物莫能污”等,都表达出古人对洁身至上,清白做人,绝不同流合污道德理想的推崇。共产党员特别是党员领导干部以全心全意为人民服务为宗旨,胸怀天下,目标高远,比古人更强调品德修养,更应当追求洁身自好。习近平总书记强调,每个领导干部都应该把洁身自好作为第一关。② 为何“洁身自好”是第一关?因为一个领导干部连洁身自好的要求都没有,又怎么真正做到廉洁自律、拒腐防变呢?

作为法律监督者,只有“自身正、自身净、自身硬”,履行监督职责时才能挺得起腰杆。做到这一点,需要检察官洁身自好重自律。洁身自好就要洁净心灵,不蒙尘染垢。心不清净则不察真相,心有旁骛则不敢担当。检察官要自觉认清当前大势,在思想观念上紧跟党中央的步伐,经常对照党章党规党纪检查自己的言行,经常自省修身、打扫思想灰尘,排除各种干扰、消除各种困惑,不说不该说的话,不做不该做的事,不取不该取的财,不吃不该吃的饭,同时也要经常“洗澡除尘”,谨小慎微、防微杜渐,始终对一切腐蚀诱惑保持高度警惕,坚决不踩“地雷”、不碰“红线”,坚持不越轨、不逾矩,不被“围猎”。洁身自好,除严格自律外,还要自觉接受党和人民的监督,要习惯在阳光下行使检察权,习惯在“探照灯”下工作生活,自觉把权力关进制度的笼子,主动把欲望锁进纪律的箱子,干干净净为官,规规矩矩做事,坦坦荡荡做人。新时代检察机关也涌现出很多洁身自好、廉洁自律的先进检察英模。全国模范检察官张飚曾是新疆石河子市人民检察院一名普通

① 习近平:《在庆祝中国共产党成立 100 周年大会上的讲话》,载求是网,http://www.qstheory.cn/dukan/qs/2021-07/15/c_1127656422.htm。

② 张爱丰:《领导干部要把洁身自好作为第一关》,载中国共产党新闻网,http://theory.people.com.cn/n1/2018/0226/c40531-29834256.html。

的检察官，他严于自律，同学聚会碰到一名服刑人员亲属后，自觉坚定地离开，坚决维护法律权威；全国模范检察官、上海市浦东新区检察院施净岚同志办干净案，多次拒绝涉案人员、企业赠送的财物，树立了检察官的良好形象。

2. 公而忘私，确保检察权始终在正确的轨道上运行

公而忘私、不私不偏是廉洁操守中的“奉公”“守正”内涵的集中体现。常言道：“廉洁始于无私、腐败止于正气。”克己奉公者自然无私、忘我，而公平守正者也必然正直公道，不偏不私。克己奉公、公而忘私是中华民族的优良道德传统，“清心为治本，直道是身谋”的包拯、“遵为人廉约小心，克己奉公，赏赐辄尽与士卒，家无私财”的祭遵等人都因廉洁奉公、公道正派成为清廉佳话，传为千古美谈。克己奉公、大公无私也是中国共产党人的优秀品质，成为共产党员应尽的义务和应有本色。《中国共产党章程》明确规定：“坚持党和人民的利益高于一切，个人利益服从党和人民的利益，吃苦在前，享受在后，克己奉公，多做贡献。”

检察官作为人民根本利益的坚定维护者、公平正义的坚强守护者、改革落实的砥砺奋进者，应该时刻铭记共产党人公而忘私、国而忘家的精神品质，时刻保有共产党人公道正派、光明磊落的坦荡胸怀。首先，检察官要坚持党和国家的利益高于一切，贯彻以人民为中心的发展思想，全心全意为人民服务，发扬公仆精神，热爱人民、关心人民、爱护人民，把国家和人民的利益放在首位，使个人利益服从国家和人民的利益，把以人民为中心的思想真正融入每一项检察工作中，把人民群众的利益放在行使权力的最高位置，把人民群众满意作为行使权力的根本标准。全国模范检察干部彭庆文，总是在党和人民最需要的地方冲锋在前，执着坚守，公而忘私，默默奉献，他终其一生践行“祖国和人民的需要就是我的选择”。其次，检察官要正确处理公私关系，秉持公心，力戒私心，多谋公利，不谋私利，坚持做到大公无私、公私分明、先公后私、公而忘私。习近平总书记指出：“对党员、干部来说，思想上的滑坡是最严重的病变，‘总开关’没拧紧，不能正确处理公私关系，缺乏正确的是非观、义利观、权力观、事业观，各种出轨越界、跑冒滴漏就在所难免了。”[①]检察官的公私观连着党和政府形象、牵动着人心向背、影响着社会和谐稳定，关乎检察事业的创新发展，不能有丝毫偏差，绝不能混淆了公私之界，抛弃了公仆之心。张军检察长提出，在面对公与私、进与退、显与隐、取与予的实际考验时，能否做一名合格党员？面对考问，我们不仅要守底线，更要明高线，践行廉洁自律准则，真正做到公私分明。要向身边的党员榜样学习，以更高标准要

---

① 习近平：《在党的群众路线教育实践活动总结大会上的讲话》，人民出版社单行本，第17页。

求自己。① 全国模范检察官、重庆市忠县人民检察院刘邦闹同志面对亲朋好友的请托帮忙，说得最多的一句话就是："我是人民的检察官，不是你们安排到检察院的办事员，公事私事两分明。"最后，检察官要在平凡的工作岗位上忘我工作、甘于奉献，不计个人得失，秉持功成不必在我、功成必定有我的境界与精神，为人民检察事业贡献力量。

3. 艰苦朴素，提高对围猎行为的免疫力

艰苦朴素是"廉洁"戒奢从俭内涵的必然之义，也是践行廉洁职业操守的基本要求。俭朴节欲的生活态度和工作作风对于检察官廉洁从检具有决定性作用。明代儒学大师唐顺之在《赠郡侯郭文麓升副使序》中指出："古之所谓廉者，必始于不见可欲。不见可欲，故其奉于身者薄；奉于身者薄，故其资于物者轻。虽其一无所慕与无所惧，而未尝不廉。盖虽欲不廉，而无所用之也。"意思就是说古代的廉洁之士，寡欲节俭，因此对自身的奉养比较微薄，对物质的依赖就较轻，故未尝不清廉。反观之，若习为奢华，吃穿用度，件件讲究，然穷奢极欲，取给无门时，欲壑难填，势必百计搜求，贪得无厌。因而，检察官在面对各种各样的诱惑时，不为物欲所累、不为情欲所困、不为私欲所害，保有远离虚荣的淡定和知足常乐的境界至关重要，"大厦千间，夜眠七尺；珍馐百味，无非三餐"，节制欲望、安贫乐道是力戒奢靡的法宝。全国模范检察官、湖南省永州市零陵区检察院民行科检察官蒋冬林，生活清苦，淡泊名利，乐当"精神贵族"。当时有记者去蒋冬林家里采访，尽管知道其家境贫寒，但真到他家里时，还是被震惊了：这是完全可以用"家徒四壁"形容的家，没有一件超过 200 元的电器，但是蒋冬林家里却有 1500 多册法律图书，这些书是蒋冬林最心爱、最珍贵的宝贝，都是他从牙缝里一点一点挤出钱买的。蒋冬林追求的不是物质世界的品质生活，而是精神世界的贵族生活。

勤俭节约是中华民族的传统美德，是我们党的优良作风。习近平总书记强调："过去我们党靠艰苦奋斗、勤俭节约不断成就伟业，现在我们仍然要用这样的思想来指导工作。"②党和政府一边加快发展经济，一边注重节约、反对浪费，带头过"紧日子"，目的就是让人民过上好日子。不论我们国家发展到什么水平，不论人民生活改善到什么地步，艰苦奋斗、勤俭节约的思想和精神永远不能丢。全党同志务必牢记"艰苦奋斗、勤俭节约，不仅是我们一路走来、发展壮大的重要保证，

---

① 姜洪：《张军参加最高检办公厅党总支党员大会时强调 把初心融入血脉 为检察无私奉献》，载正义网 http://news.jcrb.com/jxsw/201806/t20180628_1880111.html。

② 《如何发扬艰苦奋斗精神，习近平这样说》，载央视网，http://news.cctv.com/2021/04/11/ARTIFKf8STDqMXpqViq7QlQp210411.shtml。

也是我们继往开来、再创辉煌的重要保证”。勤俭节约是中华民族的优良传统，是我们党的制胜法宝，也是共产党人的精神品格。新时代的检察官理应成为厉行勤俭节约、反对铺张浪费的践行者、示范者、宣传者，树立节约光荣、浪费可耻的思想观念，严格执行公务接待制度，恪守检察机关相关规定，坚决杜绝铺张浪费。涓涓细流汇聚成海，每位检察官在工作与生活中珍惜每一度电、节约每一滴水，爱惜每一粒米，节省办公用品，科学统筹公务出行，切实珍惜和科学使用有限财力，坚决反对铺张浪费、大手大脚，建设节约型检察院、节约型部室。

4. 严管家人，以清廉家风促检风

检察官要廉洁自律，也要严管身边人，尤其是家人。现实中，检察官突破廉洁底线，违法乱纪，不少问题就出在亲属或其他关系密切的人员身上。有的检察官与亲属或其他关系密切的人员共同进行贪污受贿等违法犯罪活动，有的检察官亲属或其他关系密切的人员利用检察官的职权，或者利用检察官职权或者地位形成的便利条件，谋取不正当利益。因此，检察官廉洁职业道德内涵中既有律己之义，也有律人之责，要按照习近平总书记的要求，对待家人及身边人要做到三个严格，即要严格教育、严格管理、严格监督，引导他们力戒特权思想和享乐思想，不行不义之举，不谋不义之财，做到爱护不袒护，包容不纵容，让家庭成为育廉助廉的温馨港湾，而不是沦为贪污腐败的温床；让家人成为清正廉洁的共同践行者，而不是成为亲情捆绑下的腐败共同体。模范检察官方工，对待自己非常严格，对妻子也是一样。当方工被任命为副检察长时，妻子特意做了几个他最爱吃的菜为他庆祝。他回到家，看到摆好的饭菜和喜气洋洋的妻子，就回身轻轻把门关上，很认真地对妻子说：“我可把门关上了，关的就是这个‘长’字。在家里，谁也别提这个‘长’字，你脑子里也别想着这个‘长’字。”他是在提醒妻子，怕生出什么非分之想。张军检察长指出，检察官要积极引导干部家属当好廉内助，常吹守纪清风、廉洁清风，不吹歪风、邪风，切实筑起家庭防猎的铜墙铁壁，以清廉家风促检风，以廉洁家庭助检察履职。[①] 检察官还要自动洁净朋友圈、社交圈，要坚持“君子之交淡如水”，慎重交友，做到友情不忘、原则不让。特别是在信息化时代，要管好线上线下两个“朋友圈”，多交高雅之友，不交唯利是图之友，防止交友不慎坠入违法乱纪深渊。

① 《张军要求：以清廉家风助力检察队伍教育整顿》，载中国长安网 2021 年 9 月 28 日，http://baijiahao.baidu.com/s?id=1712106187467662179&wfr=spider&for=pc。

二、违背检察官廉洁操守的主要表现

廉洁是对一切掌握公权力者的必然要求，具体到检察权的行使者，廉洁操守关涉到检察官处理公职与私利冲突时所持有的态度，对待外部不当利益和维持检察公职公信力所进行的取舍，以及面对奢靡享受与节俭朴素所秉持的初心。态度的偏差与取舍的对错，必然会导致检察官偏离清正廉明的正途，渐失执法为民的初心。不得不承认，检察队伍中，突破廉洁底线，违背廉洁操守的行为时有发生，不遮掩、不回避，直指问题，自曝“家丑”，找准症结，才能真正解决问题。检察官的廉洁失范行为，既包括《刑法》《刑事诉讼法》《公务员法》《检察官法》等法律中有关廉政的违法行为，也包括《中国共产党纪律处分条例》《检察人员纪律处分条例》等法规中有关廉洁的违纪行为，主要表现在以下几个方面。

（一）以权谋私，寻租自肥

从权力来源来看，检察权作为一项公共权力，其源于公众的授予，应该也只能为公众的利益服务，除此之外不能有任何其他的目的。以权谋私的行为，使检察权发生了异化，使它不再服从于人民、服务于公共利益，转而成为个人攫取非法利益的工具。概言之，以权谋私，就是指利用自己所掌握的权力谋取私利的行为，是检察官违背检察廉洁操守的主要表现形式。《中国共产党纪律处分条例》《检察人员纪律处分条例》中对于党员干部、检察人员以权谋私的具体行为表现都予以明确列举：利用职权或者职务上的影响为他人谋取利益；本人的配偶、子女及其配偶等亲属和其他特定关系人收受对方财物；相互利用职权或者职务上的影响为对方及其配偶、子女及其配偶等亲属、身边工作人员和其他特定关系人谋取利益搞权权交易的；纵容、默许配偶、子女及其配偶等亲属和身边工作人员利用本人职权或者职务上的影响谋取私利；检察人员的配偶、子女及其配偶未从事实际工作而获取薪酬或者虽从事实际工作但领取明显超出同职级标准薪酬等。

通过对“以权谋私”的拆解分析，我们可以更加全面、准确掌握检察官滥用职权谋取私利违纪行为的特点。

第一，“以权谋私”之“权”，既包括职权或职务上的便利，也包括职务上的影响。利用职权或职务上的便利，“既包括利用本人职务上主管、管理公共财物的职务便利，也包括利用职务上有隶属关系的其他国家工作人员的职务便利。而隶属关系，是一种纵向制约关系，是指单位内部国家工作人员之间或上下级单位国家工作人员之间的管理与被管理、领导和被领导的关系。上下级的隶属关系，不局限于职责分工，也不区分是否分管或主管”①；而职务上的影响，一般是指基于本人职权而对他人产生的潜在影响。这个影响对于他人来说没有直接的约束力，但存在潜在的利害关系。② 例如利用管理或服务对象以及其他与行使职权有关系的单位或者个人在晋升与任免、财务增减、事项审批办理、业绩评价、管理监督等方面的影响谋利。

某自治区人民检察院原副检察长史某林，严重违反国家法律法规规定，利用职务上的便利在企业经营等方面为他人谋取利益并索取、收受财物。1995 年至 2013 年，史某林接受唐某某、孙某某等 31 名私营业主的请托，利用职务上的便利，通过向有关人员打招呼等方式，在承揽工程、土地开发、获得银行贷款等方面为上述 31 人谋取利益，收受财物折合人民币共计 4100.54 万元。其中现金 3185.5 万元（十八大后收受现金 28 万元）、美元 7 万元、澳元 3 万元、购物卡 1 万元、金条 4.5 千克、玉石 2 件、价值 837 万元房产一套。史某林以权牟钱，涉案金额特别巨大，最终被开除党籍和公职，并因犯受贿罪、巨额财产来源不明罪被判处有期徒刑 17 年零 6 个月。

第二，“以权谋私”之“谋”，不只表现为汲汲于非法利益的主动牟取、积极钻营，更包含着消极认可和纵容默许，即“纵容、默许配偶、子女及其配偶等亲属和身边工作人员利用本人职权或者职务上的影响谋取私利”。“纵容默许”，是一种放任的心理状态，属于消极认可和间接故意。值得注意的是，“纵容默许”的主体不包括“其他特定关系人”。特定关系人是一个非常广泛的人群，包括亲属、朋友、身边工作人员、同学、战友、老乡、情人等。有人认为，正因为特定关系人的范围非常广泛，涉案检察官无法对这些关系人都进行管束，所以“纵容默许”条款将特定关系人限定在与检察官关系较为紧密的人员——配偶、子女及其配偶等亲属和身边工作人员，而“其他特定关系人”则不属于“纵容默许”。另外，检察人员的配偶、子女及其配偶未从事实际工作而获取薪酬或者虽从事实际工作但领取明显超出同职级标准薪酬，检察人员知情未予以纠正的，依照“纵容默许”条款处理。③

第三，“以权谋私”之“私”，是指私利，涉及金钱、商品、服务等物质利益，名誉、职位晋升等地位利益以及性的特权等多种载体。具体体现是为满足金钱欲的贪污受贿、徇私枉法、官商勾结的权钱交易，为满足权势欲的任人唯亲、徇私舞弊、

---

① 最高人民法院在 2012 年 9 月 18 日发布的第 11 号指导案例“杨延虎等贪污案”裁判要点。

② 李健：《检察机关纪检监察业务培训教程——执行纪律篇》，中国检察出版社 2016 年版，第 146 页。

③ 温辉：《检察官职业道德与行为规范》，知识产权出版社 2018 年版，第 216 页。

官官相护的权权交易,以及为满足色情欲的腐化堕落的权色交易等。

(二)假公济私,中饱私囊

公私关系与人类社会相伴而生,公与私也是中国思想史上的重要范畴。最早提及这对概念的是战国时期的韩非子。《韩非子》中说“古之仓颉之作书也,自环者谓之私,背私谓之公”,意思是说,仓颉造字时便将“自环者”称作私,“背私”即为公。私本字为“厶”,甲骨文字形像是一个绳套,故而称之为“自环者”。古人狩猎时往往安置绳套捕获猎物,谁设置了绳套,捕获的猎物就归谁所有,因而私的本义即为表明所有权的归属。公的小篆字形,上半部分是“八”,表相背,下面是“厶”,合起来表示与私相背。可见,从造字之初,公就被赋予了公正、无私的含义,与私成了一对反义词。古人早就意识到,公私分明是治国之要,是为官从政者必须坚守的原则和底线。从韩非子提出“明主之道,必明于公私之分”到汉代刘安在《淮南子》中说“公正无私,一言而万民齐”,从程颢、程颐兄弟提出“一心可以丧邦,一心可以兴邦,只在公私之间尔”到苏辙谆谆告诫为官者要做到“不以私爱害公义”,无一不是在说明处理好公与私关系的重要性。①

中国共产党人心中,公私界限尤为分明、清晰。翻开《中国共产党廉洁自律准则》,第一条便是坚持公私分明,先公后私,克己奉公。可见,公私分明是共产党员必须坚守的原则和底线。习近平总书记更是对公私观提出了具体要求:作为党的干部,就是要讲大公无私、公私分明、先公后私、公而忘私,只有一心为公、事事出于公心,才能坦荡做人、谨慎用权,才能光明正大、堂堂正正。作风问题都与公私问题有联系,都与公款、公权有关系。公款姓公,一分一厘都不能乱花;公权为民,一丝一毫都不能私用。② 领导干部必须时刻清楚不以一毫私意自蔽,不以一毫私欲自累,做到公私分明、克己奉公、严格自律。

在检察官的违纪行为中,因公私不分导致的假公济私、损公肥私、化公为私的行为也不在少数。其具体表现形式有:一是利用职权或者职务上的影响,侵占非本人经管的公私财物,或者以象征性地支付钱款等方式侵占公私财物,或者无偿、象征性地支付报酬接受服务、使用劳务。其中“象征性地支付钱款/报酬”属于变

---

① 吴宇轩:《公私当分明》,载中央纪委国家监委网,https://www.ccdi.gov.cn/zlhj/202006/t20200619_220439.html。

② 习近平:《在十八届中央纪委三次全会上发表重要讲话强调:强化反腐败体制机制创新和制度保障 深入推进党风廉政建设和反腐败斗争》,载中共中央纪律检查委员会 中华人民共和国国家监察委员会网站,http://people.ccdi.gov.cn/detail/1673?route=latest-deals。

相非法占有公共财物的方式，是指虽然支付相应的费用，但所支付的费用与公私财物的实际市场价值、所接受的服务劳务的市场价格明显不对称，明显低于市场价格。二是利用职权或者职务上的影响，将本人、配偶、子女及其配偶等亲属应当由个人支付的费用，由下属单位、其他单位或者他人支付、报销。这是一种严重侵犯国家集体财产和他人财产的违纪行为，极易造成权钱交易，滋生腐败。三是利用职权或者职务上的影响，违反有关规定占用公物归个人使用，时间超过6个月，或占用公物进行营利活动或将公物借给他人进行营利活动。实践中，占用公务电脑、手机、相机归个人使用的情况不在少数，人们常常认为借用一下并无大碍，却往往在不知不觉中养成了占用公物归个人使用的恶习，长而久之必酿恶果。四是用公款旅游、借公务差旅之机旅游或者以公务差旅为名变相旅游，或以考察、学习、培训、研讨、招商、参展等名义变相用公款出国（境）旅游的行为。五是用公款包租、占用客房或者其他场所供个人使用。六是违反有关规定，公车私用、私车公养、违规借车等。最高人民检察院颁布的《关于严禁检察人员违规使用机动车辆的六项规定》，严禁检察人员私自使用公务车辆，对违反规定者，给予相应处分。

2016年7月至2017年3月，重庆市某县人民检察院法警队主任科员冯某某，利用到重庆市人民检察院第二分院和重庆市万州区人民检察院送达法律文书的机会，先后9次驾驶警车私自改道，行驶至重庆市云阳县看望或者接送在当地上班的妻子。2017年10月31日，经中共重庆市纪委驻市人民检察院纪检组、重庆市人民检察院监察处办公会批准，给予冯某某记过处分，之后经重庆市某县人民检察院党组会议研究，免去其法警大队大队长一职。冯某某无视"中央八项规定"等廉洁准则、纪律要求，对于严禁公车私用的相关规定置若罔闻，心存侥幸、以身试纪，最终自食恶果。

（三）收受各种非法利益

从近年来的实际案例看，检察官收受礼品、礼金、消费卡等非法利益问题仍然比较突出，严重败坏检察官在群众心中的形象，污染了社会风气，《中国共产党纪律处分条例》《检察人员纪律处分条例》都对相关行为予以纪律规范。收受各种非法利益的主要表现有：收受可能影响公正执行公务的礼品、礼金、消费卡等；收受其他明显超过正常礼尚往来的礼品、礼金、消费卡等；接受可能影响公正执行公务的宴请或者旅游、健身、娱乐等活动安排；利用职权或者职务上的影响操办婚丧喜庆事宜，借机敛财。

非法利益，可以礼品、礼金、消费卡、微信红包、支付宝转账、充值券等客观载体而呈现,也可以宴请、旅游、健身或娱乐等个人感受为体现;收受行为,不仅包括接受案件当事人及其近亲属、辩护人、诉讼代理人、利害关系人、中介组织提供的非法利益,也包括社交活动中接受明显超过正常礼尚往来的礼品、礼金等。所谓“明显超过正常礼尚往来”,一是指在礼节上讲究有来有往,换句话说就是你对我怎么样,我也对你怎么样,不能只来不往。二是指明显超出了当地正常经济水平、风俗习惯、个人经济能力的礼品、礼金价值①。如湖南省某基层检察院立案查处了该市人社局工作人员曾某贪污受贿案,该检察院副检察长、反贪局长、纪检组长、协助分管公诉的党组成员等5名院领导和公诉科科长等9名办案人员,先后多次参加犯罪嫌疑人曾某安排的宴请,有的院领导还接受曾某送的高档烟酒,有的还接受有异性陪侍的唱歌娱乐活动。

(四)职务外活动失范不当

检察官既有职务内活动,也有职务外活动,两者看似泾渭分明,但基于实施者身份的特殊性,两种活动又具有千丝万缕的关联。也有专家将其划分为业内行为(职权行为)和业外行为(关联行为),其中业外行为(关联行为)主要是指检察人员实施的虽然不属于检察职权行为,但可能影响职权行为的合法性、公正性、纯洁性,或者可能损害检察机关执法形象,或者可能导致其他诉讼法律关系主体、社会公众对检察职权行为与结果的合法性、公正性、廉洁性产生怀疑的言行。② 检察官的职务外活动之所以也纳入职业道德调整范畴,主要是源于检察官特殊的身份属性在树立法律监督权威建立检察公信力中的关键作用,社会公众对其独立、廉洁性有着较其他领域职业人员更高的标准和要求。

检察官职务外活动失范不当尤以违反规定从事营利性活动、在企业或者其他营利性组织中兼任职务、从事与检察官身份不符的行为等为突出表现形式。

违反规定经商办企业或从事其他营利性活动主要表现为:①经商办企业;②拥有非上市公司(企业)的股份或者证券;③买卖股票或者进行其他有价证券投资;④在国(境)外注册公司或者投资入股;⑤违反有关规定在经济实体、社会团体等单位中兼职,或者经批准兼职但获取薪酬、奖金、津贴等额外利益;⑥其他违反法律规定从事营利活动的情形。这里所说的“法律规定”主要包括:《公司法》《公务员法》《中国共产党纪律处分条例》《关于党政机关工作人员个人证券投

---

① 《对于“明显超过正常礼尚往来”的标准怎么认定?》,载中央纪委监察部网,http://www.ccdi.gov.cn/special/ljzl/lxfg_ljzl/201511/t20151119_66037.html。

② 邓云:《检察机关加强自身监督需要妥善处理的关系》,载《人民检察》2009年第19期。

资行为若干规定》等。

检察官违规经商投资，被人们生动地形容为“穿上制服是裁判员，脱下制服变成运动员”，严重影响了检察官在人民心中的形象。有些检察官违规从事经营活动，从中攫取巨额非法收益。如陕西省某县人民检察院原副检察长穆某某违反规定从事营利性经营活动。其中，仅在繁峙县宗山矿业有限公司富鑫分公司入股50万元，获利就达770万元；在代县程林铁矿入股50万元，获利200万元；从繁峙县信用社违规贷款1000万元转借他人，获利200万元；在忻州市金山矿业公司入股100万元，获利68万元；还先后在繁峙县杏园油库、繁峙县盛源地产公司以及陕西省西安市个体老板肖某处投资676万元。河南省某市人民检察院原检察官张某某从1995年入股煤矿参与经营到2010年退休期间，一直从事经商活动，赚取了上亿元的钱财，是出名的“亿万官老板”。①

检察官兼职问题，在新修订的《检察官法》中有明确规定，检察官违反有关规定从事或者参与营利性活动，在企业或者其他营利性组织中兼任职务的，应当给予处分；构成犯罪的，依法追究刑事责任。可见，检察官只要在企业或者其他营利性组织中兼任职务，无论是否获利，都是被禁止的。检察官不得兼职律师、法律顾问、仲裁员等职务，从事其他有偿中介活动更是不言自明。检察官违规兼职背后往往隐藏着赤裸裸的权钱交易和利益输送，常言道“一心不得二用”，检察官在企业或其他营利机构兼任职务，还会一心一意履职尽责、全心全意践行为民宗旨吗？恐怕会分散精力，处心积虑把发财的“副业”当成“主业”，最终结果是肥了自家的“地”，荒了公家的“田”。

与检察官身份不符的行为，多与检察官社交行为不谨慎、私生活混乱有关。检察官的职务外社交与私生活看似与其职务没有直接关联，但身份的特殊性，决定了检察官不仅在履行职务时要清正廉明，职务之外更要模范守法、廉洁守纪，时刻做到习近平总书记所要求的“慎独慎初慎微慎友”。现实中，不少检察官因交友不慎，成为被“围猎”的对象。很多“围猎”行为披着人情往来的外衣，隐藏在看似温和的友情和甜蜜的亲情中，具有较强的隐蔽性。不少检察官正是在“温水煮青蛙”式的侵蚀中，放松了警惕、丧失了原则。云南省某县检察院原检察长张某平到任后，一些老板尾随而至，主动提供各种方便，一来二去他们混成了哥们儿。这些哥们，一方面在承揽工程、司法办案方面拉他下水，另一方面还干预左右这个单

---

① 《河南周口市检察院原检察官开煤矿15年牟利逾亿》，载搜狐新闻网，http://news.sohu.com/20141117/n406096096.shtml。

位的干部人事工作。[①] 可见,检察官交友应慎重,这关系到廉洁执法与秉公用权。此外,检察官在个人生活中的表现,同样会影响到民众对于检察人员良好形象、检察机关公信力的认知,因而检察官在任何时候,始终应该秉持最高标准的公正廉洁谨慎行事。而事实上,很多检察官的贪腐违纪都与其私生活混乱有关,从违规取得、持有、实际使用各种消费卡、违规出入私人会所、夜总会等场所,到沉溺于吸毒、赌博等恶习而无法自拔。黑龙江省某市检察院原副检察长刘某,长期吸毒;陕西省某市某县检察院原检察长王某庆,工作日饮酒并参与赌博,被公安机关抓了现行。

(五)铺张浪费、奢靡享乐

"铺张浪费、奢靡享乐"根本上是作风问题,是廉洁自律意识淡薄、职业道德滑坡的具体体现。随着国家经济的飞速发展,人们的物质精神生活变得越来越丰富,面对灯红酒绿、纸醉金迷的外在诱惑,不少检察官革命意志衰退、奋斗精神消减,将勤俭节约、艰苦奋斗的传统美德抛诸脑后,将及时行乐奉为圭臬,最终沦为铺张浪费的挥霍者,奢靡享乐的追随者。这些人还残存严重的官本位思想,好面子、讲排场,肆意挥霍浪费公共财产,还没有脱离骄奢淫逸的低级趣味,图安逸,贪玩乐,一味追求与其身份不符、与其收入不匹配的物质和感官享受。

检察官铺张浪费、奢靡享乐的主要表现有:违反公务接待制度规定,在公务活动中提供或者接受超过规定标准的接待,或者超过规定标准报销招待费、差旅费等相关费用;巧立名目赠送或接受公款购买的土特产品、贵重纪念品和其他礼品;不能严格遵守外出执行公务定点住宿的规定、不能严格执行"禁酒令"等内部公务活动和交往的规定;违反公务用车配备使用管理使用制度,超标配备、购买、装饰公车,违规借(换、占)用非本单位公车或公车私用;违规建设楼堂馆所,超标配备、使用办公用房和办公用品;违规组织考察活动,利用公款安排旅游、健身、娱乐等活动;举办计划外会议活动和超范围印发文件刊物;超计划支付各类服务经费等。

检察官铺张浪费最终挥霍掉的是民众的信任,最终侵害的是国家公共财产。湖北省某市人民检察院原党组副书记、副检察长朱某某违反中央八项规定精神,借考察之机绕道公款旅游。2016 年 6 月 2 日至 10 日,朱某某等 9 人赴省院对口援建单位新疆生产建设兵团检察院第五师院进行考察调研。调研期间,朱某某等

---

① 苏德良:《全面从严治党治检为检察事业创新发展提供坚强保障》,载《人民检察》2019 年第 16 期。

人接受援建单位的安排，到非对口援建的伊犁州霍尔果斯口岸、伊宁市林则徐纪念馆等地旅游，此外朱某某单独接受某州检察院检察长张某个人邀请，随张某到博州夏尔西里自然保护区游玩半天，导致其未能随团乘飞机返回乌鲁木齐，后单独乘飞机到乌鲁木齐与考察团会和。旅游期间朱某某等人的交通费、生活费由接待单位承担，住宿费、生活费补助，以及朱某某因延误航班重复购买机票的费用均由某市人民检察院公款核销。朱某某身为党员领导干部，不能严格要求自己，最终受到相应党纪、检纪处理。

检察官作为国家公职人员、作为国家公权的行使者，利用人民赋予的权力，肆意挥霍浪费公共财产和有限资源，用来填补自己贪图享乐的物欲沟壑，无疑是可耻、可恨的行为，是违背为民宗旨、践踏廉洁底线的行为。为大力弘扬艰苦奋斗、勤俭节约的传统美德，为及时遏制铺张浪费、奢靡享受的不正之风，一系列规定相继出台，《中国共产党纪律处分条例》《关于改进工作作风、密切联系群众的八项规定》《关于厉行节约反对食品浪费的意见》《党政机关厉行节约反对浪费条例》《检察机关厉行勤俭节约反对铺张浪费若干规定》《党政机关国内公务接待管理规定》《严禁检察机关在内部公务活动和交往中用公款请客送礼的规定》等，对上述铺张浪费、奢靡享乐行为进行了规范。

三、检察官廉洁操守的新时代践行

讲道德，不仅要自我修养，自省吾身，更要端正品行，重在践行。检察官恪守廉洁职业道德，要坚持思想上和行动上高度统一，树立一心为民、清廉一生的理想信念，常修为政之德，常思贪欲之害，常怀律己之心，筑牢防腐拒变的道德防线；要坚持自律和他律双管齐下，自觉规范执法行为，主动接受检务监督，确保检察权力始终在"阳光"下运行；要坚持约束自己和管好家人齐头并进，打造良好家风，净化社交圈层，自觉抵制别有用心之人的"围猎"；要坚持在任时和退休后步调一致，戒除侥幸心理，杜绝插手过问，合法合规任职，永葆清廉本色。

（一）坚定信念，筑牢思想防线

检察官的清廉品质不是与生俱来的，也不是一成不变的。面对形形色色的大千世界，面对各种利益的诱惑，检察官能否保持清廉美德，杜绝不廉洁行为，最根本的是要通过个人的学习、组织的教育，提高思想道德素质，筑牢拒腐防变的思想道德防线。①

1. 坚定理想信念

习近平总书记指出:没有理想信念,理想信念不坚定,精神上就会缺“钙”,就会得“软骨病”。② 对于党员干部来说,思想上的滑坡是最严重的的病变,“总开关”没拧紧,不能正确处理公私关系,缺乏正确的是非观、义利观、权力观、事业观,各种出轨越界、跑冒滴漏就在所难免了。某省地级市检察院原检察长李某长③就是在金钱至上的拜金主义思想冲击和腐蚀下,私欲逐渐膨胀,理想信念发生动摇,插手倒卖国有土地使用权、工程承包等,并从中谋取利益,并违规单独或与他人合伙经商办企业。检察官要高度重视政治理论学习,以习近平新时代中国特色社会主义思想为指引,加强政治理论、党章党纪、法律法规等理论知识学习,不断夯实理论根基,树立宗旨意识,坚定理想信念,牢记检察使命。要积极参加“不忘初心、牢记使命”、党史主题教育等学习实践活动,用党的奋斗历史和伟大成就鼓舞斗志,用党的光荣传统和优良作风坚定理想信念,传承红色基因,增强廉洁定力,砥砺检察品格。要积极参加党内政治生活,认真开展批评与自我批评,时常反思自己的信念和言行是否符合廉洁自律的道德标准,不仅要守底线,更要明高线,要真正把马克思主义科学真理作为自己的坚定信仰,把初心融入血脉,形成行动自觉,做到知行合一。④ 要见贤思齐,张军检察长曾指出,全体检察人员要向先进典型学习,学习他们严于律己、廉洁自律的职业操守,始终把廉洁作为底线,始终做到廉洁用权。

2. 培养道德情操

一名领导干部的蜕化变质往往就是从生活作风不检点、生活情趣不健康开始的。如果领导干部在道德情操上打开了缺口,出现了滑坡,那就很难做到清正廉洁。四川省某市人民检察院原检察长钟某鸣为了让人觉得自己是个有文化底蕴的“儒官”,热衷于玉器,其正常收入显然难以负担,便由商人“朋友”埋单,先后收受多名行贿人赠与或代为支付购买的玉器共计 9 件,总价值 319.4 万元。⑤ 加强思想道德建设,培养良好道德情操是廉政建设的重要保证。检察官要将检察职业道德作为立身之本和处世之道,树立正确的价值观和金钱观,自觉抵制拜金主义、

① 高继明、陈晓颖主编:《检察职业道德研究》,中国检察出版社 2017 年版,第 131 页。

② 习近平:《坚定理想信念补足精神之钙》,载光明网,https://m.gmw.cn/baijia/2021-10/31/35275641.html。

③ 见第七章案例一。

④ 张军检察长在“不忘初心,重温入党志愿书”主题党员大会上的讲话。

⑤ 见第二章案例一。

享乐主义等腐朽思想的影响和侵蚀，常怀律己之心，常思贪欲之害，常修从业之德。要理性认知兴趣爱好，将个人爱好视为陶冶情操的利器，而非炫耀卖弄的资本，选择与生活水平相匹配的志趣爱好，远离别有用心之人的"投其所好"；要培养健康的生活情趣，从中国先进文化中汲取营养、净化心灵，提高自身道德文化修养，做引领社会风尚的道德楷模。

3. 增强法纪意识

法律是治国之重器，纪律是治党之戒尺。检察机关是国家的法律监督机关，检察官代表国家和人民行使检察权，理应带头增强法纪意识，做遵纪守法、廉洁自律的模范。然而四川省某市人民检察院原检察长钟某鸣却将检察长的职务视为凌驾于法纪之上的特殊身份，将检察职责视为自己违法乱纪的保护伞，利用职务便利，在工程承建、项目开发、职务晋升等方面为他人谋取利益，非法收受他人财物①，视制度为无物，视程序为儿戏，最终从法律的执行者沦为法律的践踏者。吉林省人民检察院原党组书记、检察长杨某勤也是知纪违纪，执法犯法，在企业经营、解决诉讼纠纷、职务调整晋升等方面为他人谋利，并非法收受巨额财物。张军检察长在最高检党组理论学习中心集体学习会上强调，检察官要建立法治信仰，真正把习近平法治思想融入日常检察工作，从基础做起，不断提高履职的政治判断力、政治领悟力、政治执行力；检察官要牢固树立依法履职、依法用权的观念，将法治的要求作为规范自身行为活动的基本准则，牢记法律红线不可逾越，法律底线不可触碰，模范遵守《公务员法》、《检察官法》、《中国共产党纪律处分条例》和《检察人员纪律处分条例》等法律法规，将各项纪律要求内化于心，外化于行，时刻做到慎初、慎微、慎行，自觉抵御各种不良风气的侵蚀，切实做到严守权力边界，规范司法行为，不断增强防腐拒变的能力。

（二）接受监督，促进廉洁从检

司法责任制改革突出了检察官的主体地位，赋予了检察官在职权范围内相对独立地承办和决定案件的权力，这是加强检察队伍专业化、职业化，提高检察官执法能力和法律监督水平的迫切需要②。但与此同时，实行入额检察官办案责任制改变了以往承办人审查、部门负责人审核、分管检察长审批或检委会讨论决定的这种层层把关的办案模式，一定程度上削弱了监督制约，为检察职权滥用和贪腐

---

① 《四川省内江市检察院原检察长钟某鸣涉嫌受贿罪被诉》，载新浪新闻网，http://news.sina.com.cn/o/2017－11－23/doc－ifypapmz4111852.shtml。

② 李勇、刘香：《司法改革中检察权内部监督制约机制浅谈》，载《法制与社会》2019年第36期。

行为提供了一定的机会。张军检察长指出,要坚持破立并举,放权与监督并重,制约监督机制与检察权运行机制、职能转变相适应,扎紧扎牢制度“篱笆”,为“四大检察”“十大业务”优质高效运行保好驾、护好航。

1. 规范执法行为,强化内部监督

执法规范是廉洁从检的前提。没有规矩,不成方圆,检察执法如果没有一定的限制,执法行为过于随意,也就为权力寻租提供了空间,为检察贪腐提供了机会。检察官要熟习检察执法办案各环节的执法依据,严格按照执法办案标准和办案流程行使检察职权,确保检察执法始终在法治的轨道上运行。要重视案件管理工作,认真学习系统内优秀指导性案例,对照规范自身办案工作,防止执法偏差;要积极参加案件评查,主动接受案管部门监督指导,不断提高执法规范化水平。

2. 促进检务公开,强化外部监督

阳光是最好的防腐剂,检察官要树立以公开促公正、以透明保廉洁的观念,认真落实检务公开,主动接受外部监督。要全链条接受监督,积极对照检务公开清单,在不影响案件查处的情况下,从案件受理到审查立案,从侦查到提起公诉等,及时客观向社会公众和利害关系人公开检察事项、执法依据和案件进展,将检察权行使过程和结果尽可能公开化、透明化,让检察权力在阳光下运行,充分保障社会公众的知情权。要接受多主体监督,既要认真落实检务公开要求,接受社会大众的日常监督,也要积极邀请人大代表政协委员通过听庭评议等方式参与检察执法,对于社会影响重大、人民群众关注的典型案件,还要主动接受媒体监督,及时通报案件查处情况。要多途径接受监督,随着信息化时代的推进,检察机关主动接受监督的方式,除了有传统的邀请参加检察开放日、公开听证、参加庭审等这种“面对面”的监督方式外,正在充分依托“两微一端”等新媒体,通过“屏对屏”的交流方式,展示检察工作的真实状态。检察官要正确认识外部监督,积极配合开展多渠道、多主体监督,将媒体监督的聚光灯转化为规范执法的助推器,防止、减少为检不廉等腐败问题发生。

3. 严格报告制度,强化自我监督

贪腐行为源自官员内心私欲的膨胀,强化自我监督、实现廉洁自律是践行廉洁操守的根本。检察官要勤于自查自省,通过主动披露倒逼行为规范,校准价值坐标,养成司法为民、廉洁自律的检察自觉。要如实申报家庭财产,检察官要根据要求定期梳理家庭财产,认真核查个人特别是家属名下资产是否与家庭收入情况相匹配,配偶和子女是否利用其影响违规经营企业或任职授薪,通过查家底、晒资产,及时发现并制止违法贪腐行为。要严格执行“三个规定”,如实记录并报告干预、插手、过问司法办案行为，要以"零报告"为目标，严禁一切违反规定过问或干预、插手检察办案等重大事项，以及以任何方式为利害关系人说情打招呼等行为，筑牢防范人情案、关系案、金钱案的"堤坝"。要及时向组织报告并上交利害关系人各种形式的"糖衣炮弹"，从逢年过节的特产红包，到高档商场的购物卡券，从买房购车的内部折扣，到涉案企业的干股分红，要坚信无欲则刚，用不拿群众一针一线的为民情怀，不收利害关系人一分一毫的清廉品质，为自己披上防腐蚀、防围猎的"铠甲"。

（三）严管厚爱，净化生活圈层

从近年通报的腐败案件来看，生活圈层的污浊不堪是不少领导干部走向严重违法违纪的重要原因，从子女利用父母影响经商谋利的家教失范，到纵容家属幕后收钱敛财的家风败坏，从利益结盟的"兄弟会"，到大行"掮客"行径的"小圈子"，正是这种对家属亲人毫无原则的放纵，和对朋友人情毫无底线的承揽，一步步将检察官推向贪腐的深渊。检察官肩负国家法律监督之权，本人及其家属容易成为有心之人"围猎"的对象，对待家人，要坚持严管厚爱，加强家风建设，筑牢家庭廉洁自律防线；对于朋友，要坚持原则底线，自动与别有用心之人划清界限。

1. 加强家风建设

党的十八大后被查的首个在任省级检察长——吉林省人民检察院原党组书记、检察长杨某勤被带走调查的当日，其妻子也被一并带走调查，正好印证了官方通报中所指的"道德失守、家风败坏"。可以说，家风的好坏，直接关系到检察官能否克己修身、时刻坚守廉洁品质，关系到检察官能否约束家人，处处抵御别有用心之人的"围猎"。检察官要带头重视家风建设，正好家风、管好家人，严把家庭廉洁关，当好家中"廉洁监督员"。

家风是一个家庭的精神内核和道德源头，而家教则是家庭精神内核的具体体现。检察官的家教水平，直接决定了检察官及其家庭成员在面对金钱和利益的诱惑时，能否在思想和行动上自觉抵制，筑牢思想道德防线。内蒙古自治区某市集宁区人民检察院原检察长付某强之子付某麟打着其父的旗号到处招摇撞骗，以非法占有为目的，虚构事实、隐瞒真相，诈骗他人钱财 1792 万余元①，付某强对其子的犯罪行为，不仅没有制止，反而利用手中的权力，纵容和帮助儿子进行非法犯罪活动，并与其子合谋贪污、受贿。最终付某强因贪污、受贿、滥用职权等罪被判处

---

① 《乌兰察布集宁原检察长为掩盖犯罪事实起诉检察院》，载中国法院网，https://www.chinacourt.org/article/detail/2010/11/id/434768.shtml。

有期徒刑14年,其子付某麟以诈骗罪、受贿罪、贪污罪被判处有期徒刑19年。检察官作为国家法律监督者,是国家公权力的代表,其家庭成员的德行情况,往往反映了检察官的职业素养,故检察官在自觉抵御金钱和利益侵蚀的同时,要注重家庭廉政道德教育。要带头做到公私分明,勿把检察权当成个人谋取私利和搞特权的工具;要提醒家人远离利害关系人,提防有心之人"围猎";要教育家人崇尚节俭,树立正确的生活理念,不可一味追求物质享受,做到以俭防腐、以俭戒贪,建立清廉家风。

关爱家人,是人之常情,然而爱必须有法度边界,不能利用人民赋予的公共权力谋取私利。从公布的违纪违法案件来看,多数腐败案件的起因,在于"一人得道,鸡犬升天"的封建意识,在于"封妻荫子"的特权思想,这使得从家庭中打开了一些党员领导干部腐败的缺口①。某自治区人民检察院原检察长史某林的二妹夫和妻弟利用其权力在博州招摇撞骗,大肆给私营业主介绍工程从中获取利益,史某林知晓后,不仅不及时制止,还将自己的赃款转移至二妹夫手中,再投资小贷公司和购买门面房,达到转移财产和洗钱的目的。这种扭曲的亲情,逐步演变成"治家不善、举家俱焚"的家庭悲剧。检察官作为国家公权力的行使者,不仅个人要坚守住廉政的阵地,更要把好家庭这个后院,一方面要教育引导家庭成员自重、自省、自警、自律,远离贪腐,洁身自好,时刻警惕别有用心的人"围猎";另一方面要对家庭成员严格管理、严格要求,做到爱护而不袒护、包容而不纵容,规范配偶、子女及其配偶经商办企业和代理案件等行为,防止他们利用自己的职权和影响做违纪违法的事情。对于家庭成员身上的苗头性问题,要坚持原则,放下私情,早教育、早制止、早纠正,切实守护好家庭这片"廉洁港湾"和家庭成员的内心留白之处。全国模范检察官、河北省徐水县副检察长于新峰给自己和家人约法三章:绝不接受案件当事人及其亲友的任何礼品,绝不在发案单位办私事,在案件侦查期间绝不参加任何名义的私人宴请。反贪18年来,于新峰在"情与法""钱与法"的考验面前,始终做到不为私利所左右,不为钱财所驱使,不为关系所干扰,不为权势所折腰。②

2. 净化社交圈层

吉林省人民检察院原党组书记、检察长杨某勤罔顾自身公职身份,经常违规

---

① 许兴达:《全面从严治党,必须加强领导干部家风建设》,载《前进》2020年第10期。

② 最高人民检察院政治部编:《有理想 有能力 有担当 有操守——新时期检察英模风采录》,中国检察出版社2014年版,第175页。

接受私营企业主宴请，收受礼品礼金[①]；重庆市某区人民检察院原检察长郭某祥经常和一些所谓的商人"朋友"探讨经商之道，大谈自己独特的见识见解，并违规入股、借资参与这些"朋友"的经营项目；贵州省某县人民检察院原检察长李某出于朋友感情、兄弟义气，出面帮"好兄弟"协调关系，利用职务影响在工程承建等方面为他人谋利并收受财物[②]，逐步坠入犯罪的深渊，最终自食恶果。检察官是国家公权力的行使者，容易成为有心之人攀附的对象，要时刻保持政治警觉性和政治鉴别力，拒绝参加与公职人员身份不符、与薪资水平不配、有利害关系人参加的不正当的社交活动，摒弃多个朋友多条路的圈子思想，有原则有底线地结交朋友，不交无德无信、无义无耻之人，不拉帮结派，净化社交圈，远离"小圈子"，拒绝各种不健康、不正常、不规矩的利益诱惑和人情干扰，建立起强大的免疫力和抵抗力，从而提高自己拒腐防变的能力。

（四）不忘初心，永葆清廉本色

2019 年 11 月，已退休近两年的黑龙江省某市检察院原副检察长赵某科因搞"两面派"，做"两面人"，经济上贪婪成性，以权谋私，大搞利益交换，收受他人财物数额巨大，被开除党籍；[③]2020 年 9 月，已退休四年多的天津市某县人民检察院党组书记、检察长薛某如因涉嫌严重违纪违法，接受纪律审查和监察调查。[④] 近年来，部分官员离退休后，利用职权影响谋取私利，受到党纪国法惩处的案例逐年增多。从落马退休官员贪腐的案例分析，退休后贪腐问题主要分为三类：第一类是，在任时存在贪腐问题未被发现，退休一段时间后被查处，即常说的"东窗事发"；第二类是，在任时利用手中职权为利害关系人谋取利益，双方达成"默契"，退休后，利害关系人通过各种方式进行利益补偿，即常说的"期权腐败"；第三类是，退休后，利用在任时建立的威望、人脉，或是一手提拔的"亲信部队"，插手案件办理，过问案件情况，打招呼，当顾问，换取非法利益，即常说的"晚节不保"。无论哪种形式，其根源都是忘却了"全心全意为人民服务"的根本宗旨，放松了纪

---

① 《吉林省人民检察院原党组书记、检察长杨某勤被开除党籍和公职》，载中央纪委国家监委网，https://www.ccdi.gov.cn/toutiao/201912/t20191201_205385.html。

② 《铜仁市松桃县检察院原检察长李强被开除党籍　超标接待、滥发补贴》，载搜狐网 2016 年 5 月 13 日，https://www.sohu.com/a/109218229_120702。

③ 《黑龙江佳木斯市检察院原副检察长赵维科被开除党籍》，载网易新闻网 2020 年 2 月 26 日，https://3g.163.com/news/article_so/F6APC6LA0514R9P4.html。

④ 《天津市原蓟县人民检察院党组书记、检察长薛九如接受纪律审查和监察调查》，载中央纪委国家监委网，https://www.ccdi.gov.cn/scdcn/sggb/zjsc/202009/t20200905_39549.html。

律意识,才会导致廉政防线崩塌。检察官是国家法律的守护者,在任时,应坚持公正廉洁司法,维护社会公平正义;退休后,更当牢记一心为民初心,永葆清正廉洁的政治本色。

1. 自省自纠,杜绝期权腐败

“在任时替人办事,退休后收人钱财”,这种妄想通过避免权钱“直接”交易,延长权钱交易时间跨度,达到规避查处风险、躲过党纪国法惩处目的的期权腐败行为,是心存退休后无人监管的侥幸心理,是对党和政府惩治贪腐力度的错误判断,是典型的掩耳盗铃。干部任职有期限,惩治腐败无时限。只要伸了不该伸的手,拿了不该拿的钱,做了不该做的事,不管身在一线还是退休离职,都不会“一笔勾销、既往不咎”,因为只有清廉才是最好的“护身符”。[①] 检察官在即将离开工作岗位时,在积极配合组织做好离任审查的同时,要强化自我审视,认真回顾职业生涯中,是否存在突破廉政底线的行为,尤其是是否存在“期权交易”的情形。要摒弃“离任退休 = 平安着陆”的侥幸心理,主动向组织报告相关事宜,必要时配合做好办结案件的重新审理工作,在坚守廉洁自律底线的同时,还社会以公平正义。

2. 警钟长鸣,防止思想滑坡

部分党员干部离退休后没有了公职人员身份的约束,开始对党不忠诚、不老实,甚至无视各项党规党纪,最终落个晚节不保的结局。廉洁自律是一个永恒的话题,是一个终身的课题。各级检察官要把廉洁自律作为一种思想境界、一项责任要求和一生的常修课,做到离岗不离党,职务能退、党性不能“褪”。退休后,仍要重视对自身人生观、价值观的改造,摒弃“船到码头车到站”的错误思想,认真学习党和政府各项政策,不断夯实廉洁自律意识和遵纪守法意识;要与组织保持紧密联系,积极参加组织生活,及时汇报思想动态,认真参加廉洁自律警示教育,时刻保持警钟长鸣,始终做到政治上的坚定、思想上的清醒和行动上的自觉。

3. 功成身退,绝不插手过问

对于领导干部来说,退休是人生重大转变。从繁忙到清闲,从职场到家庭,从门庭若市到门庭清静,从位高权重到平常百姓……这虽然是由壮及老的自然过程,但对个人来说又颇不寻常。[②] 部分领导干部离开领导岗位后,感到空虚,心理反差大,失落感凸显,于是千方百计施展余威,插手过问职务工作,大搞权钱交易,处于“退而不休”的状态。《司法机关内部人员过问案件的记录和责任追究规定》

---

① 孟庆毅:《“退休后再说”是掩耳盗铃》,载《中国纪检监察报》2019 年 8 月 26 日,第 2 版。

② 米博华:《退休前后尤须警惕》,载《中国纪检监察报》2018 年 8 月 20 日,第 2 版。

第13条,已明确将司法机关离退休人员纳入违反规定干预办案惩治范围。各级检察官退休离开工作岗位后,应当及时调整个人心态,不可把住权力不撒手,而将党纪国法抛诸脑后。职业生涯中的工作体会和经验可以通过适当的方式与年轻干部进行交流,切不可依仗自己是老领导,摆姿态,耍威风,更不能自恃资历老、面子大,随意接受别人请托,打听案情、过问案件、说情干预,成了别人的枪杆,毁了自身的清誉。

4. 恪守本心,抵制非法利益

习近平总书记曾这样赞誉退休干部"莫道桑榆晚,为霞尚满天"。一些退休干部在离开工作岗位后,并没有选择安逸的生活,而是发挥专业特长,在新的岗位上继续发光发热。但是,基于检察官特殊的职业身份,《检察官法》和《中国共产党党员领导干部廉洁从政若干准则》对检察官退休后的任职行为作出了限制。检察官退休之后,仍应当恪守本心,始终把清正廉洁作为第一操守,坚决抵制各类非法获利行为。一是不违法任职,接受原任职务管辖地区或业务范围内民营企业、外商投资企业和中介机构的聘任。一些企业热衷于高薪聘请退休干部担任公司高级顾问,实则是看中了其在任时积累的人脉和资源,期望在"关键时刻"能打打招呼、递递话。检察官退休后要自动远离该类企业和中介机构,不随意充当企业顾问、司法掮客,成为商家"买办",以免日后"骑虎难下"。二是不违规经商,从事与原任职务管辖业务相关的营利性活动。不得开设与原检察业务相关的中介机构或司法鉴定机构,或为亲属、朋友等经营的律师事务所及评估、拍卖、鉴定等中介机构牵线搭桥,扰乱法律服务市场竞争环境;主动做好任职回避,除作为当事人的监护人或者近亲属代理诉讼、进行辩护的外,不担任原任职检察机关办理案件的诉讼代理人或者辩护人。"不忘初心、方得始终",退休检察官应坚守廉洁自律底色,戒除侥幸心理,慎始敬终,自警自重,知足常乐不攀比,发挥余热不越界,做让党和政府放心、家庭和自己安心的老干部。

第七章

检察官职业道德涵养

温　辉*　国家检察官学院

目　次

* 温辉,法学博士,国家检察官学院教授。

检察官践行职业道德的一个基本前提，是对职业道德规则达到“真知”，即实现内化。道德内化是一个复杂的心理过程，且存在着道德蜕化的可能，故而，检察官职业道德涵养如逆水行舟，不进则退。为此，加强自律的同时，他律不可或缺。通过他律，巩固自律所内化的规则，进一步涵养道德，达至“知之真切笃实处”。

案例一①：一个知行脱节的典型案例

2008年8月，时任某市人民检察院原检察长的李某长到该市委党校及下辖区县作了7场巡回讲座。在讲座中，李某长特别强调领导干部要不断加强自身修养，要常怀敬业之心、敬人之心、敬规之心和参悟之心，做到势不可使尽、利不可占尽、福不可享尽、聪明不可用尽。他告诫领导干部要利用好手中的权力，为百姓谋利益，要学会吃亏，知足常乐，不可贪便宜，对人要宽厚。巡回讲座取得了非常好的效果。一位乡镇干部表示：讲座让我知道作为一名领导干部怎样行使好人民赋予的权力，做事要对得起自己的良心。另一位听众说道：李检察长的话句句在情在理，让人警醒，作为党员，特别是领导干部确实不可有贪心。

而现实生活中李某长究竟是一个怎样的人呢？包养情妇；以欺骗手段，把巨额公共财物占为己有；利用职权干预办案，为当事人摆平“事儿”，从中收取“感谢费”；插手倒卖国有土地使用权、土地整理、工程承包，从中谋取好处费。总而言之，为了个人利益，他把一个检察长所拥有的权力用穷、用尽甚至用超。2012年8月，法院以贪污罪、受贿罪判处李某长无期徒刑、剥夺政治权利终身。2016年8月19日，河南省高级人民法院作出李某长刑罚变更刑事裁定：将罪犯李某长无期徒刑、剥夺政治权利终身的刑罚，减为有期徒刑20年11个月、剥夺政治权利8年。

案例二②：法庭上爆出“雷语”

2020年6月10日，中国庭审公开网发布的一起涉嫌虚假诉讼案件庭审现场视频显示，出席该案庭审的公诉人、东北某市一基层检察院检察官孙某和该市另一基层检察院副检察长张某在法庭审理时发言不当，说出“雷言雷语”。金某因公司股权纠纷案件向法院院长行贿，法院院长将贿赂退回，并判决行贿人所在公

---

① 《他曾任市检察长、副厅级，擅做反腐报告，贪贿1900多万，被判无期徒刑》，载腾讯网，https://xw.qq.com/cmsid/20210620A02B5E00。另参见河南省高级人民法院刑事裁定书，(2016)豫刑更883号。

② 《检察官称“受贿不办事正说明道德底线”？官方回应来了》，载凤凰网2020年6月29日，https://news.ifeng.com/c/7xhZXjwxMrT。

司败诉。针对辩护人提出“他既然找人疏通,为什么会获得不利判决”的论点,孙某回复:“在我们的司法机关当中,收受贿赂不办事,正是说明了相关的司法工作人员保证了他们的道德底线。”针对辩护人提出的笔录时间和同步录音录像时间不一致的问题,孙某回复:“笔录时间和同步录音录像时间不一致,恰恰证明了侦查人员工作的严谨性。”张某回复:“至于同步录音录像中的时间不吻合,可能存在一些瑕疵不同步,这是侦查阶段不可避免的,我们侦查人员的能力和水平,可能还没有达到辩护人要求的标准,我们不是一线、二线特大城市,希望辩护人能够予以谅解。”

思考题:

1. 职业道德之“知”包括哪些内容?

2. 检察官职业道德知行脱节的原因是什么?

3. 检察官在职业道德方面如何做到知行合一?

一、检察官职业道德的知与行

(一)知与行的关系

1. 知行观

知行观是中国哲学上一个特有的、典型的命题,它包括什么是知、什么是行,怎样知、如何行,知行的先后、难易、轻重、分合等理论问题和实践观念。中国哲学家通常把知分为两种类型:①一种叫作“见闻知识”,也就是关于事实的知识;另一种叫作“天德良知”(德性所知),也就是关于价值的知识。主流观点主要指的是后者,认为“知”属于“道德知识论”范畴,关乎做人的原则,是对忠孝仁义等价值的追求。

关于知和行的顺序,学者亦有不同的观点。第一种,知先行后,即知在先,行在后。程颐为代表之一。他认为:知是行的先导,倘若没有知,行也就无从谈起。第二种,行先知后。这里的知仅指“知识”,没有“知觉”的意思。代表人物为王夫之。他提出行先知后说,一方面针对知行合一说,他反对把知行混为一谈;另一方面他的观点也是知先行后的反命题,强调行的首要性。他认为“行而后知有道”,这也是最普通的生活常识,并且“行可以兼知而知不可以兼行”。同时王夫之又提出“知行终始不相离”的命题。第三种,知行合一。代表人物王阳明。王阳明

① 宋志明:《中国传统知行观综论》,载《江南大学学报(人文社会科学版)》2015年第4期。

认为世人将知与行作为两件事,认为先知了,然后才能行;结果,等到"知"了,却没有做"行"的功夫,以至"终身不行"。为"补偏救弊",他提出"对病的药",即知行合一。知行合一,并不是把"知""行"两件东西"合"为一件,而是"知""行"原本就不分家,就是"一个功夫"。"知是行的主意,行是知的功夫"。这两句话的基本意思是:[1]由于"知是行的主意",因而"知"即为行动或实践的一种内源性动力,是在它的主导之下才有行为的展开,所以"知是行之始",是行为活动的开端;而行动或实践不过是"知"的外向呈现形态,既是"知的功夫",也是"知"得以完整实现出来的经验方式,所以说"行是知之成",是"知"的完成或实现形态。

自2012年以来,习近平总书记对知行关系进行了深刻的理论阐释。[2] 一是关于知行的关系。"知"是基础、是前提,"行"是重点、是关键。二是为什么要知行合一。知和行是相辅相成的。只有把道理真正弄懂了,行动才能自觉持久;只有行动上落实了,对道理的领悟才能更深入。三是关于怎样做到知行合一。必须以"知"促"行",以"行"促"知",既解决认识提高问题,又解决行动自觉问题;不断让思想自觉引导行动自觉、让行动自觉深化思想自觉,才能抓得实、做得深、走得远。习近平总书记关于知行关系的论述,对检察官践行职业道德具有重要指导意义。

2."知":学术性知识

"知"是检察官践行职业道德的基础、前提。个别检察官没有践行职业道德,其中一个原因就是不知。这里涉及知的两种含义:学术性知识和实施性知识。[3] 就道德生活领域而言,一种为道德的学术性知识(又称命题性知识),是关于道德原则、规范、规则的知识,另一种为道德的实施性知识(又称能力之知),即按道德原则行事,以行动表达其所知。前一种"知"即仅了解、知道道德规范的内容。不知,就是不知道、不了解、不清楚检察官职业道德规范的内容及含义。如案例二中孙某知道检察官职业道德有"公正"的要求,张某知道检察机关有"三同步"的工作规范。但他们既不了解也没有真正领会职业道德规范的内涵,更不清楚道德规范践行的要求。从根本上讲,他们对检察官职业道德是不知。《检察官职业道德基本准则》规定"坚持忠诚品格,永葆政治本色"。"忠诚"的内涵之一即是忠于检

---

① 董平:《论"知行合一"的四重向度》,载《社会科学战线》2019年第2期。

② 王艺霖:《习近平对中国传统文化的创造性转化和创新性发展——以知行关系为例》,载《党的文献》2016年第1期。

③ 郁振华:《论道德—形上学的能力之知——基于赖尔与王阳明的探讨》,载《中国社会科学》2014年第12期。

察事业。它要求检察官不仅敬业、勤业，更要精业，即一以贯之地保持对检察工作专注的基本心态和追求卓越的工作态度，并做到“任何时候都以完美和谨慎的最高标准工作”①。

反观孙某和张某的行为，一是错误地理解了职业道德的内涵，把司法人员接受贿赂后，不办事，即仍然依法裁判，理解为“保证了道德底线”。《检察官职业道德基本准则》要求检察官“坚持廉洁操守，自觉接受监督”。廉洁是检察官的职业操守，是公正的前提和保障。“不受为廉，不污为洁。”廉洁即公正不贪，清白无污，不接受他人超出正常社会交往馈赠的钱财礼物，不让自己清白的人品受到玷污。接受案件当事人的财物，就是不廉不洁，何谈“保证了道德底线”！二是“自行”降低司法办案标准，使社会公众对检察机关及检察官公正司法产生怀疑，拉低人民群众对检察机关的整体评价，也暴露出自身能力和素质的短板和不足。2020年11月，张军检察长在黑龙江调研时强调指出：“业务建设重在做到极致。检察官履行法律监督职责，不是要高人一等，却必须技高一筹，自觉按照求极致的要求提升业务素能。”②在我国，城市按照人口规模、经济发展水平被划分为一线二线……但检察官的司法专业水平、法律适用标准必须一致，不能分为三六九等，唯有如此，才能“保障法律正确实施，维护社会公平正义，维护国家法制统一、尊严和权威”（《人民检察院组织法》第2条）。案例二中，同步录音录像，能够完整地记录讯问的过程，既可以加固增强传统纸质证据的真实性，也可以为讯问的合法性提供证明。尽管庭审过程中，孙某说出“恰恰证明了侦查人员工作的严谨性”后补充解释，笔录时间上的误差，是由于与同步录音录像设备时间不一致造成的。同步录音录像设备时间与讯问人员参照的讯问室钟表时间或电脑显示时间可能不一致，造成讯问笔录时间和设备显示时间有几分钟的误差。这种解释具有一定的客观合理性，但以此来说明侦查人员工作的“严谨性”，就不免南辕北辙了。这非但不能证明工作的“严谨性”，相反暴露出侦查人员工作粗枝大叶、不求甚解。孙某等对检察官职业道德规范如此这般地不知，遑论践行！

---

① 《检察官职业责任准则和主要权利义务准则》（国际检察官联合会1999年4月23日通过）规定：检察官应当任何时候都保持他们的职业荣誉和尊严；永远根据法律和他们职业规则和道德履行职责；任何时候都以完美和谨慎的最高标准工作；及时充分了解有关法律发展；努力做到并表现出稳定性、独立性和公正性。详见国际检察官联合会：《检察官人权指南》，杨宇冠、李立译，中国检察出版社2006年版，第171～172页。

② 邱春艳、韩兵：《把更重的政治责任和法律责任担起来——最高检调研组就落实党的十九届五中全会和平安中国建设工作会议精神到黑龙江省检察机关调研督导》，载《检察日报》2020年11月14日，第1版。

3."知":实施性知识

前面讲了职业道德的学术性知识,这里讲实施性知识。实施性知识,由行来界定,不行不成其为知,即不仅知道道德规范的内容、内涵、要求,且达到"真切笃实"的地步,能够身体力行,以实际行动自觉践行检察官职业道德。具体来说,能够做到:[①](1)在相关情形下通常地、心甘情愿地按照道德原则行事;(2)当不能按道德原则行事时,会感到内疚,会下决心改正,如此等等。

章春燕以其"能力之知"诠释、践行着公正理念。毋庸置疑,被告人因其犯罪行为理所当然地应受到法律制裁,但在依法办案的同时,章春燕想得更多的是传递另一种力量——他们总有一天是要出去的,他们出来以后怎么办?因此,在办案中,她保留着一个习惯:提审时,她总是关注犯罪嫌疑人的成长经历,家庭背景,了解他们在意的人、在意的事;在庭审时,她特别珍惜法庭教育环节,在讲授法律的同时传递执法者本身对人性的理解和包容。

某日,章春燕收到一封从某监狱寄来的信,写信的人是一个组织领导黑社会性质组织案件的主犯,当时已在监狱服刑。他在信里这样写道:章检察官,感谢你在办案过程中,对我说的话,我能感受到你的真诚和善意,我已有所反思,认识到自己以前的行为方式太过自私。而当时庭审中,这个被告人却拒不认罪,辩护人对该罪名统一做无罪辩护。虽然是这种情况,但在前期精心准备的基础上,章春燕和她的同事们牢牢把握住了庭审节奏,讯问、举证、质证,庭审过程进行得有条不紊;面对被告人的辩解、辩护人的意见,章春燕从容应对。在第一轮公诉意见后,通过公诉人透彻的法律分析和证据论证,以及在前期讯问谈心基础上做的结合实际的法庭教育,有部分被告人的态度发生了转变,甚至从眼神中已开始流露出一丝悔意。这些转变,让章春燕第一次真切地感受到了公诉的力量。[②]

(二)知行脱节

1.知行脱节的症状

无论是"知之非艰,行之惟艰"的古代朴素知行观,还是"知先行后""行难知亦难"的宋代程朱学说,抑或明代王阳明"知""行"为一个"功夫"的"知行合一"

---

① 郁振华:《论道德—形上学的能力之知——基于赖尔与王阳明的探讨》,载《中国社会科学》2014年第12期。

② 章春燕,"全国模范检察官""全国三八红旗手""守望正义——新时代最美检察官""CCTV2020年度法治人物",浙江省湖州市南浔区检察院党组成员、检委会专委。案例见《章春燕:她主导"人格甄别前置、分类观护"机制,率先提出"罪错未成年人临界预防、分类治理"体系》,载中国长安网,http://www.chinapeace.gov.cn/chinapeace/c100097/2021-01/18/content_12439943.shtml。

说，或是清初"知以行为功"的"行先知后"说，都承认知和行是有关系的，并强调"行之"更重要。从字面上看，"行"由"彳"和"亍"两个字合并而成，意思就是"走在路上"。[①] 从"行"的原义中可以引申出践履、行动、探索、活动等多种意思。纵然知行是一个相互促进的关系，"知行常相须"（朱熹语）、"行之至，则知益明"（王阳明语），但"知"不必然促成"行"。

现实生活中，在道德认知向道德实践的转化中，"知而不行""知行脱节"现象较为普遍。"知而不行者"，往往有两张面孔，正脸"和颜悦色、满面谦恭光景，令人不觉可亲可爱"，脑后"一张恶脸"，狰狞可怖。这就是政治上的"两面人"，其"众生相"为：[②]有的修身不真修、信仰不真信，很会伪装，喜欢表演作秀，表里不一、欺上瞒下，说一套、做一套，台上一套、台下一套，当面一套、背后一套，手腕高得很；有的公开场合要党员、干部坚定理想信念，背地里自己不敬苍生敬鬼神，笃信风水、迷信"大师"；有的口头上表态坚定不移反腐败，背地里对涉及领导干部的问题线索不追问、不报告；有的张口"廉洁"、闭口"清正"，私底下却疯狂敛财……"这些形形色色的两面人是政治上的投机者、行动上的两面派，说到底是对组织不忠诚、不老实，既亵渎了组织威信，伤害了群众感情，也污染了政治生态。"[③]

案例一中的李某长即以两副面孔示人：台上讲的是领导干部要不断加强自身修养，要利用手中的权力，为百姓谋利益，要学会吃亏，知足常乐，不可贪便宜，对人要宽厚；台下行的是以权谋私、公器私用，把法律赋予的权力用穷、用尽甚至用超。

2. 道德内化的状态

当"知"达到"真切笃实"的地步，做到"真知"，也就实现了道德内化。所谓道德内化，就是个体在外部环境影响下，将道德要求、道德规则转化为自身动机系统的一部分，从而在无外界压力的情境中作出道德行为的过程。[④] 这个过程的完成需要知、情、意勠力同心，合作发力。而事实上，知、情、意会出现不同步、不和谐，导致道德内化中存在多种状态。具体来说，包括以下几种：[⑤]

（1）道德认知认同，而道德情感不认同，道德意志不支持。道德认知与道德情感、道德意志相分离的根本，在于人是感性与理性、自然性与社会性、物质性与

---

① 宋志明：《中国传统知行观综论》，载《江南大学学报（人文社会科学版）》2015年第4期。

② 郝思斯：《表里如一，不做"两面人"》，载中央纪委国家监委网，https://www.ccdi.gov.cn/toutiao/201802/t20180228_164924.html。

③ 许忠明：《新知新觉：坚决反对做两面人》，载《人民日报》2018年7月2日，第7版。

④ 顾海根：《道德内化的心理分析》，载《上海师范大学学报（教育版）》1999年第2期。

⑤ 易小明、王兆辉：《道德内化中的各状态分析》，载《伦理学研究》2012年第3期。

精神性的结合体，理性、社会性、精神性，往往使人们趋善避恶，感性、自然性、物质性往往使人们趋利避害，当趋善避恶与趋利避害产生价值冲突时，有的人可能选择道德，而有的人则可能选择利益。

（2）道德认知不认同，道德情感认同，道德意志支持。从道德情感自身的结构来看，它可分为自然的与社会的两种，社会道德情感与道德认知的协同性相对较强，而自然的道德情感与道德认知却不一定总会协同，而是常常发生冲突，比如忠与孝的矛盾、比如偷药给爱人治病都属此列。

（3）道德情感认同，而道德认知不认同，道德意志不支持。父为子隐、子为父隐就是典型事例。按说照顾父母、为父母难处着想，它既是人的自然情感也是社会公认的社会情感，但从道德认知的角度来讲，当父亲犯了错，子必然知其不对，却因为出于和父母的亲缘之自然情感而隐瞒父之过，这时就必然不符合社会道德要求，便产生这样的状态：道德情感认同而道德认知不认同。

（4）道德情感不认同，而道德认知认同，道德意志支持。这种状态在现实中很少见，主要是存在于理论上，因为当道德认知认同，道德意志支持时，道德情感一般情况下都是认同的，而道德情感如若不认同，则多数是出于自然情感的不认同。自然情感中，有符合道德的，也有不符合道德的。当一个人自然道德情感（不符合道德的部分）非常强烈，但社会道德认知更加理性时，就形成了社会道德认知对自然道德情感的压制，这时，他虽然采取了理性的行为，但内心的那份自然道德情感却仍在燃烧。

（5）道德意志支持，而道德认知不认同，道德情感不认同。这是一种个体出于对外部命令的服从而被动执行的道德践行，如儿童前道德阶段的模仿、被要求和行为习惯等。这是一种被动的道德践行。

（6）道德意志不支持，而道德认知与道德情感认同。对于道德规范，个体在道德认知与道德情感上都认同，一般情况下，个体会践行道德规范。但意志具有相对独立性。对于意志而言，并不是有某种道德认知和道德情感，主体就一定会有相应的道德选择的决定，更不是主体一旦作出决定就必然克服一切困难来执行下去。这就是行与知、行与情的分离，也即知行脱节。

3. 检察官职业道德知行脱节的原因

道德意志不支持，导致知行脱节。那么，是什么原因导致道德意志不支持呢？宋代程朱学派提出“知先行后”说法，并认为“不知不能行，能知必能行”，进而把知而不行的原因归为没有做到真知。程颐认为：“人知不善，而犹为不善，是亦未尝真知；若真知，决不为矣。”“知而不能行，只是知得浅。”朱熹把不行善或为恶的原因归结为不知善,并进一步指出知而不行的原因是“未真知”“知未至”“知不切”“知尚浅”“见得不完全,见得不的确”,等等。① 一言以蔽之,未到“知之真切笃实处”。“义理不明,如何践履?”

结合案例一分析,检察官道德意志不支持、知行脱节的原因主要有:

一是理想信念丧失。习近平总书记指出:“一个政党必须有自己的政治灵魂。中国共产党的理想信念,就是马克思主义真理信仰,共产主义远大理想,中国特色社会主义共同理想。”②李某长 28 岁为县处级,48 岁为地厅级;他努力学习,严格要求,先后把三个基层院带入全国和全省的先进行列。李某长也受到上级领导、社会各界和同志们的好评。但随着职务的晋升、地位的稳固,他丢掉了理念信念,被对美色、金钱、权力的欲望和贪婪所俘获,知道应用手中的权力为人民谋利益,为百姓谋福祉,但实际上却利用权力贪污受贿,大肆敛财,谋取私利,最终是“知而不能行”。

二是价值观错位。党的十九大报告提出“弘扬忠诚老实、公道正派、实事求是、清正廉洁等价值观……”作为无产阶级政党,中国共产党除了工人阶级和最广大人民群众的利益,没有自己特殊的利益。检察官在任何时候都必须把人民利益放在第一位。纵观案例一,李某长就是价值观扭曲的典型。为了利益,他利用职务便利或职权地位形成的影响,在案件查处、职务晋升、工作调整、安排就业等方面为他人谋利益,非法收受 23 人贿赂,共计 359.2 万元人民币和 4 万元美元;为了利益,隐瞒公司在投资房地产形成的 2000 万元贷款债务以及因该笔贷款所获得的 1500 万元债权,致使某市人民检察院党组作出将当时投入公司的 40 万元收回即算彻底脱钩的决定;为了利益,他伪造公司其他股东的签名,制作假董事会决议,办理假公证手续,使京宛公司所取得的 16 套房产全部归于自己控制之下,贪污巨额国家财产。

三是忽视自律。法律工作是一项以从业者的个人学问、智力以及经验技能为基础的职业,为社会提供的是公共产品,进而要求法律人应有相当的自律,以一种更为崇高的理想目标和超越性价值为追求。检察官从事法律监督工作,其权力应受法律约束和特定机关监督。在他律之外,还应加强职业自律,通过检察官职业道德规范这种“期待性规范”,为检察官履职行为提供最高的道德标准,期许他们树立崇高的职业道德,培养规范的职业行为。当一次次的“第一次”(第一次收受贿赂、第一次侵占公共财物)发生后,李某长也不是没有对党纪国法的畏惧、对暴

---

① 方克立:《中国哲学史上的知行观》,人民出版社 1982 年版,第 170 页。

② 《习近平谈治国理政》(第 3 卷),外文出版社有限责任公司 2020 年版,第 505 页。

露的恐惧，按他自己的话说，有时会从噩梦中惊醒，但他“把组织上的告诫当作耳旁风”，个人主义、自由主义、拜金主义、享乐主义等不良思想倾向，由小变大、由弱变强，直至滑向犯罪深渊。我国民国时期著名法学教育家孙晓楼先生在谈及法律教育时，强调法律人才要具备三个要件：法律的学问、法律的道德和社会的常识，并特别讲到法律的道德的重要性。他说：“一定要有法律的道德，才有资格来执行法律。”否则，他们“拿了法律的工具来敲诈人家、欺侮人家，使社会上添一害群之马”。①

（三）知行合一

1. 道德内化

在王阳明的语境下，“知行合一”中的“知”和“行”是一回事儿，“知”就是“行”，“行”就是“知”，是一个“功夫”。“行之明觉精察处便是知，知之真切笃实处便是行。”这里所讲的“知行合一”是指“知”的践行。所谓“践行”是建立在“知先后行”认知基础上的一个必然结论，是对先在之知的一种兑现和落实。如程颐所云：“知之深，则行之必至，无有知而不能行者。”朱熹亦言：“知行相须。”但他比程颐更加注重道德的践行。② 他说：“大抵学问只有两途，致知力行而已。”“致知力行，论其先后，固当以致知为先，然论其轻重，则当以力行为重。”能够做到“力行”，就做到了“不欺本心之明”，就完成了道德内化。

内化，从字面含义来看，无非就是由外而内，或说内在化。作为一个心理学概念，“内化”是指社会意识向个体意识的转化，即意识形态的诸要素移置于个体意识之内。③ 它是一个关于主体与外部相互联系的范畴。换言之，内化就是使外部世界的某种规则、模式，如文化结构、社会需要、道德意识、交往形式、实践价值等转化为个人内在的精神生活，变“社会要我这样做”为“我要这样做”。

2. 道德内化的类型

道德内化分为三种类型：④一是消极型。这是一种最低级的道德内化类型。它是建立在条件性恐惧和焦虑基础上的一种道德内化。属于这一类型的人只是内化了具体的道德规则，对其道德意义尚未理解，只是从消极的方面（避免或摆脱

---

① 孙晓楼：《法律教育》，中国政法大学出版社1997年版，第9～10页。

② 方克立：《中国哲学史上的知行观》，人民出版社1982年版，第175页。

③ 朱智贤主编：《心理学大词典》，北京师范大学出版社1989年版，第451页。转引自彭柏林：《道德需要论》，上海三联书店2007年版，第109页。

④ 顾海根：《道德内化的心理分析》，载《上海师范大学学报（教育版）》1999年第2期。

焦虑)去遵循规则。二是榜样型。这是建立在某个榜样或榜样群的积极定向基础上的道德内化。个体对他所尊敬的并以其自居的人物的道德标准深信不疑,事事处处加以模仿,即使榜样不在身边,也能参照榜样的标准行事。属于这一类型的个体已内化多种道德规则,已基本理解它们的意义,并从积极的方面(希望受奖励或成为英雄)去遵循规则。三是原则型。这是建立在对道德原则的充分理解和坚信不疑基础上的道德内化,是一种最高级的内化形式。属于这一类型的个体已经在心理内部形成道德规则体系,高居这一结构体系最上层的是一些最基本的道德原则,他们将遵循这些道德原则作为自己的义务,而不是为了某个榜样,其动机是获得自我奖赏,或逃避自责和内疚感。

这三种类型中,消极型显然处于道德意志不支持状态,践行道德的驱动力、道德意志主要源于外部,严格地讲不能算是真正意义上的"内化"。榜样型的道德行为主要源于对榜样的模仿,人们的模仿行为一般会显示一种趋势,即由无意识的模仿到有意识的模仿,由外部特征的模仿到内部特质的模仿,从行为模式到人格力量①。而这种趋势的发生和发展与榜样的可感受性密切相关。如果超出了一定的生活范围,脱离了具体的生活背景,榜样教育的效果就会递减。② 榜样型是道德内化的"初级阶段";原则型把外在的道德规范内化于心,形成自身稳定的道德人格特质和道德行为反应模式,是道德内化的高级阶段。

3. 检察官职业道德内化的特点

基于职业、年龄等,检察官职业道德内化具有以下特点:

一是在认知方面,道德内化对象和模式的稳定性。未成年人道德内化具有对象的选择性和模式的可变性等特点③。在社会化过程中,当个体(主要指未成年人)具备了自我意识,接受了一部分道德规范之后,个体消极地接受外在影响的情况就越来越少,其道德社会化日渐成为一个主动的过程,且其道德内化模式不是永恒不变的。随着年龄的增长、知识的增加、交往的扩大、接触的其他群体的增多,个体与此同时也会自觉或不自觉地接受各种道德模式的影响,多重道德模式

---

① 在榜样的价值问题上,有两种具有代表性的观点:一是"行为模式"说,它以社会学习理论为基础,强调榜样以其具体活动展示出其所特有的行为模式,榜样就是相对于他人的模仿性行为的标准行为,榜样学习可以帮助人们通过模仿获得适当的行为模式和社会技巧;二是"人格力量"说,认为榜样内含着其所秉承的崇高的价值取向及其在这种价值取向下表现出的高尚的思想境界、道德情操,这会对他人产生巨大的精神激励。由此看来,榜样具有两种基本价值:示范价值和激励价值。戴锐:《榜样教育的有效性与科学化》,载《教育研究》2002 年第 8 期。

② 殷雪、高德胜:《对榜样以及榜样教育的再思考》,载《中国德育》2012 年第 7 期。

③ 易法建:《论道德内化》,载《长沙电力学院学报(社会科学版)》1998 年第 2 期。

会或多或少地补充、修正自己已经建构的道德模式。这就使未成年人道德内化的对象和模式相应地发生变化。与之不同，作为成年人的检察官，他们道德内化对象已基本固定，模式相对稳定，不容易更改和变化。潘志荣[①]将为民司法内化为行为自觉，三十几年如一日自学蒙语，就是为了用蒙语这把钥匙“打开草原牧民的心”；他每年有2/3的时间在牧区，就是信奉“脚下的泥越多，离牧民们就越近”。

二是在情感方面，道德情感冲突的强烈性。检察官既是犯罪的追诉者，也是无辜的保护者，更要努力成为中国特色社会主义法律意识和法治进步的引领者。职业角色需要检察官在相互冲突的价值和利益追求中作出明确的判断和选择，而这必然带来一定的情感冲突。周媛媛[②]在办理一起弑父伤母的精神病强制医疗案件中，提出九大疑点并发现鉴定意见错误，成功纠正了一起佯装精神病意图逃避刑事处罚的案件。检察机关依法决定不提出强制医疗申请，退回公安机关重新立案侦查后，以故意杀人罪提起公诉，最终陈某因故意杀人罪被判处死刑，缓期两年执行，限制减刑。案件虽已结束，周媛媛的思考却从未停止：法律的正义伸张了，但是这个儿子失去了自由、妻子失去了丈夫的破碎家庭还有希望吗？自己锲而不舍求得法律公正的意义在哪里？周媛媛坚持回访。一年后，当陈某母亲告诉她：您的牵挂我的儿子都知道，现在他把服刑作为救赎，我也定时去探望他、永远等着他。周媛媛心里那颗沉重的石块终于放下了。[③]

三是意志方面，道德蜕化的可能性。人的道德品质会在环境、经历、意识、经验等内外因素作用下发生变化，特别是在特定的时间、地点、条件影响下会产生突然性的变化，也就是说，道德品质不是一旦形成就得以固化，相反它会出现蜕化。所谓道德蜕化，就是人们将曾经内化的合理道德原则规范回生、销蚀、瓦解，从而个体失去相应道德素质的过程。[④] 具体来说，就是在人的正向教育，即把自然人变成道德人、将人的秉性和习性转换成德性的过程中发生的回转，对曾经内化了的道德的背离。从李某长身上可以看到道德蜕化。在参加工作之初和走上领导岗位伊始，李某长也是有理想有抱负，“也曾暗暗告诫自己，一定听党的话，努力做好工作，不辜负组织的信任和培养”。实际情况也确实如此。他在多地任职，对自己严格要求，对干警“从严治检”，带出三个全国和全省的先进检察院，但最终因

---

① 见第三章案例一。

② 见第四章案例二。

③ 市院政治部宣传教育处等：《周媛媛：只争朝夕、不负韶华，做新时代专业型检察官》，载网易2021年8月2日，https://www.163.com/dy/article/GGCJNH040552DWXK.html。

④ 易小明：《论道德蜕化》，载《北京大学学报(哲学社会科学版)》2012年第1期。

道德蜕化而成为“阶下囚”。道德蜕化是成年个体道德变化的一种常见现象，但对检察官而言，道德蜕化更具危险性。一是因检察官手中握有权力，往往成为“围猎”对象；二是与律师等比较，检察职业“相对贫穷”，易产生心理不平衡；三是基于专业化要求，加之工学矛盾等因素，存在重视业务学习而轻视政治理论学习的倾向。

检察官职业道德内化的上述特点，一方面使检察官职业道德养成有不同于一般道德养成的特殊之处；另一方面给检察官职业道德涵养带来不小的困难和挑战。

二、加强自律

道德内化是将外在的道德知识、道德规范转化为内在的道德信念。因此，道德内化需要充分发挥道德主体的主观能动性，加强自律，增强道德内化内驱力。

（一）严私德

1. 私德的概念

随着科技进步、社会发展，人们的活动领域逐渐分化为公共领域与私人领域，相应地，道德规范也有了公德与私德之分别。

最初把道德分为公德与私德的，是日本思想家福泽谕吉（1834～1901 年）。早在 1875 年，他在《文明论概略》第六章“智德的区别”里，将“德”分为“私德”与“公德”。“凡属于内心活动的，如笃实、纯洁、谦逊、严肃等叫做私德”，“与外界接触而表现于社交行为的，如廉耻、公平、正直、勇敢等叫做公德”。此后，公德、私德概念进入伦理学、社会学研究领域，但不同的学者对公德与私德的理解也各不相同，概括说来，学者主要从以下几个角度来定义公德与私德：①

第一，以道德律令的内化与外化为依据，把内心的道德活动、内心认同的道德规范、个人在处理自己的事情时进行自我约束的德性要求作为私德，把在与他人的社会交往关系中所具有的品质或情操称为公德。这种观点以福泽谕吉为代表。从福泽关于公德的界定来看，“公德”的含义非常宽泛，可指一切显露在社会生活中的德性。而“私德”则仅指“私人生活领域”的道德。

第二，以利益指向和美德外在表现的范围为依据来划分公德与私德，把利己之善称为私德，把为他人、社会、团体之善的德性称为公德。这种观点以梁启超为

---

① 张建英、罗承选、胡耀忠：《公德与私德概念的辨析与厘定》，载《伦理学研究》2010 年第 1 期。

代表。梁启超以“己”与“群”来划分私德和公德,“人人独善其身者谓之私德,人人相善其群者谓之公德”。

第三,以道德规范的适用范围来划分公德与私德,这种方法比较普遍。认为“公”是指与集体、社会、民族或国家利益有关的公共领域,“私”是指私人领域,即与自己、亲属、朋友、同事等具有私密性的交往范围。公德就是公共领域中公民交往活动中体现出的德性,它关系到其他公民的公共生活,关系到公共领域的正常秩序。

第四,还有一种动态的视角,以法律这种最基本、最普遍的社会契约为标尺来界定私德和公德。当出现道德冲突的时候,主体无法判断应该遵循的德性要求是公德还是私德,或者想知道不同道德准则的公德性程度,那么,就比较这些道德准则与社会契约的接近程度,一个道德准则与社会契约的关系越近,其公德性程度越高(私德性程度越低),反之,一个道德准则与社会契约的关系越远,其公德性程度越低(私德性程度越高),这使得道德准则的公德性或私德性成为一个相对性概念;同一个道德准则有时被看作公德性的,而有时被看作私德性的,这取决于它所相对的其他道德准则是什么。

2. 本书的观点

笔者认为,私德是个人生活领域的道德,属于个人品德范畴。

中共中央 2001 年 9 月 20 日印发实施的《公民道德建设实施纲要》规定:“从我国历史和现实的国情出发,社会主义道德建设要坚持以为人民服务为核心,以集体主义为原则,以爱祖国、爱人民、爱劳动、爱科学、爱社会主义为基本要求,以社会公德、职业道德、家庭美德为着力点。”《新时代公民道德建设实施纲要》(2019 年)提出,要把社会公德、职业道德、家庭美德、个人品德建设作为着力点。《新时代公民道德建设实施纲要》没有对社会公德、职业道德、家庭美德、个人品德的内涵做出界定。根据《公民道德建设实施纲要》的规定:社会公德是全体公民在社会交往和公共生活中应该遵循的行为准则,涵盖了人与人、人与社会、人与自然之间的关系;职业道德是所有从业人员在职业活动中应该遵循的行为准则,涵盖了从业人员与服务对象、职业与职工、职业与职业之间的关系;家庭美德是每个公民在家庭生活中应该遵循的行为准则,涵盖了夫妻、长幼、邻里之间的关系。社会公德、职业道德、家庭美德,对应的道德领域和道德要求分别为:社会生活领域,“做一个好公民”;职业生活领域,“做一个好建设者”;家庭生活领域,“做一个好成员”。《新时代公民道德建设实施纲要》规定,个人品德的主要内容为爱国奉献、明礼遵规、勤劳善良、宽厚正直、自强自律,并鼓励人们在日常生活中养成好品行。

《公民道德建设实施纲要》是将社会公德、职业道德、家庭美德与特定领域一一对应。依循这一逻辑，并结合《新时代公民道德建设实施纲要》关于个人品德的规定，可以合理地认为，个人品德是公民个人生活中“独善其身”的道德。申言之，个人品德不是“个人的”品德，而是个人在“个人生活中的”品德。[①] 在这种狭义的意义上，个人品德类似于日本学者福泽谕吉所讲的“凡属于内心活动”准则的私德。相应地，社会公德、职业道德、家庭美德是与他人关系中追求、体现的德性，它们都属于公德。公德与私德的区分是相对的，且两者可以相互转化。这种转化体现在：[②]一方面，私德推之于外即为公德。如梁启超所说的“公德者，私德之推也。”人们如能将自己的私德推向他人，推向社会，就必然推进公德的建设，每个社会成员的私德水平直接影响制约公共道德准则和规范。另一方面，公德内敛于己即为私德。公德对社会成员具有规范性和约束性。如果社会成员能够自觉遵守公德，并加以内化，那么公德即转为私德。

3. 私德的意义

(1)一般意义

虽然公德和私德相互转化、相互影响，但公民道德建设应以个人品德建设为基础。首先，个人品德是现代公民培育的逻辑起点。国家和社会由个人组成，从逻辑上来说，道德修养始于个人，现代公民培养必从个人品德起步。[③] 福泽谕吉认为在人类未开化的时代，一般都重视“私德”，国家重视用“私德”教化民众，但是随着社会发展进步，人类从“未开化”状态进入了“文明社会”，不能仅仅依靠“私德”来教化民众。“文明逐渐进步，人与人的关系也复杂起来，就没有理由只用私德一种手段，来支配人类世界了。”[④]虽然福泽谕吉这段话旨在说明“公德”的必要性，但也说明了“私德”的先在性和必不可少的重要性。其次，从私德与其他道德的关系角度，私德是源是根。“断无私德浊下，公德可以袭取者。”(梁启超语)私德涵养有利于公德水平的提高。陶行知认为：“私德不讲究的人，每每就是成为妨碍公德的人，所以一个人私德更是要紧，私德更是公德的要本”[⑤]，他还告诫人们一定要“把自己的私德建立起来，建筑起‘人格长城’来”。正所谓“欲治其

---

① 童建军：《“四德”的关系及其在培育现代公民中的作用》，载《思想教育研究》2020年第1期。
② 马奇柯：《社会公德、职业道德、家庭美德、个人品德关系论析》，载《学术交流》2008年第2期。
③ 童建军：《“四德”的关系及其在培育现代公民中的作用》，载《思想教育研究》2020年第1期。
④ 转引自史少博：《福泽渝吉“公德私德论”探究》，载《社科纵横》2019年第9期。
⑤ 江苏省陶行知研究会编：《陶行知文集》，江苏教育出版社2001年版，第724页。

国者，先齐其家；欲齐其家者，先修其身”。

（2）对检察官的特殊意义

私德是“德”的基础和基石，私德不好、个人品德不良直接影响职业道德、社会公德和家庭美德。娄某敏[①]私德上情趣低俗，业余时间不是读书学习，加强修养，而是躲在宿舍里观看内容不健康的视频和影片。公德上，只要下基层，他必然要喝酒，还常常要求下面安排女干警陪酒，有时缠酒闹酒让人无法忍受。娄某敏喝起酒来不问时间，有时从中午喝到晚上，有时从晚上喝到凌晨。[②] 这些在娄某敏看来都不是事儿的小节，其实已经严重违反党纪政纪，在他与人推杯换盏中，在他借酒发疯时，一个共产党员的党性已经被抛到九霄云外。

另外，检察官的私德也不仅仅是个人的私事，它关乎检察队伍的形象，关乎国家公职人员的纯洁性和司法公信力。2015 年 1 月，陕西某地检察官到外地办案，吃完晚饭后回住宿酒店，其中一名喝了酒的检察官某某某与前台女服务员因房卡一事发生争执，服务员称被打了脸，检察官却说“是闹着玩”。[③] 当时出警的一位民警回忆说：“就是在酒后拿房卡时发生冲突，不管他是有意或者无意的，但是他确实打到值班女服务员的脸了。”随后网上出现评论文章称“‘打人’检察官让民众再次‘心碎’”“打人耳光却说闹着玩，检察官形象碎了一地”“打人耳光却说闹着玩……只不过是在拿政府部门和公务员的形象来闹着玩”。打人的是“某某某”——检察官个人，形象碎了的是“检察官”——检察官群体。因身份、职务原因，检察官“个人形象”在公众心目中往往与“检察官形象”甚至“政府形象”画上等号。

4. 检察官私德的主要内容

严私德，就要严格约束自己的操守和行为，俭以修身，廉洁自律。

（1）勤俭节约。勤俭节约是中华民族传统美德，检察官应增强节约意识，积极践行绿色生活方式。《新时代公民道德建设实施纲要》规定：“倡导简约适度、绿色低碳的生活方式，拒绝奢华和浪费，引导人们做生态环境的保护者、建设者。”奢华、铺张浪费是享乐主义和奢靡之风的表现形式，与勤俭节约的传统美德相背

---

① 福建省某市人民检察院原检察长。2014 年 12 月，因受贿罪被法院判处有期徒刑 13 年。载百度百科，https://baike. baidu. com/item/% E5% A8% 84% E5% BD% A9% E6% 95% 8F/8393142？fr = aladdin，最后访问日期：2022 年 2 月 18 日。

② 《检察长要求女干警陪酒，主动翻女商人的包找美元》，载搜狐网 2020 年 6 月 14 日，https://www. sohu. com/a/401780792_120214191。

③ 《陕西检察官办案掌掴酒店女服务员，称“闹着玩”》，载搜狐网，http://news. sohu. com/20150106/n407568209. shtml。

离,同时也是滋生腐败的温床。习近平总书记强调指出:党内存在的其他问题都与这“四风”有关,或者说是这“四风”衍生出来的。[①] 检察官职业道德沦陷也与享乐主义和奢靡之风有关。钟某鸣[②]好酒,逢局必饮。他自诩来自“酒城”,每逢饭局必畅饮白酒。在碰杯声中、恭维声中,平时不愿结交的人亲近了,平时不便收受的财物笑纳了,平时不该答应的请托事项承诺了。其受贿的现金中,约有一半金额都是在酒局饭桌上达成的“交易”。[③]

(2)慎友慎行。慎是由“心”和“真”组成的会意字,本意表示“小心”,引申为“忧虑”“忧惧”“务必”“确实”“依顺”等。

慎友,意指懂得“近朱者赤,近墨者黑”的交友之道,谨慎地、有选择地交朋友。对于检察官来说,还有另外一层意义,即检察官往往是行贿者“围猎”的对象,脉脉温情包装下的“友情”,可能就是别人精心设计的陷阱。申某,系一餐饮店老板,本与钟某鸣素不相识,得知其在自己的饭店用餐,就主动到包间攀谈、敬酒。“我明白他们看中的是我手中的权力和我的位置,而不是我钟某鸣本人。”但酒过三巡后,钟某鸣还是与这些人称兄道弟起来。申某先后在酒局间和餐后向他赠送现金共计40余万元。他也投桃报李,在企业贷款、房产项目开发等方面为申某多方打招呼说情。天上掉馅饼之时,就是地上有陷阱之时。检察官要更加地慎友,主动净化自己的朋友圈,管好自己的生活圈、交往圈、娱乐圈。朋友自有朋友的准则。检察官方工[④]说:“国外要求法官深居简出,不能随便上电视、随便与人交往。我觉得检察官也应耐得住寂寞,不能交友太多,交友也应该比普通人更加慎重。好多贪官受贿都是打着朋友的名义,那能算朋友吗? 那不就是互相利用吗! 我觉得不管交不交朋友,真诚待人,该帮助人的时候、能帮助人的时候就帮助,哪怕不认识呢,不是挺好吗?”诚哉斯言!

慎行,是指行为举止谨慎,做到合情、合理、合法,三思而后行。于检察官而言,要自觉限制职务外行为,养成健康、简约的生活方式。检察官职业道德建设的目标,在于明确检察官履职行为的基本准则和规范标准,把检察官单纯的个体道德上升为检察队伍整体的道德规范,把道德价值和意义从个体直觉和良心的自在

---

① 习近平:《在党的群众路线教育实践活动工作会议上的讲话》(2013年6月18日)。转引自中共中央文献研究室编:《习近平关于协调推进“四个全面”战略布局论述摘编》,中央文献出版社2015年版,第126页。

② 见第二章案例一。

③ 《曾在泸州、内江任职 好赌好酒好收藏“反贪虎将”钟长鸣的蜕变》,载搜狐网2019年9月6日,https://www.sohu.com/a/339094187_686665。

④ 见第六章案例二。

状态提升到检察官群体共同原则和规范的自觉状态。检察官职业道德以职务行为为主要调整对象，一般来讲，职务外行为不在其调整范围。但是，基于检察官行使国家检察权的法律监督者身份，基于检察官所秉持的客观公正立场，基于检察官既要追诉犯罪，也要保障无罪的人不受刑事追究的客观义务，社会大众对检察官的独立性和廉洁性有着较其他公职人员更高的要求和标准。因此，为避免检察官因不当的职务外行为而陷入争议，破坏司法形象，损害司法公信力，检察官职务外活动也必须受到约束和限制。有些场合，如有当事人参加的饭局等，检察官不得出现；有些场所，如私人会所、夜总会等，检察官不得出入；有些活动，如有营利性陪侍的娱乐活动等，检察官不得参加。

（3）敏思好学。按照《检察官法》的规定，"具有良好的政治、业务素质和道德品行"是担任检察官必须具备的一项条件。但如前所述，道德具有多变性的特点，既不是一旦形成就得以固化，也不是自然而然地逐渐提升，相反它会出现"蜕化"。因此，检察官一定要坚持学习、不断反思，锤炼意志、增强信念。否则，就可能会出现道德滑坡，甚至走向犯罪道路。钟某鸣曾是检察系统中颇有影响的"反贪虎将"①，在进入检察系统后，曾因工作表现出色，先后获得不少荣誉，但却忽视了自己的成长一刻也离不开组织的关心，自己的成绩更离不开组织的培养，把工作成绩仅仅看成个人奋斗的结果，把所获荣誉当成个人升迁的筹码，认为自己工作努力、业绩突出理应提拔重用。当组织没有满足他的预期，把他交流到不合心意的地方工作时，他居然拿组织赋予的公权力"提现"，以平衡内心的不满和失落。娄某敏担任某市检察院检察长，刚到任时，也曾给大家留下业务水平高、组织协调能力强等好印象②。但他不读书学习，不加强修养，无视纪律和规矩，从几顿饭、几杯酒，收几个小红包、几件小礼物，参与经商、投资理财等他认为不触犯法律底线的"小节"开始，最终演变成名目张胆直接收受巨额钱物，处处体现出"金钱"的味道。

道德涵养如逆水行舟，不进则退。钟某鸣、娄某敏放松学习和意志品质锤炼，在金钱的诱惑下，枉顾检察官社会公平正义守望者的身份，丧失客观公正立场，肆意践踏法制，可见"道德是不可不教，不可不学的"。（福泽谕吉语）

---

① 钱文军：《曾在泸州、内江任职　好赌好酒好收藏"反贪虎将"钟长鸣的蜕变》，载搜狐网 2019 年 9 月 6 日，https://www.sohu.com/a/339094187_686665。

② 《[警示]检察长要求女干警陪酒，主动翻女商人的包找美元》，载搜狐网 2020 年 6 月 14 日，https://www.sohu.com/a/401780792_120214191。

(二)树立正确"三观"

1."三观"的含义

"三观"指的是世界观、人生观和价值观。习近平总书记告诫我们:要树立正确的世界观、人生观、价值观,掌握了这把总钥匙,再来看社会万象、人生历程,一切是非、正误、主次,一切真假、善恶、美丑,自然就洞若观火、清澈明了,自然就能作出正确判断、作出正确选择。①

(1)世界观。世界观,也叫宇宙观,是人们对整个世界的总的看法和根本观点,其中包括社会观、自然观以及伦理观、审美观等。世界观是人生观、价值观的基础,指导和支配着理想信念、思想境界、道德操守与行为准则,有什么样的世界观,就有什么样的人生观、价值观。马克思主义世界观,是建立在辩证唯物主义和历史唯物主义基础之上,坚持唯物的辩证法,强调物质第一性和精神第二性、物质决定意识,坚持社会存在和社会意识的辩证统一,反对一切唯心的、迷信的思想和观念。

(2)人生观。人生观是指对人生问题的总的看法,包括人生的意义、目的、态度和理想等。历史唯物主义告诉我们,人类社会发展的历史是物质资料生产者本身的历史,是人民群众的历史。尊重人民的主体地位,是马克思主义历史唯物主义的基本观念和精神实质。党的十九大提出"坚持以人民为中心",并进一步指出:"人民是历史的创造者,是决定党和国家前途命运的根本力量。必须坚持人民主体地位,坚持立党为公、执政为民,践行全心全意为人民服务的根本宗旨,把党的群众路线贯彻到治国理政全部活动之中,把人民对美好生活的向往作为奋斗目标,依靠人民创造历史伟业。"这就是为人民服务的人生观,它的境界是全心全意。《检察官法》第3条规定:"检察官必须忠实执行宪法和法律,维护社会公平正义,全心全意为人民服务。"为人民服务是贯穿检察官法的一条主线,是对检察官履职行为的根本性要求。

(3)价值观。价值观是人们关于价值本质的认识以及对人和事物的评价标准、评价原则和评价方法的观点的体系。它与世界观和人生观是一致的。通俗地说,价值观是人们关于应该做什么和不应该做什么的基本观点,是区分好与坏、对与错、善与恶、美与丑等的总观念。② 价值观的表现主要为:一方面表现为价值取向、价值追求,凝结为一定的价值目标;另一方面表现为价值尺度和准则,成为人

① 习近平:《青年要自觉践行社会主义核心价值观——在北京大学师生座谈会上的讲话》(2014年5月4日),载《中国青年报》2014年5月5日,第1版。

② 本书编写组:《马克思主义基本原理概论》,高等教育出版社2018年版,第90页。

们判断事物有无价值及价值大小的评价标准。[①] 其中，人生价值观最为核心，在深层次上影响、制约和指导人们的实践活动。人生价值评价的根本尺度，是看一个人的实践活动是否符合社会发展的客观规律，是否通过实践促进了历史的进步。[②] 新时代已开启国家富强民族振兴人民幸福的伟大梦想，为实现这一伟大梦想，检察官应以“功成不必在我，功成必定有我”的精神，积极参与推进社会主义现代化、实现中华民族复兴的伟大事业，敢于监督、善于监督、勇于开展自我监督，在促进完善执法司法制约监督体系的实践中实现和创造人生价值。

2. 检察官“三观”不正的表现

（1）政治上变质。政治上变质突出表现为违反政治纪律和政治规矩。纪律严明是马克思主义政党的光荣传统和独特优势。没有纪律，一个团体，一个组织，一个政党，就是一盘散沙。严明党的纪律，首要的是严明政治纪律。政治纪律是最重要、最根本、最关键的纪律，遵守党的政治纪律是遵守党的全部纪律的重要基础。对检察官而言，政治纪律是第一位的，是必须始终坚守的底线，要时刻绷紧这根弦，一刻也不能放松。政治上变质的另一方面表现为政治信念动摇。政治信念是本，坚持辩证唯物主义和历史唯物主义的马克思主义世界观，容不得一丝一毫的“杂质”。某检察院原副检察长史某林利用职务上的便利，收受贿赂。随着国家反腐力度不断加大，特别是曾经和他搭过班子的谢某“东窗事发”后，史某林非但不积极主动向组织承认错误，坦白自己违纪违法问题，反而一方面采取转移赃物赃款等方式对抗组织调查；另一方面将家人的生辰八字交给上海一位“大师”卜卦，以求心理上的安慰。[③] 作为一名党员，史某林不信马列信鬼神，理想信念丧失，迷信思想滋生，政治上完全变了质。

（2）经济上贪婪。贪婪，是指对财物、金钱等充满非同寻常的强烈欲望，变正常的物质需要为一种执念，不满足，无节制。娄某敏爱钱并不择手段。在牌桌上，多“借”少还或者不还，“输赢通吃”；在收受好处费时，“先退后收”——别人请托时送的钱，他会退还给人家，等到事办成后再送时又收下，“退大收小”——干警为调动工作送上10万元，此后，他又以调动困难为由，把干警的钱退了回去，可是这个干警拿到的钱，是缩了水的7万元；在“理财”上，娄某敏通过放贷获取高额回

---

① 载百度知道，https://zhidao.baidu.com/question/1045840698037852299.html，最后访问日期：2021年1月10日。

② 陈万柏、张耀灿主编：《思想政治教育学原理》，高等教育出版社2015年版，第187页。

③ 载百度百科，https://baike.baidu.com/item/%E5%8F%B2%E5%B0%91%E6%9E%97/8973946?fr=aladdin，最后访问日期：2022年2月18日。

报,有的投入30万元,年利息20万元;有的投入100万元,年利息48万元;有的投入60万元,年利息30万元至40万元,这些高息的回报,“是以借款的方式,获取权钱交易的好处,实质上也是一种受贿行为”。娄某敏在忏悔书中写道:“在自己违纪违法实施各种手段大肆敛财过程中,处处体现出‘金钱’的味道。”[①]娄某敏的行为与无产阶级价值观相背离,不是吃苦在前,而是享受在前,不是克己奉公,而是假公济私;与检察官职业道德“廉洁”的要求相背离,没有保持清廉、节俭与纯正的品格,而是放纵贪婪、浪费、奢靡的欲望;没有秉公办案,而是徇私枉法。

(3)道德上堕落。习近平总书记指出:“作风问题本质上是党性问题。抓作风建设,就要返璞归真、固本培元,重点突出坚定理想信念、践行根本宗旨、加强道德修养。”[②]检察官作为法律监督者,“正人先正己”,应正操守、养心性,自觉地涵养、模范地践行社会公德、职业道德、家庭美德、个人品德,做到常修为政之德、常思贪欲之害、常怀律己之心,自重、自省、自警、自励,切实做到慎权、慎独、慎微、慎友。个别检察官却走向反面。李某长长期包养情妇,并为他生儿育女;娄某敏亦和多名女性发生不正当两性关系,和其中一名个性张扬、浓妆艳抹的女商人多年保持不正当两性关系,并把一部分违纪款放在她那里理财。李某长们没有真正树立正确的价值观,他们放松自身道德修养和情操陶冶,必然导致堕落,最终,悔之晚矣。

(4)生活上腐化。生活上腐化是指追求享乐,“信仰物化”,具体表现为:信奉金钱至上、名利至上,把权力当作捞取私利的工具;追求享乐至上,情趣低俗,玩物丧志,沉湎花天酒地,纵情声色犬马钱。[③] 喝酒必是“皇家礼炮”的娄某敏、把权力用超的李某长、穿衣定要名牌的刘某[④],他们权力观扭曲,贪羡虚荣,追求享受,心为物役;他们丢掉了艰苦朴素的本性,丢掉了勤俭节约的美德,也丢掉了为人民服务的初心。习近平总书记指出:“对领导干部来说,除了工作需要以外,少出去应酬,多回家吃饭。省下点时间,多读书,多思考问题。”这样既能净化社会风气,又

---

① 《图解:福建省南平市检察院原检察长娄彩敏案剖析》,载辽宁纪检监察网,http://www.lnsjjjc.gov.cn/aljs/system/2016/03/23/010009170.shtml。

② 《在调研指导兰考县党的群众路线教育实践活动时的讲话》(2014年3月17日至18日),载中共中央文献办公室、中央党的群众路线教育实践活动领导小组办公室编:《习近平关于党的群众路线教育实践活动论述摘编》,党建读物出版社、中央文献出版社2014年版,第43页。

③ 李素艳:《领导干部抓落实要有坚定的理想信念》,载《领导科学论坛》2014年第22期。

④ 刘某,鸡西市人民检察院原党组成员、副检察长。2020年7月20日,黑龙江省高级人民法院二审宣判,刘某犯组织、领导黑社会性质组织等16项罪名,判处有期徒刑25年。

能促进反腐倡廉。①

3. 树立正确“三观”

理想信念是世界观、人生观、价值观的精髓和集中表现。领导干部理想信念上如果出现了问题，就会导致政治上变质、经济上贪婪、道德上堕落、作风上腐化。习近平总书记指出：“现实生活中，一些党员、干部出这样那样的问题，说到底是信仰迷茫、精神迷失。”②因此，树立正确“三观”的治本之策在于增强理想信念，补足精神之“钙”。有了坚定的理想信念，站位就高了，眼界就宽了，心胸就开阔了，就能坚持正确政治方向，在胜利和顺境时不骄傲不急躁，在困难和逆境时不消沉不动摇，经受住各种风险和困难考验，自觉抵制各种腐朽思想的侵蚀，永葆共产党人政治本色。③

（1）加强科学理论武装。坚定理想信念，必须用科学理论武装头脑。这个科学理论就是马克思主义基本理论。对马克思主义的信仰，对社会主义和共产主义的信念，是共产党人的政治灵魂，是共产党人经受住任何考验的精神支柱。加强理论学习，就是学会运用马克思主义立场、观点、方法观察世界，认识事物的本质和发展规律，学深悟透，融会贯通，以理论上的清醒保证政治上的坚定。为此要做到学思悟践，学习上入脑入心，夯实人生正确的根基，行动上真学真信，而不是“真学”多于真信。通过理论学习，补钙壮骨、强身健体，增强自我净化能力、提高政治免疫力。

（2）坚持群众路线。人民，是取之不尽的“钙”之源、精神力量之源。群众路线是中国共产党根本的工作路线，是中国革命和建设事业胜利的根本保证，是永葆党的青春活力和战斗力的重要传家宝。检察官应当自觉践行党的群众路线，坚持深入群众，贴近群众，倾听群众心声，了解群众疾苦，切实维护好群众利益，做到“一枝一叶总关情”。潘志荣怀揣“脚上的泥越多，离牧民们的心就越近”的信念，在30多年的检察生涯里，他走遍了全旗77个嘎查和行政村。2011年，从任达茂旗检察院派驻满都拉检察室主任兼派驻石宝镇检察室主任起，他坚持游牧办公，

① 习近平：《在第十八届中央纪律检查委员会第二次全体会议上的讲话》（2013年1月22日），载中共中央文献研究室编：《论群众路线——重要论述摘编》，中央文献出版社、党建读物出版社2013年版，第132～133页。

② 习近平：《紧紧围绕坚持和发展中国特色社会主义　学习宣传贯彻党的十八大精神》（2012年11月17日），载中共中央文献研究室编：《论群众路线——重要论述摘编》，中央文献出版社、党建读物出版社2013年版，第121～122页。

③ 习近平：《在新进中央委员会的委员、候补委员学习贯彻党的十八大精神研讨班上的讲话》（2013年1月5日），载人民网，http://dangjian.people.com.cn/n1/2019/0628/c117092-31200921.html。

巡访了全旗980多个牧场点和3400多户农牧民，留下了400多位牧民的联系电话。2017年年底，从事公益诉讼检察工作后，潘志荣又开始一遍一遍地梳理草原。他说："虽然马上就要退休了，但我留恋这个美好的时代。我要在退休之前尽量做一些有意义的事情，永远铭记自己是牧民的孩子，草原的儿子，为打造祖国北疆亮丽的风景线作出自己的努力！"①

(3)坚定"四个自信"。通过学习，深刻认识马克思主义理论的先进性、科学性和强大的实践力量，进而增强"四个自信"，自觉做中国特色社会主义道路的坚定信仰者、中国特色社会主义制度的坚强捍卫者。当前，我国已进入新发展阶段，人民群众对民主、法治、公平、正义、安全、环境等方面的要求日益增长，法律赋予检察官许多新的职责使命，如指控证明犯罪和认罪认罚从宽制度主导责任、公益诉讼检察、刑事执行监督巡回检察等。检察官应从内心深处意识到，办好群众身边的"小案"就是厚植党的执政基础。民心是最大的政治。案件处理不当不公，老百姓不满意，产生对司法、对党和政府的不信任，说明检察官在办案中讲政治不够，甚至忽略了讲政治。为此，检察官要用习近平法治思想引领检察工作，始终坚持讲政治与抓业务有机统一，不断增强贯彻党的方针政策的政治自觉、法治自觉、检察自觉，不断提升政治判断力、政治领悟力和政治执行力，坚决防止脱离政治机械司法、就案办案。

三、强化他律

道德内化是一个涉及诸多层面的、复杂的系统工程，既不能一蹴而就，也不能一劳永逸。并且，道德内化具有反复性，甚至可能出现道德蜕化。为克服、防止道德内化过程的"回生"，他律是不可或缺的。

(一)制度支持

邓小平同志在《党和国家领导制度的改革》一文中指出："我们过去发生的各种错误，固然与某些领导人的思想、作风有关，但是组织制度、工作制度方面的问题更重要。这些方面的制度好可以使坏人无法任意横行，制度不好可以使好人无法充分做好事，甚至会走向反面。"②制度与道德具有互补性，两者相辅相成；又具有促进性，两者相得益彰。但相对而言，制度问题更带有根本性、全局性、稳定性、

---

① 沈静芳、陆龙：《换个方式爱草原——专访内蒙古自治区达茂旗检察院检委会专职委员、第三检察部主任潘志荣》，载《检察日报》2019年5月19日，第1版。

② 《邓小平文选》(第2卷)，人民出版社1994年版，第133页。

长期性。

1. 奖惩制度

(1)奖惩制度的心理机制

制度支持可以有多种形式,道德赏罚是其中最为主要的一种。从人类道德良心形成的角度来看,惩罚性社会控制影响并形塑了人类的基因库。首先,激进的(最初是与道德无关的)社会制裁塑造了早期的人类基因组,从而赋予我们演化的良心。达尔文研究发现,各地的原住民似乎都会因为感到羞耻而脸红。在此基础上,达尔文猜测,作为我们良心道德意识的一个重要方面,人类对羞耻的反应真的具有先天的基础。[①] 其次,这种社会制裁的另一个重要后果是,出现了抑制搭便车者的各种制度。有生物学家强调:"间接互惠"会在选择配偶(或合作伙伴)时产生非常重要的影响,这种机制能够支持大量存在的超家庭慷慨行为(力所能及地帮助那些有需要的人)。最后,反过来,对搭便车者的抑制又为利他主义的演化开辟了道路。美国人类学和生物学教授克里斯托弗·博姆(Christopher Boehm)认为把这三个方面的发展结合起来,就构成了道德起源的科学故事。[②]

马克思指出:人们奋斗所争取的一切,都同他们的利益有关。道德行为中不应排斥合理的利益诉求。利益是人类行为的出发点和归宿点,是"人民生活中最敏感的神经"[③],应该适当突出,在利益的协调平衡中彰显道德的无穷力量。因此,除给予道德行为高尚者精神褒奖之外,适当的物质利益补偿既合情又合理。其主要的价值旨归是让高尚道德行为得到整个社会的尊重和回报,营造"尊善、崇善、向善"的良好道德氛围。[④] 道德赏罚,以利益为杠杆,对道德觉悟高的个体,激励他们先进更先进,并对其有益于社会和他人的言行进行奖赏和褒扬;对道德觉悟低的个体,惩处他们的不道德言行,并对其有损社会和他人利益的行为进行制裁。[⑤] 在赏罚分明的社会中,大部分人的行动是通过对周围人(尤其是榜样)的观察而习得,即一个人通过观察他人的所作所为及其后果,进而知道什么是自己应该作为的或不作为的,具体来说,就是看到榜样的行为受到奖励而会积极效仿,看到榜样的行为受到惩罚就会自觉地克制避免重蹈覆辙,从而成为一个有德性

---

① [美]克里斯托弗·博姆:《道德的起源——美德、利他、羞耻的演化》,贾拥民、傅瑞蓉译,浙江大学出版社2015年版,第17页。

② [美]克里斯托弗·博姆:《道德的起源——美德、利他、羞耻的演化》,贾拥民、傅瑞蓉译,浙江大学出版社2015年版,第96页。

③ 《列宁全集》(第16卷),人民出版社1998年版,第136页。

④ 孙泊:《历史的深处与新时代走向:道德榜样论》,人民出版社2019年版,第230~231页。

⑤ 彭柏林:《道德需要论》,上海三联书店2007年版,第157页。

的人。

(2)检察官奖励制度

我国《公务员法》设专章规定公务员的奖励制度。第51条规定:"对工作表现突出,有显著成绩和贡献,或者有其他突出事迹的公务员或者公务员集体,给予奖励。奖励坚持定期奖励与及时奖励相结合,精神奖励与物质奖励相结合、以精神奖励为主的原则。"《检察官法》第45条规定:"检察官在检察工作中有显著成绩和贡献的,或者有其他突出事迹的,应当给予奖励。"检察官有下列表现之一的,应当给予奖励:①公正司法,成绩显著的;②总结检察实践经验成果突出,对检察工作有指导作用的;③在办理重大案件、处理突发事件和承担专项重要工作中,做出显著成绩和贡献的;④对检察工作提出改革建议被采纳,效果显著的;⑤提出检察建议被采纳或者开展法治宣传、解决各类纠纷,效果显著的;⑥有其他功绩的。《公务员奖励规定》第12条规定,对获得奖励的公务员,按照规定标准给予一次性奖金。中央公务员主管部门会同国务院财政部门,根据国家经济社会发展水平,适时调整公务员奖金标准。2018年中组部办公厅、人社部办公厅、财政部办公厅、国家公务员局综合司联合下发《关于调整公务员奖励奖金标准的通知》(人社厅发〔2018〕1号),上调公务员奖励奖金标准。公务员嘉奖奖金由800元提高至1500元,记三等功奖金由1500元提高至3000元,记二等功奖金由3000元提高至6000元,记一等功奖金由6000元提高至12,000元,授予"人民满意的公务员"称号由10,000元提高至20,000元。

(3)检察官惩戒制度

有奖就应有罚。检察官有下列行为之一的,应当给予处分;构成犯罪的,依法追究刑事责任:①贪污受贿、徇私枉法、刑讯逼供的;②隐瞒、伪造、变造、故意损毁证据、案件材料的;③泄露国家秘密、检察工作秘密、商业秘密或者个人隐私的;④故意违反法律法规办理案件的;⑤因重大过失导致案件错误并造成严重后果的;⑥拖延办案,贻误工作的;⑦利用职权为自己或者他人谋取私利的;⑧接受当事人及其代理人利益输送,或者违反有关规定会见当事人及其代理人的;⑨违反有关规定从事或者参与营利性活动,在企业或者其他营利性组织中兼任职务的;⑩有其他违纪违法行为的。

根据《人民检察院组织法》《公务员法》《检察官法》等法律,参照《中国共产党纪律处分条例》,2016年10月20日最高人民检察院修订通过《检察人员纪律处分条例》(以下简称新条例),从政治纪律、组织纪律、办案纪律、廉洁纪律、群众纪律、工作纪律和生活纪律等方面全面扎紧检察纪律的"笼子"。与修订前的《检察人员纪律处分条例(试行)》(以下简称旧条例)相比较,新条例的突出变化为:一是增加处罚事由。将下列行为纳入纪律调整范围:歪曲党史、军史的;私自携带、寄递反对四项基本原则、反对党的改革开放决策的书刊、音像制品、电子读物等入出境的;妄议中央大政方针,破坏党的集中统一的;违反有关规定取得、持有、实际使用运动健身卡、会所和俱乐部会员卡、高尔夫球卡等各种消费卡,或者违反有关规定出入私人会所、夜总会的;违反有关规定取得外国国籍或者永久居留资格的;下级检察机关拒不执行或者擅自改变上级检察机关决定的。二是加大处罚力度。对公开发表违背四项基本原则,违背、歪曲党的改革开放决策,或者其他有严重政治问题的文章、演说、宣言、声明等,按照旧条例,给予批评,情节较重的,给予警告……按照新条例,情节较轻的,给予警告、记过或者记大过处分;情节较重的,给予降级或者撤职处分;情节严重的,给予开除处分。对受到刑事处罚的,新条例规定一律开除,不再区别故意与过失。三是增强了内容严谨性。①规范用语。"通奸"改为"不正当性关系","亲友打探案情"改为"案件当事人及其近亲属、辩护人、诉讼代理人、利害关系人等打探案情"。②列举更加全面。如"隐瞒、歪曲事实真相",除在人员录用、考评考核、职务晋升、职称评定方面外,还包括骗取职务、职级、职称、待遇、资格、学历、学位、荣誉或者其他利益。③表述更加清晰。旧条例中,关于违反民族政策的处分只有一条。新条例,将这一条细分为四款,首先将最严重的违反民族政策的行为列出来,即"挑拨民族关系制造事端或者参加民族分裂活动",对策划者、组织者和骨干分子,给予开除处分。

2. 道德考评制度

道德考评制度是社会信用制度在检察官管理中的具体运用。道德考评制度是由相关机构和人员对每位检察官在职业活动中践行职业道德的情况进行考核和评价,以作为表彰、加薪、晋升或批评、警告、减薪、降级等相应奖惩措施的依据,它是实施监督和奖惩的一个重要的辅助机制。经验表明,建立并严格实施道德考评制度,对于督促检察官恪守和践行检察官职业道德具有非常重要的作用,它在很大程度上弥补了监督机制可能出现的失灵,使检察官时时处处不敢懈怠自己的职责,不敢轻易作出违规行为。在具体制度设计上可以考虑以下几方面:[①]

首先,各检察机关应建立一个常设的道德考评委员会,为保障该委员会能够客观公正地运作,应使其独立于本单位领导机构,保证其道德评价的公信力。委员会的成员由本单位的领导人员、普通检察人员、社会上接近和了解检察工作并

① 胡尹庐、胡卫列主编:《检察官职业素养教程》,中国检察出版社 2015 年版,第 166～167 页。

热心公益的人员(人大代表、政协委员、司法同行、法学专家等)共同组成。在委员会之下设立常设办事机构。其次,在程序设计上,分为四步。一是征集资料信息阶段。可从三个方面征集评价资料:检察官本人对自我职业道德状况的评价;单位同行以及司法同行对某检察官践行职业道德表现的书面鉴定和评价;社会相关人士,尤其是案件当事人及其家属、律师、诉讼代理人等,就某检察官的职业道德表现向检察机关提交的书面材料。二是分析和评定阶段。道德考评委员会对上述三方面材料进行综合分析,给每位检察官的职业道德表现进行评分。三是处置阶段。道德考评委员会将考评结果提交检察机关领导机构,并对考核优异者和不合格者提出相应的嘉奖或处分的建议,由领导机构研究作出决定。四是建立档案阶段。为检察官建立"职业道德档案",将对每位检察官的道德考评情况及处置决定记入其个人档案,作为晋级、晋职、嘉奖或降级、降职等依据。

(二)检察官职业道德教育

道德教育形式多种多样,这里主要介绍榜样示范、警示教育和道德灌输等三种。

1. 榜样示范

(1)榜样示范的概念

榜样示范是道德教育中一种传统的且常用常新的方法,无论是在儿童品德教育领域,还是成年人思想政治领域,或是从业者职业道德领域,都有广泛应用。

但学者对具有示范意义的榜样、典型是好的还是坏的,有不同观点。如有人认为,榜样示范法是指发挥具有典型意义的人或事的示范引导、警示警戒作用,引导受教育者提高思想认识、规范自身行为的方法。[①] 这里所说的"榜样"显然是一个中性词,既可以是好的、正面的典型,给受教育者以引导;也可以是坏的、反面的典型,给受教育者以警戒。相应地,把"榜样"作为褒义词使用的不在少数。张念宏主编的《教育学辞典》把榜样示范定义为"用他人的好思想、好行为、好道德来影响学生的教育方法、德育方法之一"。[②]《榜样论》一书是这样界定榜样的:"榜样是在一定历史时期经组织认定,公众舆论认可和公共传媒广泛传播,体现时代精神和人民意愿,代表先进生产力的发展要求,代表先进文化的前进方向,代表最广大人民群众的根本利益,值得公众效仿和学习的先进典型。榜样的特征体现了

---

① 陈万柏、张耀灿:《思想政治教育学原理》,高等教育出版社2015年版,第224页。

② 张念宏主编:《教育学辞典》,北京出版社1987年版,第463页。

人格品质的先进性、与时俱进的时代性和广泛传播的权威性。"①孙泊认为：现代意义上的"道德榜样"意指"楷模"和"典型"。②《现代汉语词典》将"榜样"解释为"作为效仿的人或实例（多指好的）"③。笔者在谈榜样示范时，作为与警示教育并列的一种道德教育形式，"榜样"是褒义词，指先进模范，是好的、充满正能量的人或事。而在其他语境下，如讲心理机制时，"榜样"则作为中性词使用，指效仿或模仿的对象。

（2）榜样示范的心理机制

按照社会学习理论，大多数人类行为是通过对榜样的观察而获得的。换言之，就是个体在社会化的成长过程中，大部分的社会行为是通过"观察学习"他人而习得，这个观察学习的过程，包括注意、保持、运动再现和动机作用四个连续环节。美国心理学家班杜拉（Albert Bandura）曾做过一个经典实验。把儿童分成两组，让他们分别看一段录像片。第一组观看的是一个大孩子在打玩具娃娃，过一会儿，来了一个成年人，给他一些糖果奖励；第二组观看的录像片也是一个大孩子在用力打玩具娃娃，过一会儿，一个成年人过来打了他一下，以示惩罚。看完录像片后，班杜拉把这两组儿童一个个领进一间放有玩具娃娃的小屋，结果发现：第一组儿童都学录像片里大孩子的样子打玩具娃娃，而第二组儿童却很少有人敢去打玩具娃娃。④

（3）检察官榜样示范中应注意的问题

尽管班杜拉的实验对象是儿童，但模仿学习的心理机制同样适用于成年人，毋庸置疑，模仿也是成年人社会学习的一种重要形式。当然，我们在看到未成年人与成年人在学习心理机制方面的共性的同时，不应忽视它们之间的差异性，即对于年龄偏低、社会阅历较浅、知识水平不高的受教育者来说，榜样示范可以达到教育目的；但对检察官群体而言，他们年龄较长、有丰富的社会阅历、受过系统的法律教育、经过多年的检察实践，最重要的是他们心智模式相对固化，榜样行为的直接示范对其影响不大。因此，首先，教育中不能只是简单地叙述宣讲模范人物的先进事迹，而应侧重对榜样精神实质的抽象概括，道德意志和道德行为的分析，以及思想品德和人格境界的传导。一言以蔽之，要侧重以榜样的"人格力量"为示范。

---

① 彭怀祖、姜朝晖、成云雷：《榜样论》，人民出版社2002年版，第8页。

② 孙泊：《历史的深处与新时代走向：道德榜样论》，人民出版社2019年版，第12页。

③ 中国社会科学语言研究所词典编辑室：《现代汉语词典》，商务印书馆2005年版，第41页。

④ 黄建军：《学校教育中如何发挥榜样的力量》，载《云梦学刊》2002年第6期。

其次,要注重突出榜样的时代意义。《新时代公民道德建设实施纲要》强调以先进模范引领道德风尚,“要精心选树时代楷模、道德模范等先进典型,综合运用宣讲报告、事迹报道、专题节目、文艺作品、公益广告等形式,广泛宣传他们的先进事迹和突出贡献,树立鲜明时代价值取向,彰显社会道德高度”。检察模范是职业道德的忠实践行者,他们身上彰显着检察官的忠诚,凝聚着法律人的刚正,散发着楷模的无私,同时也应闪耀着时代的光芒。

最后,榜样示范应加强针对性。一方面,榜样示范要以问题为导向,针对当前检察官存在的问题,亟须培育的精神品格、思想意志、道德情感,有的放矢,有针对性地选取榜样进行示范教育。另一方面,从教育效果的角度考虑,应选取与学习者经历、级别等相近似的对象。按照社会学习理论,榜样与学习者在相似度上越是接近,榜样行为就越容易被学习者接受和模仿。

这里需要特别提及的是,检察机关的“关键少数”,特别是“关键少数的少数”,虽然不是先进、模范意义上的榜样,但其言行直接影响机关风气,影响检察官的行为举止。领导带头、层层示范,是我们做好各项工作的重要方法。孔子说:“其身正,不令而行;其身不正,虽令不从。”(《论语·子路篇》)“政者,正也。”(《论语·颜渊篇》)习近平总书记指出:“在上面要求人、在后面推动人,都不如在前面带动人管用。”①检察机关领导干部作为“关键少数”,要坚持从自身做起,做严于律己的带头人,以自身正、自身净、自身硬抓好班子带好队伍,形成“头雁效应”,从而营造干事创业、宽松和谐、风清气正的工作氛围。

2. 警示教育

2014 年 10 月,在党的群众路线教育实践活动总结大会上,习近平总书记强调:“要加强警示教育,让广大党员、干部受警醒、明底线、知敬畏,主动在思想上划出红线、在行为上明确界限,真正敬法畏纪、遵规守矩。”②警示教育是我党思想政治教育工作的重要组成部分,是思想政治教育和道德教育常见的、行之有效的一种方法,通常是教育者利用反面典型案例,剖析案例发生的内因和外因,示之以人,使受教育者对其保持警醒、戒备,杜绝类似或者相同的问题再次发生。

(1)检察机关开展警示教育的主要形式

检察机关警示教育常用的形式主要有:

第一,以案示警。以典型的反面案例为素材,通过案例剖析,开展职业道德教

① 《习近平谈治国理政》(第 3 卷),外文出版社有限责任公司 2020 年版,第 544 页。

② 习近平:《在党的群众路线教育实践活动总结大会上的讲话》(2014 年 10 月 8 日),载中共中央党校网,https://www.ccps.gov.cn/xxsxk/zyls/201812/t20181216_125656_2.shtml。

育。素材的选择上，注重选取“身边人身边事”，突出警示教育的实效性。当然，“身边人身边事”，既有检察系统之外但大家熟悉的人和事，也有检察系统内部的人或事。如2021年3月27日，云南省人民检察院开展廉政教育活动，会议通报了检察人员违纪违法典型案例、“三个规定”及重大事项记录报告落实情况，同时发放了《云南省检察机关检察人员违纪违法典型案例》，从发生在身边人的典型案例中汲取经验教训，着力引导全体检察人员进一步增强政治自觉、法治自觉和检察自觉，严格执行廉洁从检规定，始终保持忠诚、干净、担当的检察本色。[①] 又如2019年春节前夕，河南省桐柏县检察院在院门户网站开设“尚廉警钟”专栏，公布县域内个别领导干部违纪违法典型案件。同时新增设党风廉政监督曝光专栏，专门通报曝光查处的违反中央八项规定精神典型案例。注重运用身边的典型案例，在认真梳理近年查办的全县重大典型案件基础上，精心选录4名贪腐违纪者的忏悔材料、6个案件剖析材料编成教育读本，拍摄《莲心》等警示教育片以及正风肃纪专题片发至各支部（党小组），用身边事警示教育身边人。

第二，参观警示教育基地。这是反腐警示教育方式中最为灵活也最具特色的一种[②]，它兼具现场教学直观性和案例教学情境性的优势，对检察官触动更为深刻。为开展好“不忘初心、牢记使命”主题教育，重庆市检察院机关党委组织机关党员干警到重庆市党风廉政警示教育基地参观学习。参观后有干警表示：[③]“通过听讲解员讲述、看图文展示、体验声光电多媒体再现情景的方式，深切感受到我们党持之以恒正风肃纪、推动全面从严治党的决心和意志，深刻认识到作为党员，必须时刻保持警醒、慎独慎初慎微慎欲、始终不放纵、不越轨、不逾矩，注重增强拒腐防变的能力。”

第三，违法者现身说法。这种形式是由违法者讲述自己的违法犯罪事实、道德蜕变经过、教训和悔悟，易引起共鸣和震撼。2019年4月，黑龙江省哈尔滨市滨江地区检察院组织该院检察干警，来到黑龙江省哈尔滨监狱，召开预防职务犯罪警示教育大会。两名曾经担任过领导职务的在押人员现身说法，讲述了因为信念滑坡，从领导干部蜕变为阶下囚的惨痛教训。[④] 之后，院领导在总结会上对干警提出具体要求。这种组合方式，把现身说法与教育报告连接起来，把“看”与“听”

---

① 《用身边事教育身边人——省检察院机关开展廉政教育，筑牢廉洁从检防线》，载澎湃新闻2021年3月28日，https://m.thepaper.cn/baijiahao_11929315。

② 沈洁：《论防治腐败工作中的警示教育》，湘潭大学2016年硕士学位论文（未发表），第9页。

③ 李立峰：《分批组织党员接受警示教育》，载《检察日报》2019年4月2日，第7版。

④ 吴鸿江、刘永兴、闫佳楠：《组织干警接受警示教育》，载《检察日报》2019年4月16日，第7版。

相互贯通，把感性认识与理性认识结合在一起，有助于受教育检察官道德情感、道德意志的提升。

第四，旁听庭审，即组织检察官旁听职务犯罪案件庭审。对检察官而言，这既是警示教育，也是专业学习。2019年6月，湖北省荆门市人民检察院提起公诉的湖北省司法厅原党委副书记、副厅长，湖北省监狱管理局原党委书记、局长程某涉嫌受贿罪、玩忽职守罪一案在钟祥市人民法院一审公开开庭审理。湖北省人民检察院第五检察部检察官参加了旁听。庭审中，公诉人对被告人进行了法庭教育，警示广大党员干部要坚守理想信念的"高线"、遵守道德规范的"中线"、严守纪律规矩的"底线"、远离违法乱纪的"红线"。①

（2）警示教育中存在的问题

实践中，警示教育存在理论指导虚无化、各自为政零散化、千篇一律形式化、不加区别盲目化，以及内容结构不全面、方式方法较单一、形式载体偏传统、制度机制不健全、实施策略多缺位、警示效果难评估，等等诸多问题。② 但如果以被教育者为考察对象，警示教育中的问题主要表现为六种心态：③

一是"走过场心态"，即把警示教育视为"打卡""走过场"活动，结果自然是难以"入眼入耳"，更难以"入脑入心"；

二是"看客心态"，即在警示教育过程中，单纯把自己作为一个"旁观者"，不对照不反思；

三是"适度容忍心态"，即抱着"水至清则无鱼""无利不起早""腐败是发展的润滑剂"等错误认识，甚至有人抱有"只要把腐败控制在老百姓可以容忍的范围内就够了"等错误思想；

四是"权斗心态"，即固执地认为"政治就是'纸牌屋'""反腐败就是权力斗争"；

五是"侥幸心态"，即错误地认为：被查处的违法乱纪与腐败分子是个"概率事件"而非"必然事件"，具有一定的偶然性，并且侥幸认为，这种"倒霉"的概率事件不一定会落到自己头上；

六是"外在反思心态"，即在警示教育中，习惯于进行环境分析、制度分析等"外在反思"，不习惯甚至规避"内在反思"与"自我反思"。

---

① 黄涛、朱玲：《把职务犯罪庭审当警示教育课堂》，载《检察日报》2019年6月11日，第6版。

② 张智、吴成国：《新时代党风廉政警示教育的逻辑遵循与优化策略》，载《学校党建与思想教育》2020年第1期。

③ 刘红凛、李卫华：《防范与克服警示教育中的异样心态》，载《人民论坛》2019年第21期。

这些问题在检察机关警示教育中也都或多或少地存在。

(3)以新发展理念为指导,创新检察机关警示教育

警示教育的意义在于通过具体案例,让受教育者知敬畏、存戒惧、守底线;警示教育关键在“走心”。因此,在新发展阶段,应以新发展理念为指导,克服警示教育中存在的问题,创新警示教育形式,从而取得警示教育的实效,切实增强检察官自我净化、自我完善、自我革新、自我提高能力。

第一,充分利用现代信息技术。现代信息技术,特别是网络具有高效、便捷、精准、仿真的优势和特点,警示教育应充分加以利用。除通过“两微一端”发送典型案例、知识问答、廉政警句外,还可以增加视频资料以及以反腐倡廉为题材的闯关小游戏,“把廉洁理念和法律法规条文设置成闯关条件,以通俗易懂的图文形式、悬念重生的游戏进程,增加可玩性,润物无声,让人在不知不觉间提高廉洁意识”①。

第二,有“大餐”也要有“小菜”。所谓“大餐”是指反腐警示教育方面的影视作品;所谓“小菜”②,是指反腐题材的漫画。漫画“小菜”,它浅显易懂,生动活泼,采用夸张、比喻、象征等手法,让人捧腹大笑之余,发人深省、引人深思。

第三,把握时机。教育时机选择非常重要。对于新入职人员入职后、新提拔干部履新前,进行警示教育,帮助他们扣好“第一粒扣子”;在节假日前对检察官进行廉政提醒,激发道德意志,约束道德行为。另外,应在典型案例发生的第一时间利用案件的热度及时开展警示教育,避免“解脱”效应③的出现。检察官每天与案件及各类犯罪嫌疑人、被告人打交道,一般来说,具有相当的“反侦查”能力。因此,把握时机,避免“解脱”效应,强化“法网恢恢,疏而不漏”意识,就显得尤为重要。

第四,打好组合拳。警示教育形式多样,各有特色、各具功效。如情境式教育(现身说法、警示教育片等),有一定的带入感,受教育者在看戏时能够入戏,但剧终后可以迅速走出剧情,与剧中人撇清关系,“我是我,他是他”。最终,还是无法摆脱“看客心态”。因此,可以将几种教育方式结合使用,打出“组合拳”,如旁听庭审/现身说法+廉政讲座+警示谈话等,将感性刺激与理性分析、道德说教与党

---

① 姜洪:《反腐警示教育需要多样化手段》,载《检察日报》2017年9月12日,第5版。

② 姜洪:《反腐警示教育需要多样化手段》,载《检察日报》2017年9月12日,第5版。

③ 腐败分子在接受警示教育的过程中对信息选择性接收、扭曲化解读,以减缓心理压力,甚至逃避组织的查处,产生了“解脱”效应,“解脱”效应的表现形式有两种:一是与案例中人物比较后“如释重负”的心理“解脱”;二是通过逆向分析逃避查处的技术“解脱”。张智、吴成国:《新时代党风廉政警示教育的逻辑遵循与优化策略》,载《学校党建与思想教育》2020年第1期。

性修养结合起来,增强警示教育的实效性。

第五,分层分类。成人教育培训要求根据不同对象、不同需求,进行分层分类培训。这一规则同样适用警示教育。只有针对不同类型的教育对象提供与其现实需要和群体特征相匹配的教育内容,才能提高警示教育的效果。反之,无视或忽视不同类别、不同层次教育对象的差异性,一律提供同质性教育素材,必然会因针对性不强而减弱警示教育的实效性。对检察官进行警示教育时,要根据检察官岗位、职务、权责的不同,选取不同的案例,采用不同的形式。如对新入职的检察官,以检察长违法犯罪案例为警示教育题材,势必就给了他“旁观者”的人设,认为自己位低权轻,不具有腐败的能量,也不会成为“围猎”的对象。这样的教育,恐怕难以触及受教育者内心。

3. 道德灌输

(1)道德灌输的含义

我国教育学界对“灌输”主要有三种观点:一是认为灌输过程就是文化传递的过程,这种解释比较宽泛,在概念上等同于教育;二是认为“灌输”是与“启发”相对的教学方式;三是认为“灌输”指德育中偏重于道德认知领域的教学。本书主要是在第三种意义上使用道德灌输。

道德灌输是指教育者将一套现成的道德原则、行为规范“输送”给受教育者,使之接受的一种教育方式。灌输具有如下特点:[①]第一,输送的是既有的、现成的道德原则和行为规范;第二,道德原则和行为规范具有单一的价值取向;第三,道德原则和行为规范是从外部“输送”给受教育者的;第四,现成的道德原则和行为规范要求受教育者无条件地接受和遵守。灌输这种形式如运用不当,它的这些特点可能就是弊端、缺点,甚至“最大顽疾”[②],灌输也就与“填鸭式”“独角戏”“满堂灌”等教学场景联系在了一起,成为一种逼迫性的、粗暴的、枯燥的、没有效率的传授方式,一种强制的、僵化的、封闭的教育形式。

(2)道德灌输的必要性

在中国文化语境中,灌输是一个中性词。《现代汉语词典》中,“灌输”有两种含义:一是“把流水引导到需要水的地方”;二是“输送(思想、知识等)”。“输送”又分为强制性的和启发性的两种形式。启发性的,固然可取;强制性的,也不可或缺。正如有人所言:[③]“道德灌输这种道德教育方式尽管有种种缺点,但是现实的

---

① 吴雪芬:《道德灌输与道德培育的学校德育选择》,载《教育理论与实践》2017 年第 15 期。

② 李秀雪:《德育灌输的重新审视》,苏州大学 2013 年硕士学位论文(未发表),第 2 页。

③ 吴雪芬:《道德灌输与道德培育的学校德育选择》,载《教育理论与实践》2017 年第 15 期。

道德教育是不可能把它完全排除出去的。"

第一,从"目的论"角度来看,灌输具有必要性和合理性。"灌输论"是马克思主义理论的重要组成部分,马克思早在《德法年鉴》中就有对"灌输"思想的描述,认为通过灌输使无产阶级获得"精神武器",是实现人类解放的必然途径。① 列宁在《怎么办?》中明确提出:②"工人本来也不可能有社会民主主义的意识。这种意识只能从外面灌输进去。"在《我们运动中的迫切任务》一文中,列宁进一步强调,俄国社会民主党应该实现的任务是"把社会主义思想和政治自觉灌输到无产阶级群众中去,组织一个和自发工人运动有紧密联系的政党"。③

第二,从"方法论"角度,道德灌输也是必要的。马克思主义的"灌输"理论包含目的论和方法论两个唯度,既论述了灌输的必要性,也论述了灌输的方法问题。为解决怎么办才能向工人灌输政治知识这个问题,在《怎么办?》一文,列宁强调指出了灌输的方法:社会主义意识"从外面灌输给工人,即只能从经济斗争外面,从工人同厂主的关系范围外面灌输给工人","我们应当既以理论家的身分,又以宣传员的身分,既以鼓动员的身分,又以组织者的身分到居民的一切阶级中","应当到居民的一切阶级中去,应当派出自己的队伍分赴各个方面"。这些内容论及了灌输的主客体问题,实际上也回答了对谁灌输、谁来灌输的问题。④ 而在《什么是"人民之友"以及他们如何攻击社会民主党人?》一文中,列宁指出了如何灌输,他说:⑤"我国社会主义者就应该用全部精力进行自己的工作;他们应该更详细地探讨对俄国历史和现实的马克思主义观点……他们应该进而把这个理论通俗化,把它灌输给工人……以便传播社会民主主义并把工人团结为一支政治力量。""通俗化"就是对灌输方式方法的一种表达。

第三,弥补道德培育的局限性。道德培育从理论上来讲是一种最好的道德教育方式,可以将"制度上的规劝"转化为"情感上的认同",但这种道德教育方式也有种种现实的局限性,这些局限性需要道德灌输予以弥补。道德培育的局限性主要有以下三个方面:⑥其一,道德培育这种道德教育方式受制于受教育者的理智和思维发展水平。道德意识、道德原则作为抽象的内容是不能单凭感知这种浅层

---

① 转引自汪才明:《道德灌输的理性诠释》,载《唐都学刊》2003 年第 4 期。

② 列宁:《怎么办?》,中共中央马克思恩格斯列宁斯大林著作编译局译,人民出版社 1971 年版,第 30 页。

③ 《列宁全集》(第 1 卷),人民出版社 1984 年版,第 285 页。

④ 孙来斌:《"灌输论"思想源流考察》,载《武汉大学学报(哲学社会科学版)》2004 年第 1 期。

⑤ 《列宁全集》(第 1 卷),人民出版社 1984 年版,第 28 页。

⑥ 吴雪芬:《道德灌输与道德培育的学校德育选择》,载《教育理论与实践》2017 年第 15 期。

次的认识来领会,它必须是通过受教育者对经历的道德情境进行抽象概括才能领悟和意识到,没有这个抽象思维过程,道德的生发就不可能发生。其二,部分道德原则和规范的道德情境并不能在课堂中真实地模拟出来。如团结友爱、互帮互助等道德情境可以在课堂或学校的环境中真实地再现,而真诚和勇敢等则无法在学校这样的环境中"真实"地制造出来,对此道德培育难以发挥功效。其三,体现阶级特性的道德不宜用道德培育的方式,相反必须采用灌输的方式。

上述局限性中第二、三点在检察官道德培育中也程度不同地存在。虽然检察官是成年人,不存在思维发展水平的问题,但对职业道德的内涵、要求仍然存在着认识误区,甚至错误认识。如案例二中的孙某将司法人员收受贿赂不办事,理解为"保证了他们的道德底线",把笔录时间和同步录音录像时间不一致,解释为"恰恰证明了侦查人员工作的严谨性"。这就说明,检察官职业道德内涵、要求等道德认知、道德情感需要通过灌输的方式"输送"给检察官。法国著名的社会学家、教育学家涂尔干在谈及"灌输"问题时提道:[①]"强迫受教育者接受道德事实、道德价值和道德行为确实不好,但是我们别无选择,这一过程虽然痛苦,却是必要的,如果说这就是灌输,那么灌输是不可避免的。"

(3)道德灌输中应注意的问题

检察官职业道德灌输中应注意以下几个问题:

①方法上要融入对话思维。道德灌输在思维方式上表现为,教育者将既有的、现成的道德原则与行为规范单向地"输送"给受教育者,呈现自我贯通的特点。这是一种独白思维,即认为思维独行而自足,无须同他人对话便可以把握真理。相对于独白思维,对话思维是他我互动。对话思维者认为,思维不能独行而自足,必须在同他人对话中认识事物、发现真理。对话作为"具有同等价值的不同意识之间相互作用的特殊形式"(巴赫金语),强调的是教化双方的平等、差异、自主、开放,发出"真的声音",在教化者的价值引导与受教者的自主建构过程中实现个体道德人格的提升,因之而成为凸显完整个体生命之价值与尊严的现代性道德教化的基本实践形态。[②] 因此,在道德灌输的独白思维中适当融入对话思维,可以事半功倍,取得更好的教育效果。

对话思维对教育者素质要求很高,一方面不要高高在上,盛气凌人;另一方面讲政治要坚定、讲政策要透彻、讲法律要准确、讲情理要真切,以教育者"真的声

① 戚万学:《冲突与整合:20世纪西方道德教育理论》,山东教育出版社1995年版,第110页。

② 刘铁芳:《从独白到对话:传统道德教化的现代性转向》,载《北京大学教育评论》2004年第1期。

音”求得受教育者“真的声音”。

②对象上充分认识其特殊性，更加注重以情打动人。道德灌输也好，道德教化也罢，目的皆在于借助外力培养道德需要，促进检察官职业道德内化，从他律走向自律。道德内化过程中的信息加工总是伴随着一定的情感活动，其中最基本的是移情。[①] 在这个意义上，有人把以情感人视为道德内化的前提条件，认为：[②]道德建设的最根本的出路不在外在范畴的完善，而在于内在情感的激活。也就是说，通过情感的互动来感化人心，通过唤醒人们的灵魂来播撒道德的种子，通过感悟与体验将道德从“制度上的规劝”转变为“情感上的认同”。

于检察官而言，对话思维的意义更为突出。一般来说，检察官精通法律，熟悉政策，道德灌输中更应避免生硬的法制说教、干瘪的政策演讲。如果只是生硬的说教，不但不能起到教化的作用，反而适得其反，易引起受教育者情绪上的排斥、心理上的抵触、精神上的对抗。因此，检察官职业道德灌输中更应注重真情实感，注重“谈情说爱”，让受教育者与教育者在精神上“相遇”，双方“在敞开的基础上追求道德视界的融合和道德共识的实现，而不是以一种强制的灌输和道德权威去压制受教育者，使其被动接受”[③]。

③内容上尊重规律，选取适宜内容进行道德灌输。道德教化的内容涉及知识、情感、意志、行为等诸多方面，包括：[④]一是记忆性的理解，即满足于记忆规范条文，而不去真正理解规范的内容；二是具体性的理解，即喜欢凭借具体的道德形象或动作去理解行为规范；三是知识性的理解，即把规范作为一种道德知识来掌握，没有真正认识其重要意义，也没打算自觉遵守；四是认同性的理解，即同意并接受行为规范，但并未成为内在需要；五是观念性的理解，即把行为规范的要求内化成自己的道德观念，并成为自己进行道德评价的标准和指导自己行为的准则。

不同的内容，应采用不同的教化形式。适合灌输形式的，主要是记忆性理解、具体性理解和知识性理解。根据认知心理学的观点，记忆结构是固定的，记忆由感觉记忆、短时记忆和长时记忆三个部分组成，且是一个渐次递进的过程，即感觉记忆（因持续时间非常短暂，又被称为瞬时记忆）中那些受到特别注意的信息进入到短时记忆；短时记忆的容量也十分有限，只有通过不断的复述、加工，一些短时记忆才能进入长时记忆中，被长时间地保存下来。长时记忆可以被认为是一个

---

① 顾海根：《道德内化的心理分析》，载《上海师范大学学报（教育版）》1999年第2期。
② 龙建平：《论道德内化的前提条件——以情感人》，载《湖南第一师范学报》2008年第1期。
③ 邱勤、袁云：《道德教育：从灌输走向对话》，载《高教发展与评估》2005年第4期。
④ 陈安福：《道德内化过程中的心理矛盾及其教育》，载《中国教育学刊》1994年第2期。

巨大容量的信息库，人类积累知识经验主要依靠长时记忆。一般来说，人的一切活动都受长时记忆的影响。[①] 具体来说，长时记忆相当于一个信息中心，当人们需要使用这些信息的时候，它们会在激活信号的作用下回到意识状态（在激活之前往往不被意识到），供人们提取应用。

道德灌输就发挥着不断的复述、加工的作用，从而使职业道德知识从短时记忆进入长时记忆，并被存储到信息中心。在道德教育中若不对受教育者进行道德灌输，只由其通过感觉器官自行进行感觉记忆，那么受教育者对道德规范的认知将只能短暂停留，这将不利于受教育者的道德发展。[②] 当职业道德知识以长时记忆被存储到信息中心后，检察官也就掌握了职业道德的“知”，在需要作出道德判断、采取道德行为，即“行”时，自动地从信息中心提取，并以之为行动指南。

---

① 叶浩生主编:《心理学通史》(第2版),北京师范大学出版社2019年版,第395~396页。

② 李尚洋:《由价值澄清学派重新审视道德灌输的价值》,载《现代基础教育研究》2016年第9期。

后　记

无论是儒家思想中的“君子”乃至“圣人”，抑或是柏拉图口中的“智慧王”，中西哲学虽然在道德文化起源、价值观基础方面存在差异和分歧，但对于个人道德，对于至善的执着追求却是古今中外概莫能外。随着社会分工的发展，道德逐渐超越了偏重个体的范畴而进入了职业群体的领域，规范专业从业者的职务行为要求和指引就构成了职业道德的基本范畴。而对于司法职业来说，从业者的职业道德更显得至关重要。“一次不公正的审判，其恶果甚至超过十次犯罪。因为犯罪虽是无视法律——好比污染了水流，而不公正的审判则毁坏法律——好比污染了水源。”培根这句被反复引用的名言正是说明了司法公正的重要性。如何保障司法公正的实现？司法官的职业道德发挥着至关重要的作用。党的十八届四中全会通过的《中共中央关于全面推进依法治国若干重大问题的决定》指出：“全面推进依法治国，必须大力提高法治工作队伍思想政治素质、业务工作能力、职业道德水准。”习近平法治思想的“十一个坚持”中也明确提出“建设德才兼备的高素质法治工作队伍”。

在我国，检察机关是宪法规定的“国家的法律监督机关”。2021 年 6 月 15 日，中共中央历史性地发布《中共中央关于加强新时代检察机关法律监督工作的意见》（以下简称《意见》），《意见》对检察机关在国家政治、法治体系中的地位、作用进行了权威性的再次定位：“人民检察院是国家的法律监督机关，是保障国家法律统一正确实施的司法机关，是保护国家利益和社会公共利益的重要力量，是国家监督体系的重要组成部分，在推进全面依法治国、建设社会主义法治国家中发挥着重要作用。”检察机关的宪法定位及其在国家政治生活和法治生活中的重要地位和作用，决定了必须加强检察官职业道德建设，保证检察官正确履行宪法法律赋予的职责。张军检察长也一再强调：“检察机关要以强烈的紧迫感加强全体检察人员政治素质、业务素质、职业道德素质建设，努力打造一支让党中央放心、让人民群众满意的检察铁军。"2016 年 12 月，最高人民检察院通过了《检察官职业道德基本准则》（以下简称《基本准则》），对 2009 年颁布的《检察官职业道德基本准则（试行）》进行了修改，提出了以"忠诚、为民、担当、公正、廉洁"为主要内容的检察官职业道德基本准则。本书正是试图对《基本准则》进行学理、法理和实践等方面的阐释和解读。

本书第一章概述部分从"检察官职业道德的理论基础""检察官职业道德的国际比较""中国检察官职业道德的理论和实践"等角度对检察官职业道德进行学理和法理层面的分析和解读。第二章到第六章紧扣"忠诚、为民、担当、公正、廉洁"五大核心价值理念，分别对这五大核心价值理念中的"基本内涵""违背职业道德的现实表现"及"践行要求"三个方面，从正反两个角度结合大量案例进行阐释和解读。希望通过这种"注释 + 事例"的叙述方式，能让读者深入理解和掌握《基本准则》的内涵，真正做到知行合一。而本书的最后章节也正是落脚在"检察官职业道德涵养"，因为"道德的星空"永远需要底线的支撑，道德的自律和制度的他律，二者的完美结合才是规范职业行为的不二法门。

本书由国家检察官学院组织编写，在杨迎泽副院长的带领下组成课题组承担具体编写任务。杨迎泽、温辉任主编，编写组分工如下：

第一章：沈海平

第二章：王艳敏

第三章：安阳

第四章：王韵洁

第五章、第七章：温辉

第六章：张卓琛

全书由温辉、王艳敏、王韵洁负责统稿及编写组日常事务。

在本书编写过程中，国家检察官学院邓云书记、孙勤院长及其他各位院领导给予了大力支持，在此一并表示衷心感谢！

尽管我们务求客观、严谨和规范，但不足之处仍在所难免，敬请各位读者批评指正。

本书编写组
2022 年 1 月 25 日